AF170176

Helmut Leitner

Es gibt keine Maikäfer mehr

Warten bis die Schwalben
wieder kommen

www.novumverlag.com

Bibliografische Information
der Deutschen Nationalbibliothek:

Die Deutsche Nationalbibliothek
verzeichnet diese Publikation in
der Deutschen Nationalbibliografie.
Detaillierte bibliografische Daten
sind im Internet über
http://www.d-nb.de abrufbar.

Alle Rechte der Verbreitung,
auch durch Film, Funk und Fernsehen,
fotomechanische Wiedergabe,
Tonträger, elektronische Datenträger
und auszugsweisen Nachdruck,
sind vorbehalten.

© 2016 novum Verlag

ISBN 978-3-99048-580-4
Umschlagfoto:
minnystock | Dreamstime.com
Umschlaggestaltung, Layout & Satz:
novum Verlag
Innenabbildungen: Helmut Leitner (20)

Die vom Autor zur Verfügung gestellten Abbildungen wurden in der bestmöglichen Qualität gedruckt.

Gedruckt in der Europäischen Union
auf umweltfreundlichem, chlor- und
säurefrei gebleichtem Papier.

www.novumverlag.com

Prolog

Hätte man mich vor zehn Jahren gefragt, ob ich meine Lebensbiografie schreiben werde, so hätte ich es energisch verneint. Glücklicherweise hat mich niemand gefragt.

Mag die Geschichte meines Lebens zu scharf und allzu griffig, zu leisetreterisch, laut, witzig, unterhaltend, langweilig oder banal was auch immer sein. Es bleibt dem jeweiligen Leser überlassen, das zu beurteilen. Alles, was geschrieben steht, gehört zu mir und nichts kann daraus weggedacht werden. Es ist meine Geschichte über die durchwanderten Landschaften meines Lebens. Meine Stimmung widerspiegelnd am Tag des Schreibens, ein Wechselbad, wie eben das Leben so spielt.

Ja, ich habe mich mit Frische und Unbefangenheit ans Werk gemacht, den Blick auf die großen Linien gerichtet, festgehalten, was die Erinnerungen herzugeben im Stande waren. Was für eine Zeit habe ich durchlebt. Was für eine Welt, als noch die Maikäfer flogen, Mauersegler mit schrillem Schrei durch die Gassen und Straßen meiner Heimatstadt fegten.

Das Umfeld ist für alle Bewohner des blauen Planeten bedrohlicher geworden und der sichere Boden unter unseren Füßen ist in Bewegung geraten. Wir leben vor dem grauenvollen Hintergrund von mehr als einer Milliarde Hungernder in der Welt. Man stellt soziale Redlichkeit und humane Wertvorstellungen immer mehr in Frage. Ökologische Veränderungen treiben auf ihren Höhepunkt zu. Sind Kriminalität, Terror, zunehmende Brutalisierung zwischenmenschlicher Bereiche, Drogenmissbrauch und eine weltweite Energiekrise Alarmsignale einer kommenden Weltkatastrophe?

Man möchte einen starken Halt haben und sich geborgen wissen in einer Liebe, von der keine Macht der Welt trennen kann. Wohin trägt uns der Strom, der uns mit zunehmender Beschleunigung aller technischen, wirtschaftlichen, politischen und auch geistigen Prozesse mit sich fortreißt? Mündet er in einer

Katastrophe unvorstellbaren Ausmaßes? Ist der Homo Sapiens, der aufrecht gehende, denkende Mensch, „seines Schöpfers Ebenbild", nicht mehr Herr seines Schicksals? Wird er selbst Opfer der von ihm entfesselten Energien und Mächte?

Unsere Zeit, einsame Masse, stummer Frühling, Kulturverfall und Verlust der Mitte, von einer unaufhörlichen Kollektivierung unserer Lebensmöglichkeiten eingekreist.

Ist es das Fehlen an Liebe zu sich selbst (wie soll man dann den Nächsten lieben?), die Armut an Liebe zur Natur, zur Schöpfung?

Ich sage, ja, die großen globalen Probleme resultieren aus Mangel an Verständnis und Solidarität, beruhen auf fehlender Liebe zu allem, was da kreucht und fleucht, blüht und wächst.

Bin ich ein Nihilist? Nein, ich glaube an meine, an unsere Zukunft!

Dazu fällt mir das Lied von Heinzl ein: „Weinen mit den Ackergäulen oder mit den Wölfen heulen, warten, bis die Schwalben kommen, wieder im nächsten Jahr." Ich habe immer auf die Schwalben gewartet und es war gut so. Nur jetzt sterben schon die Bienen, ich höre die schrillen Schreie der Mauersegler schon lange nicht mehr, die Schwalben werden immer weniger und die Maikäfer …

Der Weg ins Leben

Die ersten verschwommenen Bilder tauchen aus dem Dunkel der Vergangenheit auf.

1943 unsere Mutter, Vater war im Krieg.

Ich beginne zu schreiben, es ist ein Maientag anno Domini 2009, die Amsel flötet ihr Lied, bauschige Wolken segeln im Azur des Himmels wie damals und dennoch.

Da sitze ich, am PC, gedankenverloren das Foto mit meiner Mutter, meinem Bruder Manfred und mir betrachtend. Ein Familienbild ohne Vater, ein Bild aus dem Jahr 1943, wie die Zeit vergeht.

Es fällt mir in meiner Melancholie Martin Luther ein, der angeblich gesagt haben soll: „Wenn ich wüsste, dass morgen die Welt untergeht, würde ich heute noch einen Apfelbaum pflanzen." Ich habe ein Haus gebaut, zwei Kirschbäume, fünf Birken gepflanzt, aber keinen Apfelbaum, werde ich noch pflanzen?

Ich habe zu schreiben begonnen, für meine Lieben und mich, fest hoffend auf ein wohlmeinendes Schicksal für meine drei Kinder Markus, Andrea und David, meine Enkelkinder Philipp,

Elias, Jonas, Xaver, Viktor und Flora. Ich schließe die Augen, spüre die warmen Sonnenstrahlen auf nackter Haut, im Radio singt Reinhard Mey: „Es gibt keine Maikäfer mehr", gibt es sie wirklich nicht mehr? Ich habe schon lange keinen mehr gesehen.

Als die Maikäfer noch flogen

Kindheit

Geboren am 19. Juni 1940 um 22 Uhr 35, Sternbild Zwilling, Aszendent Steinbock. Die Sonne repräsentiert den Intellekt, den Geist, dargestellt als Symbol des Kreises, der Mond die Seele und das Empfängliche, das Kreuz als Symbol der Materie kommt allein nicht vor, da Materie ohne die beiden anderen Prinzipien nicht lebensfähig ist. Das Zwillingssymbol, also Merkur, zeigt, dass alle drei Prinzipien im harmonischen Ausgleich sind. Die Sache hat bei mir nur einen Haken, zu meiner Geburtsstunde standen Sonne und Mond in Opposition. Na dann …

Am Anfang meines Weges, meiner Bahn, die ich in diesem Kosmos ziehen muss. Als Kind ist man still, lebt, lernt und lauscht. Dann aber wird man aktiv, um den Weg zu gehen, die Bahn zu erfahren. „It is my way", damit meine ich die „Freiheit des Wollens und Machens". Jetzt am Ende des Weges geht mein Blick zurück, vieles erkennend, manches nicht. Habe ich mich selbst erkannt? Egal, es war und es ist mein Weg, durch schwere Zeiten oder schöne Zeiten. Immer wenn es dunkel wurde, mein Himmel sich verfinsterte, war es meist mein eigenes Ich, das mit hinderlich war. Die Sonnentage waren aber auch von meinem Ego geprägt, aufbauend auf Zuversicht und Gottvertrauen.

Der Zweite Weltkrieg wetterleuchtete über Europa. Hitlers Wehrmacht war an allen Fronten im Vormarsch, als ich im Juni 1940 als Zweitgeborener das Licht der Welt erblickte. Unser Vater, Sanitätsobergefreiter, bezahlte den Größenwahn Hitlers am 13. Dezember 1944 mit seinem Leben. Gefallen in Guebweiler nahe der deutschen Grenze.

Ich habe das Grab meines Vaters ein einziges Mal besucht. Ein riesiger Soldatenfriedhof mit tausenden schlichten Holzkreuzen unter schattigen Bäumen. Da stand ich an seinem Grab, am Grabe meines Vaters.

Welche Gedanken sind mir durch den Kopf gegangen, wie sinnlos, brutal und höllisch, ja höllisch ist doch die Geschichte der Menschheit. Nach Jahrtausenden unserer Geschichte steht noch immer fest, wir haben nichts dazugelernt.

Es war nach den Weihnachtsfeiertagen, als es an der Wohnungstür läutete. Mein Gott, ich war ein Knirps mit vier Jahren, aber ich kann mich genau erinnern, wie ich zur Tür losstürmte. Da standen zwei baumlange Männer in Uniform und gaben meiner Mutter einen Brief. Was oder ob sie etwas sagten, weiß ich nicht mehr. Meine Mutter versank in einem Meer von Tränen und ich, ratlos, nicht wissend, worum es geht, hielt mich am Bein meiner Mutter fest und weinte mit ihr. Trostlos, einsam, verlassen. Muss man sich immer erst die Augen aus dem Kopf weinen, um der Welt wieder mit einem Lächeln begegnen zu können?

Mutter hatte schon lange eine Vorahnung, da seit Wochen keine Feldpostbriefe mehr kamen. Sie erzählte uns später ihren Traum. Sie ging in den Stall von Großmutter. Im hintersten, finsteren Teil, wo nur ein kleines, trübes Fensterchen spärliches Licht in den Raum ließ, saß Vater auf einem Melkschemel und reinigte sein Gewehr. Mutter wollte auf ihn zulaufen und rief fragend: „Franzl, was machst du hier im Stall, warum schreibst du

Vater im Ernteeinsatz irgendwo in Schlesien.

mir nicht mehr?" Er machte eine abwehrende Handbewegung, winkte ihr mit dem Putzlappen, langsam lösten sich seine Konturen auf. Von dieser Nacht an war unsere Mutter in größter Sorge. Keine Nachricht, schlaflose Nächte und unzählige Tränen, wer weiß, wie viele vergossen wurden. Eine junge Frau wie hunderttausende andere auch, von einer düsteren Zukunft bedroht, und ihre Ahnung hat sich erfüllt.

Vater war tot, gefallen für Führer, Volk und Vaterland. Großartig, noch erlebten wir fast täglich Fliegeralarm. Es wurde zur Routine, nachts aus dem Schlaf gerissen zu werden, um in den Luftschutzkeller zu flüchten. Die FLAK wummerte und das Dröhnen der Bomber spielte die Begleitmusik. Die Decke des Hauses bebte von den nahen Einschlägen, aber die meisten Flieger luden ihre Bombenlast hinter dem Bahndamm ab und die Schäden in der Stadt hielten sich in Grenzen. Die Stadt war als wichtiges Angriffsziel für angreifende Flieger schwer anzufliegen. Links und rechts das Mur- und Mürztal, die steilen Flanken der Berge und am Kalvarienberg und Kreker FLAK-Batterien der Wehrmacht. Die anfliegenden Bomber wurden so ins Kreuzfeuer genommen, mussten vor den ansteigenden Bergflanken die Maschinen rechtzeitig hochziehen und so kam es, dass die meisten Bomben hinter dem Bahndamm landeten.

Seltsam, aber als Kind hat Angst eine andere Dimension als bei Erwachsenen. Es war wieder einmal mitten in der Nacht, die Sirene heulte. Ich wurde von meiner Mutter aus dem Gitterbett gerissen, mich auf dem Arm, Manfred an der Hand, stürmte sie in den Luftschutzkeller. Die Decke war mit soliden Holzpfosten abgestützt. Man hörte die FLAK bellen und die donnernden Einschläge der Bomben hinter dem Bahndamm. Adolf W., ein gestandenes Mannsbild um die 35 bis 40 Jahre (warum er nicht an der Front war, keine Ahnung?), saß zähneklappernd auf einer Holzkiste, seine Finger trommelten unaufhörlich auf eine vor ihm stehende Kiste, er hatte Angst.

Die Frontseite unseres Hauses war mit Einschlaglöchern übersät. Wir fanden jede Menge Splitter in der Mauer und am Boden, scharfkantig und gefährlich. Als wir eines Nachmittags von der Großmutter nach Hause gingen, flog ein Flugzeug tief, sehr tief, eine lange Rauchfahne nachziehend, und landete am Hohen Markt im Acker, Bruchlandung.

Ich sah beim Vorbeigehen, wie der Pilot als blutiges Bündel aus der Kanzel gezogen wurde. Meine erste Begegnung mit dem Tod.

Um nicht immer die Flucht in die Luftschutzstollen oder in den Keller antreten zu müssen, marschierten wir in die nahe Umgebung, hinauf zum Hansenhof, und lagerten am Waldrand. Fleck oder eine andere Suppe in der Milchkanne war immer dabei, damit wir uns laben konnten. Am Waldrand wurde ein Feuerchen angemacht und die Kanne mit der mitgebrachten Suppe mittels gekreuzter Stäbe darüber aufgehängt. Einmal kam der Förster Firndörfler, ich kann mich noch gut an seinen Namen erinnern, daher und verlangte, das Feuer sofort löschen. Die Suppe war gewärmt, das genügte, nur in Zukunft durften wir uns nicht mehr erwischen lassen.

Wenn die Flieger kamen, dann regnete es Silberstreifen vom Himmel. Mit diesen Streifen störten die Flieger der Alliierten die Höhenmessung der FLAK-Soldaten. Wir sammelten die Stanniolstreifen und kamen zu billigem Christbaumschmuck.

Der Frühling kam und mit ihm der Friede. Mai, laue, wundersame Nächte und die Maikäfer flogen wie eh und je, als hätte es nie einen Krieg gegeben. Angezogen vom Licht der Straßenlaternen, brummten sie mit all den anderen Insekten um die Straßenleuchten. Mit einer geheimnisvollen Sehnsucht in sich, wie sie den Kreaturen gegeben ist, die Sehnsucht nach dem Licht. Wir Kinder sangen: „Maikäfer, flieg, der Vater ist im Krieg, die Mutter ist in Pommerland, Pommerland ist abgebrannt, Maikäfer, flieg."

Bevor der Zweite Weltkrieg ausbrach, besuchten unsere Eltern als junges, verliebtes Paar manchmal die Stockingers in Waidhofen/Ybbs. Karl Stockinger, unser Wahlonkel, war der beste Freund unseres Vaters. Was für eine Zeit für die Menschen von damals. In der großen Drift, im Strudel der Geschichte gefangen, und es gab kein Entkommen. Kurzes Glück und ein Meer von Tränen. Meine Generation, ungeachtet der Tatsache, dass sie in der Kriegszeit geboren wurde, zählt sicher auch schon zu den begnadeten Spätgeborenen. Warten, hoffen, geweinte und ungeweinte Tränen, eine verlorene Generation, die, vor mir geboren, alles Leid tragen musste.

Ich darf mich zu den Glücklichen zählen. Ja, ich muss sogar, denn nach dem Krieg ging es unaufhaltsam, anfänglich langsam, aber doch kontinuierlich aufwärts. Der wirtschaftliche Aufstieg begann in den fünfziger Jahren, steigender Wohlstand, der sich auf materiellem Gebiet darstellte.

Die Armut war erträglich, der Blick über den Zaun zu den damaligen Wohlstandsbürgern kein sonderliches Problem, da die Masse gleichgestellt in bescheidenen Verhältnissen lebte.

Für uns Halbwaisen war nach Aussage unserer Mutter Nachbar Wastl schon ein Schwerverdiener. Na ja, er war im nahen Stahlwerk Hilfsarbeiter, gemessen an unserer bescheidenen Hinterbliebenenrente allerdings eine nicht ganz unlogische Feststellung.

Das Nachkriegselend, das der vergangene Weltkrieg einer Generation von Kriegswitwen und Halbwaisen hinterlassen hatte, da die Männer im Krieg gefallen waren. Auch wir, Manfred und ich, waren Halbwaisen. In der Schule war es eher die Ausnahme, dass Schüler noch beide Elterteile hatten. Da fällt mir die Geschichte mit der Orange ein, die Mutter immer wieder

Vater Franz und Mutter Elisabeth am Sonntagberg 1939.

erzählte. Wir fuhren mit dem Zug zur Vordernberger Großmutter. Ein Mann gegenüber fragte meinen Bruder Manfred, wie alt er sei. Seine Antwort: „Sechs Jahre!" Dafür bekam er eine Orange, was für ein Schatz, eine Orange kannte ich maximal vom Sehen oder Hörensagen. Laut Mutter bin ich sofort zu diesem Mann hin und posaunte: „Ich bin auch sechs Jahre!"

Unsere Mama, eine Erinnerung an sie wie an eine sonnenbeschienene Ebene. Der Verlust unseres Vaters aber war lange, sehr lange der bedrohliche, gewitterschwere, wetterleuchtende Hintergrund dieser Lebenslandschaft. Eine Frau wie Millionen andere Frauen auch stand mit ihren zwei Buben als junge Witwe inmitten der Nachkriegswirren. Steiermark, Einmarsch der Befreier, die Rote Armee kam wie ein Unwetter über uns. Vergewaltigungen und Plünderungen waren an der Tagesordnung und machten auch vor meiner Großmutter nicht Halt. Das war die Befreiung? Vom Naziterror war in unserer Umgebung nichts zu bemerken gewesen, wie Mutter uns erzählte.

Die letzten Kampfhandlungen fanden in der Ost- und Südsteiermark statt. Entsetzliche Gräueltaten der russischen Soldateska. Vor allem junge Mädchen und Frauen wurden vergewaltigt und oft auch ermordet. Franz F. Seidl hat in seinem Buch „Zeitzeugen 1938 bis 1945" diese furchtbaren Szenarien festgehalten. Ich sehe noch die langen Marschkolonnen flüchtender Landser, zwischendrin immer wieder langhornige Rinder. Die Männer versuchten den nachdrängenden Russen zu entkommen, sie strebten in Richtung Enns, dort waren die Amerikaner.

Einzelne reiterlose Pferde irrten herum und eines davon fanden wir auch. Es irrte herrenlos in der Umgebung unserer Siedlung umher. Wir wollten es zur Großmutter bringen, die hatte ja einen Stall und genügend Futter. Wir fütterten das Pferd, banden es am Gartenzaun an, um es am nächsten Tag zur Großmutter zu bringen. Am nächsten Morgen war unsere tierische Nahversorgung anderswo requiriert worden. Die Erwachsenen hatten heillose Angst vor den Russen. Gott sei Dank wütete die Soldateska nur drei Tage. Was heißt nur, aber zu uns Kindern waren die Iwans ja nett, wir haben da nichts Schlechtes erlebt, im Gegenteil … Wenn sie plünderten, durften wir mit ins Geschäft und wurden auch noch beschenkt, sehr zum Leidwesen der Besitzer.

Nach drei Tagen kehrte relative Ruhe ein, die Übergriffe und Plünderungen hörten auf und wurden unter strenge Strafandrohung gestellt. Großmutter erzählte, dass sie nach dieser Frist von einem Russen vergewaltigt worden war. Sie hat diesen Vorfall bei der Kommandantur gemeldet. Die im Hansenhof einquartierte Kompanie musste Aufstellung nehmen. Großmutter musste den Übeltäter identifizieren.

Sie erkannte den Soldaten mit dem fatalen Ergebnis, er wurde standrechtlich erschossen. So waren sie offensichtlich, die russischen Besatzer. Nach drei Tagen brutaler Übergriffe und Plünderungen wurde ebenso brutal, ohne lang zu fackeln, für Recht und Ordnung gesorgt. Ein Menschenleben, was zählt es.

Aber auch das ging vorüber und jeder war heilfroh, als die Engländer die Verwaltung übernahmen. Nur so hatte sich wohl keiner die Befreiung vorgestellt.

Tapfere Mutter, wie sie uns an der Hand nahm, die Last schulterte und es schaffte, dass unsere Kindheit keine verlorene war. Für Mutter war es ein Kampf, eine Zeit voller Not und Entbehrung, alleingelassen mit zwei kleinen Kindern. Die Erinnerungen erhellen ab dem vierten Lebensjahr langsam die Nebelschleier der frühen Kindheit. Der letzte Fronturlaub Vaters im Sommer 1944, die Nachricht von seinem Tod, Fliegerangriffe, Frühjahr, Flucht in den Luftschutzkeller oder in die Stollenanlagen im Brucker Schlossberg. Die Russen wurden abgelöst, die Engländer kamen. Ihre Parade am Hauptplatz, wo sie ihre Kanonen aufstellten, war ein besonderes Schauspiel.

Barackenlager, deutsche Kriegsgefangene. Flüchtlinge aus der Tschechoslowakei in heruntergekommenen Lagern. Millionen Volksdeutsche wurden unter grauenvollen Umständen ermordet und aus der Tschechoslowakei vertrieben, ebenso aus Ostpreußen, Schlesien, der Slowakei und Slowenien. Ein Volk bezahlt für die Verbrechen eines Regimes und die Sieger schreiben die Geschichte.

Ein blonder Jüngling namens Gerd aus Schlesien, Kurtenbach aus Düsseldorf, beide Kriegsgefangene bei den Tommys, sind mir noch gut in Erinnerung.

Eine gefährliche Zeit. Überall lag Munition herum, Handgranaten und Gewehre. Die älteren Kinder hatten ihren Spaß damit und wir Kleinen mittendrin.

Einmal legten sie einen MG-Gurt ins Feuer, es war unglaublich, wie die Patronen im rasenden Stakkato krachten. Wir hörten und sahen die Militärpolizei heranrasen und verdufteten blitzschnell.

Einen Jungen hatte es böse erwischt. Beim Hantieren mit einem Sprengkörper verlor er sein Augenlicht. Es war aus heutiger Sicht einfach ein unglaublich gefahrvolles Leben. Wir leerten Patronenhülsen und schütteten das Pulver in Mauslöcher. Fest hineingeblasen und dann mit einem Streichholz angezündet. Alltagsbeschäftigung, es lag ja genug Kriegszeug herum und auch die Kleinen waren immer dabei. Die Eisenbahnbrücke über der Mur war ebenfalls ein Anziehungspunkt. Da die hohen, schweren Eisentore unüberwindbar waren, stiegen wir seitlich an der Stützmauer ein und kletterten den hohen Bogen hoch. Ließen die Beine baumeln, tief unter uns der Murfluss.

Der Bahndamm war stirnseitig zur Brücke mit Steinquadern abgestützt. Eine Einladung zum Klettern und ich kann mich noch gut erinnern, wie ich ebenfalls mit schlotternden Knien diese Mutprobe auf mich nahm. Als ich knapp zwei Drittel hinter mich gebracht hatte, verließ mich der Mut. Weinend hing ich in der Kletterwand, getraute mich einfach nicht mehr weiter. Einer der größeren Buben befreite mich schließlich aus meiner misslichen Lage. Wir waren den ganzen Tag unterwegs, stiegen in Gärten ein und fladerten Äpfel, Ribisl, Kirschen, vor allem auf Ananaserdbeeren hatten wir es abgesehen.

Unsere Gartendiebereien führten wir meist in der Abenddämmerung durch. Mutter hatte wenig Verständnis, dass mein Bruder und ich noch unterwegs waren, wenn es bereits finster war. Der Einfachheit halber rief sie uns immer mit Frehelmut oder Hefredi. Zapfenstreich, ab nach Hause, denn bei Unpünktlichkeit kannte sie keinen Spaß.

Heute stehen die Kirschbäume entlang der Bundesstraße. Frühe Herzkirschen, um die sich, wenn überhaupt, nur die Ausländer bemühen. Brauchten nur gepflückt zu werden. Nein, man kauft sie sauteuer im Geschäft. Im Frühjahr wunderschön anzuschauen, Straßen flankiert von blühenden Wolken. Im Juni zeugen dunkle Flecken auf der Straße von abgefallenen Kirschen. Wenn ich das alles sehe, kommen mir die Tage meiner Kinderbegehrlichkeit wieder ins Bewusstsein. Vogerlkirschen, ja, die gab es zur Genüge bei Großmutter im Urgental, aber auch bei der Ella Tant. Allerdings hatte der Bauer in Großmutters Nähe auch drei herrliche Bäume mit Herzkirschen. Sonntags pilgerten wir oft hinauf zur Oma. Anfang Juni waren die Herzkirschen reif und wir pirschten uns vorsichtig an einen der Bäume an. Der Bauer, ein Geizkragen (Saubauer lt. Großmutter), lag aber auf der Lauer und es dauerte nicht lange, bis er auftauchte und uns mit der Peitsche vertrieb. Großmutter, eine Null-Kirchengeherin, ließ dazu verlauten: „Oba jedn Suntog in'd Kirchn, da Taifel soll ihn holen!" Ein unfrommer Wunsch, aber verständlich ausgedrückt.

Die frühen Jahre, Erinnerungen, vom Nebel des Vergessens umwogt, so gibt es doch immer noch kleine Lichtungen, Fensterchen, die einen Blick in diese Zeit gewähren.

Am Beginn meiner Laufbahn, Mutter konnte noch LÄCHELN.

Die Zeit bis zur Schule

Eine gute, großartige Mama, streng, konsequent, ja, das war sie auch und aus meiner heutigen Sicht sage ich, Gott sei es gedankt. Was wäre sonst aus uns geworden, vor allem aus mir. Schon während der Kriegsjahre war uns das Schicksal, abgesehen vom Krieg, nicht gut gesinnt. Mutter war lungenkrank, Vater an der Front, sie musste in eine Heilanstalt, wohin also mit uns Buben? Manfred wurde zum besten Freund Vaters nach Waidhofen/Ybbs geschickt. Wahlonkel Karl Stockinger, ein gelernter Schlosser, begeisterter Waidmann, befasste sich auch mit der Herstellung von Krippen. Naive Kunst, er war überzeugter Atheist und Kommunist und am kunstvoll modellierten Felseneingang zur Krippe hatte er den Schriftzug „Gloria Viktoria" angebracht, eben sein Bezug und Wissen zum christlichen Glauben. Mir ist der Schriftzug erst viel später aufgefallen, wie habe ich darüber gelacht. Er schnitzte auch die Holzblätter mit Eichenlaub für die Rehbocktrophäen und solche mit Latschenkiefer für die Gamskrickerl. Das Jagdzimmer war voll damit. Seine Hoffnung, sein Polittraum fand seinen Höhepunkt, als die Russen kamen. Waidhofen war in Niederösterreich und Niederösterreich war sowjetische Besatzungszone. Sein Jugendtraum platzte wie eine Seifenblase, als er das wahre Gesicht der Befreier sah, das Antlitz des Kommunismus.

Später habe ich ihn einmal gefragt, wie er es geschafft hat, während der Nazizeit als bekannter und bekennender Kummerl unbeschadet über die Runden zu kommen. Er hatte keine Probleme, nur einmal hat sein Chef zu ihm gesagt: „Karl, sag deine Meinung nicht immer so laut, es könnte ja einmal der Falsche zuhören und dann hast du ein Problem." Auch in dieser Zeit kam es auf das Umfeld an, auf die Mitmenschen, wie man auch von einer Nazidiktatur laut unserer Mutter bei uns in der Stadt und Umgebung nicht wirklich etwas gemerkt hat. Die Hitlerei ging offensichtlich ziemlich spurlos an unserer ländlichen Heimat vorüber.

Für unsere Begriffe waren die Stockingers, er als Facharbeiter, begüterte Leute. An die Front musste er nicht, da man für die Rüstungsindustrie Fachleute benötigte.

Ich wurde aber zur Verwandtschaft meines Vaters nach Vordernberg gebracht. Mein Vater war offensichtlich nicht damit einverstanden, mich zur Mutter meiner Mama zu schicken. Die Verhältnisse am Berg in der winzigen Keusche entsprachen einfach nicht seinen Vorstellungen. So wurde ich zu seiner Verwandtschaft nach Trofaiach gebracht. Meine Cousinen hatten wenig Freude mit mir, dem kleinen Tauzbenz. Sie wollten spielen und herumtollen. Ich war nur Störfaktor und so wurde ich kurzerhand mit einem Bein an einen Baum gebunden, einfach meinem Schicksal überlassen. Mutter kam von Zeit zu Zeit auf Besuch, und als sie mich wie eine Ziege angebunden vorfand hat, nahm sie mich sofort mit. So landete ich bei Großmutter mütterlicherseits am Berg, im Urgental. So entstand durch die frühe Kindheitszeit eine starke Bindung zu meiner Großmutter Maria Eder. Eine kleine, obeinige Frau mit einer schrecklichen Kinder- und Jugendzeit. Aufgewachsen als lediges Kind bei Bauern. Herumgestoßen, mit schwerer Kinderfron belastet, schaffte sie es doch, einen beachtlichen Bildungsstand, zumindest, was Rechtschreibung und Lesen betraf, zu erreichen. Ihre Leidenschaft war Lesen, vor allem Ludwig Ganghofer hatte es ihr angetan. Sie lebte mit ihren Hühnern, stand früh auf und ging früh zu Bett. Wenn der Südhang, auf dem die winzige Keusche stand, sonnendurchglüht, im Konzert der Millionen zirpenden Grillen, noch taghell, nach Heu duftend den Abend erwartete, lag sie schon im Bett. Matratzen, mit Kukuruzblättern gefüllt, echt Bio, würde man heute sagen, sorgten für einen gesunden Schlaf. Ein Buch in der Hand, die schweren Brillen, sie nannte sie respektlos „Glospozn" (Glaspatzen), aufgesetzt. So schlief sie immer ein. Im ersten Morgengrauen war sie wieder auf den Beinen. Das Futter für die einzige Kuh im Stall musste gemäht werden. Die Ziege, das Schaf, die Hühner, die Hasen und das Schwein mussten versorgt werden. Ja, da war noch der Garten neben dem Häuschen mit all den Kräutern, Salaten, Zwiebeln und was sonst noch alles für das

Leben selbst angebaut werden konnte. Ribisl und Stachelbeeren bildeten den Abschluss. Das Häuschen, oder besser gesagt die Keusche, hingelehnt am Südhang des Urgentales. Winzig, mit vier kleinen, zugigen Fensterchen, einem altersschwachen Sparherd, der durch alle Jahreszeiten seine Dienst leistete. Die Stube mit einer Eckbank, einem Tisch, darüber schwebend eine große Petroleumlampe. Eine grün gestrichene Kredenz, ein Kasten und das war es. Der Boden des Vorraumes bestand aus festgestampfter Lehmerde, in den Hang hineingearbeitet der Vorratskeller, kühl, dunkel, dumpf, nach Erdäpfeln riechend.

Vor dem Häuschen ein überdachtes Holzlager und ein kleiner Platz auf lehmigem Boden, abgestützt durch eine Steinmauer. Ein Arbeitstisch und daneben ein Miniaturbrunnen. Ein großer Weitling fing das tropfende Quellwasser auf. Im Frühjahr spendete die Quelle einen dünnen silbernen Faden, der im Laufe des Jahres immer mehr zu einem langsamen Tröpfler verkam. Wie armselig war alles, aber es herrschte Friede, Ruhe und Ordnung. Die Sonne schien am Morgen auf die linke Seite des Hauses, welches hingeschmiegt an der Leiten die wärmenden Strahlen aufsog. Ein knorriger Apfelbaum erfreute sich an den Strahlen der Sonne, hoch und mächtig den Schirm seiner Zweige über den Eingang des Hauses ausbreitend. Im Frühjahr stand er da wie eine weißrosa Wolke, umschwärmt von eiligen Bienen, die an den Blüten nippten.

Vom Haus weg führte ein schmaler Weg gute fünfzig Schritte zum Stallgebäude. Rechts am Stall vorbei ging es nochmals ca. fünfzig Schritte bergauf zum richtigen Brunnen. Klares Bergwasser, rieselnd, plätschernd seine Melodie murmelnd. Ein Acker, zu groß für die Bearbeitung durch Großmutter, sollte man meinen, aber sie schaffte es, ein für mich heute unvorstellbarer Gedanke. So 20 Meter breit und 40 Meter lang. Bebaut mit Erdäpfeln und Kukuruz.

An der Südseite des Misthaufens wucherten herrliche Kürbisse, daneben stand ein Holunderbaum. All das verbreitete eine Mischung transzendentaler Holunder-Misthaufen-Gerüche. Glückliche Hühner, die am Misthaufen scharrten, durch die Obstwiesen gackerten. Hühner, die noch ihre Eier ausbrüten durften und dann mit ihrer Wuserlschaar (Küken), jederzeit bereit, diese zu verteidigen, umherzogen.

Ein stolzer Hahn und die Gefahr von oben. Wenn die Habichte mit schrillem Schrei ihre Kreise zogen, war Alarmstufe 3 angesagt. Trotzdem gelang es dem Geier, wie Großmutter ihn wütend nannte, doch hin und wieder, ein Huhn zu schlagen, aber niemals, um es als Beute mitzunehmen. Da war ja noch Tschipsi, ein kleiner, undefinierbarer schwarz-weiß gefleckter Hund. Furchtlos warf er sich auf den Habicht, wenn dieser gerade ein Huhn schlagen wollte. Einmal hatte sie einen weißen Hahn. Das Vieh war so scharf, dass es nicht nur den Habicht attackierte, sondern auch Menschen, vor allem auf Kinder, hatte er es abgesehen. So endete Omas bester Hühnerwächter unrühmlich im Kochtopf.

Die Muata Maria Eder mit dem großen, weiten Herzen für jeden und alles. Sie zog auch die beiden unehelichen Kinder meiner verstorbenen Tante Maria (Miazl), Rosa und Inge, auf. Sie hatte für die Nahen und weiter Entfernten der Sippschaft immer alles Verständnis und Mitgefühl der Welt, nur für einen nicht, für Großvater Peter.

Ich trauerte um meinen Vater. Wie oft saß ich verzweifelt, zusammengekrümmt hockend, im kleinen, zugigen Fenster in Großmutters Keusche. Haderte mit dem lieben Gott, diesem fernen, weißbärtigen, auf einem Thron sitzenden, alles bestimmenden Gott meiner Kindheit.

Lass ihn wieder kommen, gib, dass er lebt, doch meine Gebete verloren sich in der imaginären Leere des Raumes. Im halb zerfallenen Herd knisterte das Feuer, obwohl Sommer war. Wo es keinen Strom gab, musste eben auch in der warmen Jahreszeit mit Holzfeuer gekocht werden. Großvater sorgte dafür, dass immer genügend Holz zum Heizen vorhanden war. Er schleppte jeden Tag Baumstämme auf seinen Schultern, vom nahen Wald zum Haus. Mit der Handsäge und der Hacke schaffte er Scheit um Scheit und schlichtete diese Stapel um Stapel auf. Im Herbst war die Holzhütte trotz des Sommerbedarfs voll.

Tränen kullerten über meine Wangen und hinterließen ihre Spuren. Langsam verblasste das Bild meines Vaters und die Schmerzen heilten. Aber gefehlt hat er mir immer und verstehen wollte ich es lange nicht, warum, warum nur kommt er nicht einfach wieder zur Tür herein? Meine Erinnerungen an ihn sind vorhanden, verblasst, ja, aber sie sind da. Es muss im Sommer 1944 bei seinem letzten Urlaub gewesen sein. Er stand an der Tür und sagte mir vor: „Wat denn, wat denn." Damit wollte er offensichtlich seine deutschen Kameraden nachahmen. Oder ich saß auf seinen Oberschenkeln und wurde mit Kuchen gefüttert. Er zeigte mir, wie ich die Hand unters Kinn halten musste, damit die Brösel nicht auf den Küchenboden fielen. Mein blass gewordenes Bild vom Vater. Es ist, als stünde ich vor einem Spiegel, der langsam erblindet. Die Bilder der Vergangenheit wurden zum Abglanz vorüberziehender Schatten.

Das ambivalente Verhältnis zwischen meiner Großmutter und meinem Großvater, einem hageren, großen schnauzbärtigen Mann, führte nach und nach zu seiner vollständigen Ausgrenzung. Seine letzten Jahre verbrachte er kaum in der winzigen Keusche, sondern auf der Tenne, wo er seine Utensilien hatte und auch sein Nachtlager. Den Tag verbrachte er in der Holzhütte. Unermüdlich sägte und klob er Holz, unbedankt, aber mit einer unglaublichen Selbstverständlichkeit. Nur zum Essen kam er herein. Dieses wurde ihm ans kleine Fenster serviert, am Tisch durfte er nicht mehr sitzen. Die beiden hatten es zu sechs Kindern gebracht, von denen nur meine Mutter Elisabeth, die Liesl, und Tante Beate übrigblieben. Alle anderen verstarben frühzeitig. Großvater Peter war, soweit es über Mutter übermittelt wurde, ein sogenannter Steiger (ein fescher Kerl, ein Weiberer?) und ein Drahrer (leidenschaftlicher Tänzer). Lag hier der Grund, warum die herzensgute Großmutter so mit ihm umging? Ihre späte Genugtuung, wer weiß es wirklich.

Im Oktober kam Großvater immer auf zwei Wochen zu uns in die Siedlung zum Holzmachen. Mutter nützte die Zeit, um sein Äußeres wieder zu renovieren, seinen Bart stutzen, Zehennägel schneiden. Bei uns konnte er ein richtiges Vollbad genießen. Er war ein Geschichtenerzähler und wir Buben hingen an seinen Lippen. Unvergessen, wie er immer jedes Jahr auf unser Drängen die Geschichte erzählte, wie der Teufel seinen Vater geholt hat. Sein Vater musste ein Tyrann gewesen sein, so erzählte er es zumindest. Eines Nachmittags, alle standen im Heu, sein Vater fluchte wieder einmal wild. Da stürzte ein schwarzer Wuzl aus dem Wald, lief zu seinem Vater, packte ihn und verschwand mit dem wild schreienden Mann darin. Nach Tagen kam er wieder zurück, zerkratzt, schweigsam. Nie hat er ein Wort darüber verloren, was vorgefallen war. Aber von diesem Tag an war er niemals mehr böse zu den Seinen. Eine seltsame Geschichte, weil er sie so überzeugend erzählen konnte. Er war der festen Überzeugung, dass der Teufel den Alten geholt hat.

Ich erinnere mich noch, als mich Vater von Großmutter abholte. Es muss Sommer 1944 gewesen sein, sein letzter Urlaub. Auf seinen Schultern sitzend, ging es steil durch den Wald bergab.

Er ermahnte mich, die Augen zu schließen, damit kein Reisigzweig diese verletzen konnte. Es geschah doch, weil ich mit meinen vier Jahren den Sinn nicht verstand, ein Fichtenreis schlug mir ins Auge. Ich habe gebrüllt vor Schmerzen.

I wü wida hoam

Diese frühen Kindertage am Berg bei Großmutter hielten mich lange im Heimweh. Als meine Mutter wieder gesund war, holte sie mich wieder heim, weg von der Großmutter. Mutter war mir fremd, so stand ich oft vor der Wohnungstür, versuchte die Klinke zu erreichen und habe schluchzend gestammelt: „I wü wida hoam." Es war so, ich kann mich daran erinnern. Die saubere, blitzblanke Wohnung, ich stand vor der Küchentür und wollte einfach raus, heim zur Großmutter. Es war alles so anders, neu, ja, unangenehm. Keine Tiere, kein Misthaufen, kein Brunnen und kein Bächlein. Nichts, womit man spielen konnte, und ich musste mich vor dem Zubettgehen auch noch waschen. Bei Großmutter war das nicht immer so genau. Die mit Kukuruzblättern gefüllten Säcke vertrugen auch schmutzige Füße und ich nützte das schamlos aus. Oma konnte sich nicht wirklich um alles kümmern.

Ja, da war auch noch der ältere Bruder Fredi. Der mir fast unbekannte Ältere, der mich in meinen Aktionen einschränkte. Dafür machte ich seine Spielsachen kaputt, wurden sie mir entzogen, dann zeterte und heulte ich und beschimpfte ihn als Tauzbenz. (Bitte nicht fragen, was das heißt.)

Bilder vergangener Tage, wie ein Blick durch ein verstaubtes Fenster. Verschwommen, blass, nebelig, aber ich sehe sie, sehe die fernen Tage an mir vorüberziehen. Ich spüre sie noch immer, diese warmen, sonnenbeschienenen Tage dieser Zeit. Meine schönen Tage, meine Kindertage bei Großmutter. Erinnerungen an lichterfüllte Sommermorgen, ein zartrosa eingefärbter Himmel mit bauschigen kleinen Wolken, die am tiefblauen Himmel dahinsegelten. Das Lied des Sommers, ausgefüllt mit dem vom Licht berauschten Singen der Vögel. Singend, zwitschernd fliegen sie hin und her. Schwalben, metallen schimmernd, durchpfeilen den Himmel, rastlos nach Insekten jagend.

Eine Landschaft, sich ganz dem Kuss der Sonne hingebend, die Wärme und Kraft aufnehmend. Duftende Wiesenblumen in einer Reinheit und Schönheit voller Hingabe zu ihrem Schöpfer. Altweibersommer, Königskerzen, leuchtend gelbe Blüten. Beeren, Pfaffenhütchen mit ihren orangenen Kernen und den roten Mäntelchen, das Knallrot der „Hätschi Petschi" (Hagebutten). Am Vordach wurden die gelben Maiskolben aufgeschnürt. Wir sammelten Rosskastanien und bastelten Männchen und Tiere. Wie schnell sie doch ihren ölig braunen Glanz verloren und schrumpelig matt wurden.

Dann diese frostklirrenden Wintertage. Wenn der frühe Winterabend seine grauvioletten Schatten über die Landschaft warf, die Umrisse des Waldes, der Sträucher verfließen ließ. Das mattgelbe Licht der Petroleumlampe, die ärmliche, aber so gemütliche, heimelige Stube.

Am Himmel Sterne, Sterne, hingestreut als Himmelssaat, ein Baldachin funkelnder Brillanten. Sie funkeln, leuchten auf, erlöschen für einen Bruchteil von Sekunden, um wieder in neuem Glanz zu erscheinen. Manchmal durchgleitet eine Sternschnuppe den Himmel, um am Horizont in der Unendlichkeit des Alls zu verschwinden. Die Schönheit eines nächtlichen Himmel, wie man sie nur an klaren, kalten Wintertagen erleben konnte, damals, als die Lichtverschmutzung noch ein Fremdwort war.

Es wurde wieder Frühling, Frühling am Berg. Die Tage wachsen in den Abend hinein. Vögel jubilieren, berauscht vom Licht und der Wärme einer strahlenden Sonne, ein Himmel, der sich wie ein satinblauer Teppich von Horizont zu Horizont spannt. Die Sonne lächelt der Erde zu, spiegelt sich im glitzernden Tau. Umkost von ihrer Wärme, gebiert Mutter Erde unzählige Blumen und begrünt sich mit dem zarten Smaragdgrün des neuen, frischen Grases. Bilder meiner Kindheit bei Großmutter, Bilder, die mir geblieben sind und bleiben werden, solange mein Herz schlägt.

Mit meinem Cousin Erich, der auch die meiste Zeit bei unserer Großmutter verbrachte, gab es immer etwas zu entdecken. Wir stauten das muntere Bächlein auf. Spielten mit den kleinen Häschen, den Zicklein. Im Frühling gab es immer wieder Nachwuchs bei den Tieren. Wir fingen Mäuse, indem wir mit der Gießkanne Wasser in das Mausloch schütteten. Die Maus kam heraus und blitzschnell fingen wir sie ein. Da konnte es schon geschehen, dass man hin und wieder einen Biss der scharfen Mäusezähne abbekam. Grillenkitzeln mit einem langen Grashalm zählte ebenfalls zu unserer Freizeitbeschäftigung. Ein Leben inmitten der Natur, in der kleinen Keusche, einfach, ärmlich, aber von unsagbarer Schönheit ausgefüllt.

Nun waren wir wieder Familie, Familie ohne Vater, daheim nahe der Stadt. In einer für mich so fremden Welt, weg von der vertrauten Umgebung. Alles so sauber, die Wohnung blitzblank und ich musste mich waschen, ein Bad nehmen. War eingeengt, meiner Freiheit beraubt, und das Heimweh plagte mich. Wie oft noch habe ich in meinen späteren Jahren diesen Ort, die GroßmutterKeusche, besucht, das Sterben der unbearbeiteten Landschaft, oder besser gesagt, die Renaturierung, die Biotopisierung dieser Umgebung erlebt. Wie auch immer, es ist für mich eine traurige Geschichte, die so leicht nicht aus meinen Gedanken und meiner Erinnerung zu verdrängen ist.

Großmutters Keusche 1999. Wie lange wird sie noch stehen?

Verlassen, einsam am Hang. Der Garten in einem Wirrwarr von Dornen, Efeu und sonstigem Unkraut und Kletterpflanzen. Eine Waldrebe lässt ihre Ranken wie loses Haar im Winde wehen.

Verwilderte Obstbäume inmitten zerzauster Vegetation, die sich selbst überwuchert. Entseelt, langsam im Zerfall sterbend, kleines, am Südhang hingeschmiegtes Häuschen, welches mir in den Tagen meiner Kindheit Heimstatt war.

Im letzten Jahr, bevor ich in die Schule kam, verbrachten Manfred und ich gemeinsame Ferien mit den Kinderfreunden in der Fölz. Ich, der kleine Dolm vom Berg, war sehr auf die Hilfe des Großen angewiesen. Bei der Gruppeneinteilung schob Manfred mich immer mit sich. Als aber sein Alter an die Reihe kam, blieb ich übrig. Ich stand auf einmal allein da. Ringsum die Gruppen nach Alter eingeteilt und ich gestehe, als ich gefragt wurde: „Wie alt bist du denn?", habe ich geantwortet: „Weiß ich nicht." Ich habe es damals wirklich nicht gewusst.

Die Erholung wurde von den Schweden gesponsert. Wir mussten eifrig die schwedische Nationalhymne üben, da hoher Besuch angesagt war. Zwei Zeilen sind mir bis heute im Gedächtnis geblieben. Die Schweden kamen, wir standen im Halbkreis und sangen: „Du gamte du frie du fjall höga Nord …"

Das Hotel steht noch heute, umgeben von uralten Buchen, und nicht weit weg unüberhörbar das klare, rieselnde Rauschen eines Gebirgsbaches, der sein Wasser aus dem Hochschwabgebiet ins Tal brachte. Ein Wasserlauf, der silbern, türkis von seinem Ursprung kommt, die steilen Abhänge und Schluchten abwärts stürzt und, sich ausbreitend, dem tiefen Tal der Mürz zustrebt.

Es ist so weit, Volksschulzeit

Mit sechs Jahren machte ich meine erste Bekanntschaft mit der Schule und wurde, au weia, zurückgestellt. Rachitisch und unterentwickelt, lautete der Befund, ich war sauer. Aber auch diese Zeit verging. Nach einem weiteren Jahr begann der erste Schritt ins Schulleben, ich war glücklich, aber nicht sehr lange. Die Schule und der Freiheitsdrang waren einfach nicht unter einen Hut zu bringen.

Meine erste Lehrerin, Frau Edlinger, eine nette, dralle Person, gütig und einfühlsam, gab mir lauter Einser. Ein echtes Wunder, denn die Zeit bei Großmutter am Berg war pure Natur. Ich sprach Dialekt und nur Dialekt. Der Nachbarssohn Fritz wurde von seinen Alten immer Burli gerufen, er war halt so, wechselseitig mal Freund, mal Feind. Als ich einmal wütend auf ihn war, schrieb ich mit Kreide (der Beginn des Graffitis) an die Hauswand: „Buli ist blöt". Nun gut, dass man blöt mit d zu schreiben hat, ließ ich mir noch erklären. Aber Burli mit r? Wo war da das r? Bestenfalls konnte man noch Buali sagen, aber Burli sagte doch niemand. Das war mein Gfrett mit der deutschen Sprache. Aber ich entwickelte mich zu einer Leseratte. Da war Karl May, wir Jungs jeden Tag auf Kriegspfad. Winnetou, Old Shatterhand unsere Idole. Wir rauchten anstelle des Kalumets (Friedenspfeife) Jagertschik. Eine Liane, schmeckte fürchterlich und brannte auf der Zunge, zum Glück, so war man nie in Gefahr, sich das Rauchen anzugewöhnen. Uoni, Bruder der Wölfe, die Schatzinsel und viele schon vergessene Bücher. Manche Bücher las ich drei-, ja viermal, wenn ich gerade keinen neuen Stoff zur Verfügung hatte.

Mehr als vierzig Bände vom May habe ich gelesen, im dauernden Kampf mit meinem Bruder Manfred. Wer zuerst von der Schule zu Hause war, nahm sich das Buch. Wer zu spät kam, versuchte mit allen Mitteln, das Buch dem anderen wieder abzuluchsen. Wenn Mutter aus Sparsamkeitsgründen das Licht abdrehte, habe ich unter der Decke mittels Taschenlampe weitergelesen. Batterien hatten halt auch nur eine beschränkte Lebensdauer und woher das Geld nehmen für eine neue? So habe ich, wenn ich einkaufen gehen musste, Groschen um Groschen abgezwigt, um meine Lust am Lesen weiter betreiben zu können. Nicht einfach, denn Mutter war eine strenge Rechnerin, ja, und Stoppeln für den Revolver brauchte ich auch immer wieder. Ein Stoppelrevolver gehörte ebenso wie die Steinschleuder zur Grundausrüstung eines Kriegers.

Ab Mitte April, das Rennfeld und die Mugl grüßten noch mit ihren schneebedeckten Häuptern, liefen wir bereits barfuß. Lederhose oder eine einfache schwarze Turnhose waren allgemeines Outfit.

Die Fußböden in der Volksschule waren mit einem schwarzen Öl eingelassen, so geschah es, dass wir bis in den Herbst hinein mit schwarzen Füßen herumrannten. Schwarzfuß-Indianer, und es dauerte sehr lange, bis sich das in die Hornhaut eingefressene Öl langsam auflöste.

Zu Pfingsten, ich erinnere mich nur an sonnenwarme Pfingsttage, die Schneeschmelze in den Hochregionen war im vollen Gange, die Mur hatte mittleres Hochwasser und wir gingen in das eisig frische Wasser schwimmen. Unsere kleine Insel, zu dieser Zeit war es eine wirkliche Insel, konnte man von der Schrebergartenseite watend erreichen. Wir hatten eine Hütte gebaut und nützten jede freie Zeit, um uns dort zu treffen. Die Tage, die den Stempel der Traurigkeit und Düsternis trugen, waren endgültig vorbei. Im Westen die Schrebergärten mit üppigen Gartenanlagen, von Kirsch- und Apfelbäumen umsäumt. Im Osten die Mur mit ihrem olivgrauen Gewässer, dahinter die Eisenbahn und der ansteigende Hang zum Rennfeld. Die Strömung war zwar stark, aber das Wasser reichte mir damals knapp übers Knie. Wenn das Mutter gewusst hätte. Die größeren Buben taten sich leichter und wir Kleinen konnten und wollten ihnen auf keinen Fall nachstehen. Zur Bahnseite lag das Hauptflussbett, schnell fließend, sautief und gute dreißig Meter breit. Wir ließen uns entlang der Insel von der Strömung treiben bis zum Ende der Schotterbank, dann nichts wie raus, zähneklappernd, aber ich war dabei, ein kleiner Held? Das waren wir alle. Mitmachen war alles, auch wenn man Angst hatte, durfte man es niemals zeigen. Kaum schwimmen gelernt und hinein in das schnell fließende Wasser des Flusses.

Das Schwimmbad öffnete meist ebenfalls um diese Zeit. Es war für meinen Bruder und mich der absolute Mittelpunkt, das Erlebnis. Wir waren bei Schönwetter ab 9 Uhr schon an der Kassa.

Der Eintritt kostete damals 30 Groschen. Wir blieben so lange im Schwimmbad, bis wir vom Bademeister P. nach Hause geschickt wurden, und das war meist um 19 Uhr. Selbst bei Schlechtwetter zog es uns dorthin. Zwei Becken, das Damenbecken mit 25 x 10 Metern Länge und 1,50 Metern Tiefe mit einem 3 x 3 Meter großen eingegrenzten Kinderbecken. Das Wasser wurde mittels Feuerwehrschlauch eingelassen und es dauerte zwei Tage, bis das Damenbecken gefüllt war. Bei 16 Grad Wassertemperatur war es voll, jetzt konnten wir Fangen spielen mit Eckenköpfeln, das heißt, wenn man aus dem Wasser ging, durfte man nur bis zu den Ecken laufen und dann kopfüber wieder rein ins Becken. Hatte das Wasser max. 23 Grad, dann war es nur mehr eine nach Chlor riechende undurchsichtige Brühe, von wegen Hygiene, aber so war es damals eben. Keine Filteranlage, daher jede Menge an Chlor. Jetzt machten wir nur mehr Tauchgangerln, also nur im Wasser, mit Abtauchen.

Tauchgangerln waren nicht ungefährlich, da es immer wieder Jungs gab, die sich Kopf voran ins Wasser stürzten. Einmal hat es mich dann auch erwischt, böse erwischt. Ich tauchte gerade, da bekam ich einen harten Schlag auf meinen Schädel. Benommen torkelte ich aus dem Wasser, lehnte mich an die Pritschenwand. Da machte mich mein Freund darauf aufmerksam, dass mir das Blut über den Rücken rann. Ärztliche Versorgung gab es nicht. Mutter verarztete mich, schnitt mir die Haare rund um das Cut aus. Dann legte sie gekautes Brot auf die Wunde, einen Stofffetzen darüber und mit Leukoplast verklebt. Das war es dann auch und der Heilerfolg gab ihr recht. Überhaupt waren die Hausmittel bei offenen Wunden schnell zur Hand. Gekautes Brot, Spinnweben oder, als Soforthilfe, wenn es möglich war, einfach draufpinkeln.

Das Herrenbassin war parallel zum Damenbassin in einem Abstand von ca. 10 Metern angelegt, dazwischen die Duschen. Das Befüllen des 25 x 25 x 2 Meter großen Beckens dauerte eine halbe Woche, mit dem Erfolg, wenn es voll war, war das Wasser wieder trüb und undurchsichtig und dazu so um die max. 21 Grad. Dessen ungeachtet, Schwimmbad war unser schönstes Vergnügen in den Ferien. Leider verblieben, wenn man noch zwei Septemberwochen dazurechnete, meist nur knapp vier Wochen Badevergnügen.

Bruder Manfred verbrachte die Halbzeit der Ferien immer in Waidhofen bei den Stockingers, die er Mama und Papa nannte. Ich aber wurde mit den Kriegsopfern verschickt. Ich hasste diese vier Wochen. Heimwehgeplagt zählte ich die Tage. Unser Vater hatte seinen Freund Karl offensichtlich ersucht, falls er im Krieg bleiben sollte, Manfred zu adoptieren. Als der Fall eingetreten war, die Stockis waren kinderlos, bekam Mutter einen Brief, worin auf dieses Thema eingegangen wurde. Sie war so empört, dass sie jahrelang den Kontakt mit den Stockis vermied. Es dauerte lange, bis sich diese Situation wieder normalisierte. Es wird behauptet, Skorpione seien leicht verletzbar und nachtragend, und unsere Mutter war am 12. November geboren, also eine Skorpion-Frau. Für Manfred wäre es ein komfortableres Leben gewesen, denn wir lebten schon irgendwie am Rande des Existenzminimums. Doch trotz aller Not und Schwierigkeiten hätte unsere Mutter niemals eines ihrer Kinder abgegeben. Tausende Meilen wäre sie gegangen, um uns wieder zu vereinen, unsere Mutter, gesegnete Mutter.

Wonnemonat Mai

Mai, Juni, Monate, an die ich die meisten und angenehmsten Erinnerungen knüpfe. Wenn alles grünte und blühte, die warmen Mainächte und die Maikäfer. Diese Krabbler mit den borstigen braunen Fühlern, dem weißschwarz gezeichneten Bauch, hatten es mir angetan. Alle Jahre wieder zogen wir in den lauen Nächten aus, gerüstet mit langen Stangen, an denen alte Strümpfe befestigt waren. An den Straßenlaternen brummten die Käfer in Schwärmen, so brauchte man nur den Strumpfbeutel, der an einer langen Stange befestigt war, durch den Schwarm ziehen, schon hatte man jede Menge gefangen. Wir steckten die Käfer in leere Streichholzschachteln und hatten unseren Spaß, diese während des Unterrichtes freizulassen. Wenn sie sich brummend durch das Klassenzimmer bewegten, war die Stunde fast geschmissen. Opfer dieser Anschläge war meist der gute Bajo, unser Deutschlehrer, aber auch der Musiklehrer Poldin, unser Poldi, blieb nicht davon verschont.

Wir befestigten an den Maikäferbeinen einen Zwirnfaden, ließen den Käfer dann steigen. Bevor der Käfer sich in die Lüfte erhob, begann er zu pumpen, öffnete die braunen Deckflügel und dann hob er ab. Er stieg und stieg, aber auch ein Zwirn hat so sein Gewicht und proportional zur Zwirnlänge und Flughöhe nahm auch das Gewicht des dünnen Fadens zu. So hatte der Steilflug bald sein Ende gefunden. Wir ließen die Käfer brummen, bis sie erschöpft aufgaben und in der Streichholzschachtel wieder ausruhen konnten.

Die Pessls hatten nicht weit von unserer Siedlung ihr Haus mit einem Kirschbaum. Herzkirschen, in der Reifezeit für uns Kinder das Ziel der Begierde. Die Pessls hatten auch Hühner und die vertilgten jede Menge an Maikäfern und so brachten wir die gefangenen Käfer den Hühnern … Frau P. war hoch erfreut und versprach uns dafür Kirschen. Als die roten, reifen Früchte ernteschwer die Äste bogen, strichen wir um den Zaun herum in froher Erwartung, dass nun die Zusage eingelöst wird. Falsch gedacht, die gute Frau erwiderte unser lautes Grüßen, zuckte aber mit keinem Ohrwaschl von wegen Kirschen. Wir holten uns aber die süßen Früchte. Wenn es dunkelte, stiegen wir über den Zaun, brachen einige Äste ab, voll mit den roten, fleischigen Kirschen, und verdufteten blitzschnell. Das war unsere Rache.

Ein besonderes Fest war Ostern, ich erinnere mich an herrliche Ostertage. Kristallklar die Luft, alles Entfernte scheint unglaublich nahe zu sein, als ob man es durch ein Vergrößerungsglas betrachtet. Immer wieder kleidet sich die Natur in das Prachtgewand des Frühlings, dessen Höhepunkt der Mai ist. Alles blüht, Wiesen mit gelbem Löwenzahn übersät, im Wind wogende Getreidefelder, deren Halme sich in einem Bläulichgrün zeigen. Blühende Obstbäume wie große weißrosa Wolken. Von den Bergen plätschern diamantene Bächlein in die Täler. Ich kann mich nur an sonnige Osterfeiertage erinnern. Rund um die Stadt wurden Osterfeuer abgebrannt, Freudenfeuer, die die Auferstehung verkündeten, und ringsherum lebt die Natur es vor.

Muttertags-Monat. Meine Bruder und ich, wir holten alles, was blühte, nach Hause, vor allem Flieder, aber auch Kirsch- oder Apfelblütenzweige wurden in der Küche verteilt. Die ganze Wohnung duftete nach Blüten. Eines wurde uns strikt aufgetragen: „Ich will keine Blumen sehen, die in den Gartenanlagen stehen, wehe, ihr stehlt sie, dann könnt ihr euch den Muttertag denken." An dieses Gebot haben wir uns gehalten, offensichtlich war das nicht bei jeder Familie der Fall, da gerade um diese Zeit die geplünderten Tulpenbeete auffielen. Gemalte Herzen mit einem aufgeklebten Kinderbild und einem Gedicht darunter. Bescheidene, ehrliche Muttertagsgeschenke. Geburtstage, Ostern und natürlich Weihnachten hatten in unserer Familie einen hohen Stellenwert.

Unsere Mutter legte großen Wert darauf, dass wir jeden Sonntag in die Kirche gingen. Ihre Kirchgänge beschränkten sich auf Ostern und die Christmette. Wer sonst hätte am Sonntag das Mittagessen hergestellt? Ihre Religiosität war eine verschlossene, es wurde zu Hause nie gebetet, sie hat auch nie dieses Thema mit uns angeschnitten, war aber unerbittlich und kontrollierte unsere Kirchgänge an den Sonntagen. Aber den Ostersonntag und die

Christmette besuchten wir immer gemeinsam. Auf unsere Mutter traf das Sprichwort absolut zu: „Die Kirche hat viele Menschen, die Gott nicht hat, Gott aber viele Menschen, die die Kirche nicht hat." Sie war sicher eine sehr gläubige Frau, zeigte ihren Glauben aber in ihrer stillen Liebe zum Nächsten, und das waren nicht nur Menschen, sondern auch Tiere.

Noch gut in Erinnerung ist mir, als Kriegsgefangene von einem buckligen, mit Krücken gehenden Aufseher drangsaliert wurden. Mutter hat den Ausgehungerten, in Mistkübeln Wühlenden Brot gegeben (wir hatten wahrlich selbst sehr wenig). Der Aufseher ging mit seinen Krücken wütend auf die in den Kübeln wühlenden, hungrigen Gefangenen los. Mutter wurde zur Hyäne, hat sich mutig gestellt und diese erbärmliche Kreatur gehindert, seine Niederträchtigkeit an diesen zerlumpten Menschen auszutoben. War das mit ein Grund, warum sie oft sagte:

„Hüte dich vor den Gezeichneten"?

Da war Murli, ein streunender Schäfermischling. Irgendwer hatte ihm übel mitgespielt. Er hatte eine große, offene Wunde an der rechten hinteren Flanke. Mutter versorgte ihn liebevoll und von da an kam er jeden Tag, bekam sein Futter und viel Liebe. Wer der Besitzer von Murli war, konnte niemand sagen, er war eben da, kam am Vormittag und ging am späten Nachmittag.

Ihre Tierliebe wurde allerdings auf eine harte Probe gestellt, als ich einen jungen Turmfalken nach Hause brachte. Muck taufte ich das kleine graue Flaumbündel. Kritisch wurde es, als Muck seinen Flaum verlor und flügge wurde. Flügelschlagend verteilte er eine staubige Flaumwolke in der Stube, es war entsetzlich und sie machte mir schwere Vorhaltungen, weil ich den Vogel nach Hause gebracht hatte, aber nun war er eben mal da. Muck entwickelte sich zu einem prächtigen Falken. Seine rauchzarte, schwarz gezeichnete Brust, die goldbraunen Schwingen und seine großen schwarzen Augen waren meine Freude. Aber er war ein Falke, es musste eine Entscheidung getroffen werden, Muck musste hinaus aus der Wohnung. So bekam er seinen Platz am Fensterbalken. Nach und nach entfernte er sich immer weiter, kam in immer größeren Abständen wieder. Eines Tages trieb er sich noch nahe am Haus herum, vermied es aber, am Balken anzudocken. Dann war er entschwunden. Ich sah ihn noch einige Zeit seine Kreise hoch am Himmel ziehen. Muck, mein Turmfalke, war weg, meine Mutter erleichtert, ich aber war traurig.

Einmal brachte ich Teichmuscheln mit. Stellte ein großes Einmachglas unter den Abwasch, füllte es mit Wasser, bedeckte den Boden mit Sand und war der Meinung, den Muscheln Gutes zu tun. Einige Tage später, als ich von der Schule kam, war das Aquarium weg. Sie hat sich auf keine Diskussion eingelassen, es wäre auch sinnlos gewesen.

Meine naturwissenschaftliche Praxis beschränkte sich auf Maikäfer, Turmfalken und Teichmuscheln, wenn da nicht noch ein Kater gewesen wäre. Am Anfang ein süßes, wolliges Kätzchen, welches sich zu einem großen halb angoratigerten Monster entwickelte. Wenn die Ranzzeit kam, war der Teufel los. Tagelang war er unterwegs, magerte ab, kam nach Hause mit blutenden, eiternden Wunden, einem aufgeschlitzten Ohr. Aber er hatte sicher viele Nachkommen gezeugt. Als junger Kater hatte er einmal gefrorenen Fisch gefressen. Von diesem Zeitpunkt an bekam er regelmäßig Durchfall und machte es sich zur Gewohnheit, als Abort meine Winterstiefeletten zu benutzen. Das Reinigen war ein Hammer, der Duft hartnäckig und so drohte ich, sollte der Kater noch mal mein Schuhwerk für seine Notdurft benutzen, würde er erschossen. Mein Blutsbruder Herbert hatte ein Flobertgewehr und mir war es wirklich ernst. Eines Tages, ich wollte meine Füße im Stiefelchen versenken, merkte ich, wie der Duft von Rasierwasser mein Riechorgan umstrich. „Mutti", schrie ich, „hat das Mistvieh schon wieder in meinen Stiefel gesch…?!" Na klar, hatte er, da half kein Leugnen. Ich konnte mich aber nicht durchsetzen und der Kater verblieb im Familienverband. Meine Winterstiefeletten wurden aber nicht nur im Sommer im Schuhkasten unter Verschluss gehalten.

Als der Kater irgendwann sein Domizil im Katzenhimmel aufschlug, kam ein Wellensittich in die Wohnung. Mutter brauchte eben immer einen Wohngenossen, ein Wesen, welches sie betreuen konnte.

Aus drei wird vier

Nach acht Jahren Witwenschaft unserer Mutter zog Onkel Roman zu uns, Finanzer, und mit ihm die Hoffnung auf ein besseres Leben, da man von einer Hinterbliebenenrente am Rande der Existenzmöglichkeit schrammte. Wären da nicht Großmutter mit ihrer Mini-Wirtschaft und die Ella Tant gewesen. So gab es die Grundnahrungsmittel, Milch, Eier, hin und wieder einen Hasen oder ein Huhn, vor allem wurde zweimal im Jahr ein Schwein geschlachtet und die gesamte Sippschaft profitierte davon.

Manfred und ich mussten Onkel Roman manchmal im Finanzamt aushelfen. Da waren Berge von Erlagscheinen zu stempeln, dafür bekamen wir immer einige Schillinge, und das war es, Taschengeld, ein neuer, bisher unbekannter Zustand. Leider dauerte er nicht lange. Mutter wurde schwanger, sie brach sich an einem regnerischen Apriltag beim Besuch bei Großmutter das Schienbein. Nun lag sie im Krankenhaus Bruck, bis unsere Schwester Waltraud das Licht erblickte. Ein Junikind, wenn auch ein spätes. Wie waren wir alle happy mit dem Nachwuchs und anfänglich rissen und stritten wir uns ums Kinderwagenfahren.

Die Begeisterung dauerte nicht lange und das Interesse, den Wagen mit der kleinen Schwester zu betreuen, sank auf den absoluten Nullpunkt. Auf einmal war es umgekehrt, wir stritten uns, um nicht fahren zu müssen.

Waltraud wurde schwer krank, kam ins Kinderspital nach Leoben, ein Kampf auf Leben und Tod begann. Sie hat es überstanden und die Ärzte sprachen von einem Wunder. Heute noch zeugen Narben am Oberschenkel und am rechten Arm von dieser für die Kleine so schweren Zeit.

Unsere Mutter muss viel gebetet haben. Warum sonst hätte sie uns nach der Genesung der kleinen Tschopf (mein Spitzname für sie) zu einer Wallfahrt zu einem Marien-Ort vergattert? Wir pilgerten zu einer Marienkapelle in der Nähe von Leoben.

Schwesterlein konnte gerade laufen, als Onkel Roman an einem Gehirntumor erkrankte. Die erste Operation in Bad Ischl ließ Hoffnung aufkommen. Es dauerte aber nicht lange und Onkel Roman bekam wieder furchtbare Kopfschmerzen, Metastasen. Er wurde wieder mit der Rettung in die Spezialklinik nach Bad Ischl gebracht. Zur damaligen Zeit eine Horrortour über eine holprige, enge Straße, die mehr einem Knüppeldamm glich als einer Bundesstraße. Die zweite Operation hat er nur drei Wochen überlebt, die Hoffnung auf ein klein wenig besseres Leben war dahin.

Mutter wieder allein und nun mit drei Kindern. Zwei halbwüchsigen Buben und der kleinen Waltraud. Es sind nicht die geweinten, es sind die ungeweinten Tränen, die so betroffen machen, wenn man sieht, wie das Schicksal mit manchen Menschen umgeht. Jetzt lebten wir wieder von einer kleinen Hinterbliebenen-Rente, die hinten und vorne gerade für das Notwendigste reichte. Das war mit ein Grund, warum Mutter neben dem Hausgarten noch zwei weitere Gärten bewirtschaftete, sehr zum Leidwesen ihrer beiden Söhne. Das hieß zweimal im Jahr umstechen, Salatgrube bauen und einiges mehr. Da kam keine Freude auf, Gartenarbeit war für uns Schwerarbeit, einfach eines Kriegers nicht würdig.

Im Sommer mussten wir meist an den Wochenenden Schwarzbeeren pflücken. Wie wir diese Arbeit hassten, aber Mutter war beinhart. Früh am Morgen wurden wir geweckt, fuhren mit der Eisenbahn bis nach Hönigsberg und dann ging es gute zwei Stunden in Richtung Schwarzbeer-Schlag. Schwarzbeeren, auch Blaubeeren oder noch besser Heidelbeeren genannt, wurden in einem Zehn-Liter-Kanister und in Milchkannen gesammelt. Eine gnadenlose, ungeliebte Tätigkeit, den ganzen Tag in der sonnendurchglühten Waldlichtung, hin und her am Boden hockend, die Beeren sammeln. Unsere Mutter riffelte, mit diesem Gerät ging es wesentlich rationeller als mit den Fingern. Die Riffel war ein oben und vorne offener Holzkasten mit Handgriff. An der Vorderseite waren ca. vier Zentimeter lange nagelähnliche Drahtstifte angebracht, damit wurde durch das Beerengestrüpp geackert. Unser Hände, ebenso die Lippen und Zunge, waren am Abend tiefblau eingefärbt und es dauerte Tage, bis die Farbe wieder weg war

Der Großteil der Ernte wurde verkauft. Geld war ja immer sehr knapp und der Gemüsehändler lebte sicher nicht schlecht von den Beerensuchern. Der Rest wurde zu Marmelade verarbeitet. Die beiden Kleiderkästen im Schlafzimmer wurden mit den Einmach- und Marmeladegläsern bestückt. Auch Himbeeren und Preiselbeeren standen auf der Sammelliste unserer Mutter. Für uns Buben war es immer ein Horror, aber es gab kein Entkommen. Auch wir mussten unseren Beitrag für den Lebensunterhalt leisten. Nicht nur zu Hause, auch in den Sommerferien kamen wir zum Ernteeinsatz im Kotzgraben bei der Ella Tant oder halfen Großmutter Heu zu ernten, was allerdings eher selten vorkam.

Sommerferien, Herbstbeginn, wieder Schule. Ich mag den Herbst nicht wirklich. Farbenpracht hin und her, was hilft es, wenn die Schule wieder beginnt? Farbenprächtiger Oktober, es roch nach langsam sterbenden Blättern. Das Rot der Buchenwälder und Kirschbäume, Gelb und verblassendes Grün auf den

Zweite Reihe Erster von rechts: Das bin ich. 4. Klasse Volksschule 1950.

Kastanienbäumen und die Blätter fielen. Der Herbst kündigte sich bereits in den letzten Augusttagen mit den hartnäckigen, langen Hochnebeltagen bis zur Mittagszeit an. Die Tage wurden merklich kürzer, die Nächte kühlten ab, erster Reif am Morgen. November, Allerheiligen, Bäume skelettiert, ihrer Pracht beraubt, stumm, trostlos im regennassen November. Zu dieser Zeit waren die Häupter von Rennfeld und Mugl meist schon verschneit. Ihre abgerundeten Gipfel zu gewissen Zeiten blass lapislazuliblau. Die Wälder und Wiesen in abgestuften Farben leuchtend. Im Sonnenaufgang wie zart gefärbter Amethyst, um in den Abendstunden in ein violettes Blau überzugehen. Seltsam, jede Jahreszeit konnte ich als Kind riechen. Wenn Schnee gefallen war, ein strahlender Frühlingsmorgen anbrach, der Sommer sein Lied sang oder die Melancholie des Herbstes über der Landschaft lag. Riechen kann ich sie heute auch noch, aber nicht mehr so intensiv. Liegt es an meinem Geruchsorgan oder sind die Jahreszeiten nicht mehr das, was sie einmal waren?

Raunächte, Advent, die stille Zeit

Das Mur- und Mürztal unter einem niedrigen Nebelschleier liegend, der wie eine endlose Wasserfläche dahinzieht. Dezember, Advent, Raunächte. Die Tage, im verschwommenen Milchgrau, waren kurz, die Nächte lang, endlos lang.

Damals waren es noch Raunächte. Schnee fiel meist Anfang Dezember, spätestens aber nach Weihnachten, dann blieb er aber bis Anfang März auch in den Niederungen, in der Stadt liegen.

Jetzt wurde es wieder spannender. Krampustag. Wenn wir am Nachmittag von der Schule nach Hause gingen, waren die ersten Schaufenster bereits rot mit Krepp dekoriert. Nikolaus mit seinem Krampus, Lebzelterzen und Süßigkeiten. Für die damalige Zeit Begehrlichkeiten, die Kinderaugen glänzen ließen.

Die Dämmerung senkte sich langsam über die Stadt, sie ging in eine alles umhüllende Nacht über. Wir hörten gespannt auf das Kettenrasseln, lauerndes Warten, wir zogen in Gruppen umher. Nach und nach kamen die Krampusse, rotteten sich in Rudeln zusammen. Vereinzelt tauchte der dunkle Geselle auch mit einem Nikolaus auf. Als wir noch jünger waren, kam der Nikolaus mit seinem Begleiter auch ins Haus. Verschüchtert standen wir da, wunderten uns, dass er alle unsere Sünden kannte und diese aus dem Buch vorlas. Ein Vaterunser wurde uns aufgetragen, wir versprachen Besserung und freuten uns auf die bescheidenen Geschenke.

Die Spannung war vorbei, als wir dahinterkamen, dass hinter den beiden Gestalten die Hausnachbarn L. und B. steckten. Als wir älter wurden, verlegte sich das Erlebnis in die Stadt. Dort war der Krampus los. Jede Menge Publikum, wildes Gejohle, krachende Stoppelrevolver. Wir wurden gejagt, waren aber für die Krampusse zu flink und entkamen meist mit Leichtigkeit. Auf die Mädchen hatten sie es besonders abgesehen und da war es für diese gut, wenn sie einen männlichen Begleiter hatten.

Advent, Nebel wie graue Watte, verschwommene, konturlose Landschaften. Eine Sonne, die kraftlos tiefstehend ihre Bahn zieht, und nicht enden wollende Nächte. Weihnachten, Kinderjahre, atemloses Warten vor verschlossener Tür. Tannennadeln knistern, die gelb brennenden Kerzen am Christbaum formten lange, bärtige Tropfgeflechte.

Der heilige Abend, schönste Erinnerungen. Unsere Mutter verstand es, eine unglaubliche Atmosphäre zu zaubern. Die kleine Fichte wurde immer von Großmutter geholt. Im Herd brannte das Feuer. Weihrauch wurde aufgestreut und ein für damalige Verhältnisse wahrliches Festessen aufgetischt. Es gab Aufschnitt, Wurst, verschiedenes Fleisch, harte Eier, Essiggurkerln und Pfefferoni. Als wir schon älter waren, schmückten wir gemeinsam den kleinen, bescheidenen Baum. Weihnacht, weihevoll, Geheimnis, durchknistert, immer wieder ein tief in die Seele gehendes Erlebnis. Ganz Gescheite meinen, die Geburt Jesu habe im Oktober oder November stattgefunden. Ich habe mir schon sehr früh die Mühe gemacht zu forschen, wann dieses epochale Erlebnis nun tatsächlich stattgefunden hat.

Es war im jüdischen Monat Kislew, in der Zeit des Lichterfestes, welches Anfang Dezember bis Ende des Monats dauert. Jesus hat ja nie seinen Geburtstag gefeiert, zumindest scheint es in keiner Überlieferung auf. Ob es nun genau der 24. war, wer weiß es? Ganz Schlaue meinen, zu dieser Jahreszeit sind keine Hirten mehr auf den Feldern gewesen, da es zu kalt und regnerisch war. Wie mag die Klimasituation zur damaligen Zeit im Nahen Osten gewesen sein?

Weihnacht, heiliger Abend, aus dem Heidnischen übernommen? Wie auch immer, wichtig für mich ist die Erinnerung und das Erleben dieser Zeit; ich habe erlebt und erlebe sie noch immer. Der Erlöser ward geboren, als die Finsternis am dichtesten war, um sein unsichtbares Reich und die Herrschaft des Geistes zu verkünden. Ist er gekommen, um den Tod durch das Leben zu besiegen? Andächtig standen wir vor dem Lichterbaum, alle Jahre wieder, und Mutter bestand darauf, dass „Stille Nacht" gesungen wurde. Wir sangen aus voller Kehle in einer unglaublichen Stimmen- und Tonvariation, aber wir sangen.

Den Christkindglauben habe ich noch lange mit Klauen und Zähnen verteidigt, wohl wissend, es war ein Kindheitstraum.

Ich wollte sie festhalten, die schöne Illusion meiner Kindheit. Wie oft habe ich es erlebt, dass meine Mutter rief: „Schnell, das Christkind ist eben vorbeigeflogen." Ich kam angerast und es war schon wieder fort. Meine Augen suchten sehnsuchtsvoll den Sternenhimmel ab. Warum sah ich das Christkind nie? Langsam dämmerte mir, warum es so war. Aber der Kindheitsglaube blieb mir erhalten, auf einer anderen Ebene halt, und dieser Glaube wurde zum Wissen, zur persönlichen Erfahrung. Ich meine, der Glaube ist ein Geschenk, nur damals war es noch nicht so weit.

Vierte Klasse Volksschule in der Bismarckstraße (heute Th.-Körner-Straße). Klassenlehrer W., ein Waidmann, der seine Hauptaufgabe darin sah, uns für das Waidwerk zu begeistern. Mit W. hatten wir am Ende des Schuljahres einen Schulausflug nach Liezen gemacht. Ein epochales Erlebnis für uns zehn bis elf Jahre alte Jungs. Er drehte einen Film, 8 mm, schwarzweiß. Das war etwas, sich selbst über die Leinwand flimmern zu sehen.

Vier Jahre waren rasch vergangen, der nächste Lebensabschnitt stand vor einem.

Es stand die Entscheidung an, wohin führt der weitere Weg, Volksschule, Hauptschule oder Gymnasium? Nun damals war das Gym primär den Kindern von Ärzten, Anwälten und teil-

1951 erste Klasse Hauptschule, Klassenvorstand Josef (Joschi).
Ich letzte Reihe, Vierter von links.

weise auch Geschäftsleuten vorbehalten. Das Proletariat, die Gassenkinder, das waren wir, gingen in die Hauptschule. Die Bestbenoteten kamen in den A-Zug, der Rest wurde in B-, C- und D-Zug aufgeteilt. Nur ganz wenige gingen weiter in die Volksschule nach Berndorf. Für mich wäre das Gymnasium nach meiner damaligen Sichtweise absolut strafverschärfend gewesen.

Vier Jahre waren rückblickend doch schnell vergangen und ich kam, wie sollte es anders sein, in die Hauptschule. Na ja, ich war ja nicht unbedingt berühmt mit meiner Schulleistung, aber ich tat nur das Notwendigste, zum Leidwesen meiner Lehrer. Abgesehen davon, Häuptlinge hatten einfach nicht die Zeit zum Lernen. Mein Problem war halt der ältere Bruder Manfred. Den Seinen gab es bekanntlich der Herr im Schlaf und er bekam es. Ein sehr guter Schüler, lauter „Sehr gut", prädestiniert fürs Gym. Aber da sprach Muttern ein Machtwort. Das Gym ist nichts für Manfred, wir sind einfache Leute, ins Gym gehen halt die Kinder der Geschäftsleute, keine Frage der Lernfreudigkeit oder Intelligenz, sondern ihre Lebensphilosophie. Schuster, bleib bei deinen Leisten, so war sie halt, unsere Mutter.

Obwohl wir, wie am Foto zu ersehen ist, in der ersten Klasse 39 Schüler waren, fand niemand etwas dabei und alle, oder fast alle, haben es zu etwas gebracht.

Klassenvorstand Joschi K. legte meiner Mutter nahe, mich doch in den A-Zug zu geben. Wie war ich Idiot damals froh darüber, dass sie das kategorisch abgelehnt hat. Helmut soll erst mal richtig Deutsch lernen, was soll er da mit Englisch?! Im A-Zug waren doch nur die Streber und keine echten Krieger, also was sollte ich dort? Außerdem, die Fachlehrer des A-Zuges waren nicht unbedingt beliebt, da Manfred dort mit bestem Erfolg werkte, wusste ich Bescheid. Mein Ehrgeiz war aber sehr begrenzt und die Gründe waren mannigfach, ich habe bereits darauf verwiesen.

Erinnerung an bemerkenswerte Lehrer und Schüler

Wir waren eine Rasselbande und Strafaufgaben, vor allem in Deutsch, waren an der Tagesordnung. Unser Deutschlehrer Herbert Z., ich bewahre ihm bis heute ein ehrendes Gedenken, gab uns als Strafe Gedichte und Balladen auf. Wir haben die Strophen hochlizitiert. Sagte er, eine Strophe von der Bürgschaft, kam es im Chor zurück, zwei. Gut, zwei, und wieder wir, drei. So gelang es uns, die gesamte Länge der Bürgschaft bis zur nächsten Deutschstunde aufgebrummt zu bekommen. Jetzt musste ich als Klassensprecher wieder ran, die Strafe zurückverhandeln. Ich argumentierte ausdauernd, bis wir die Ballade in Raten abtragen durften. Da waren u. a. Balladen wie Des Sängers Fluch, Die Bürgschaft, Die Schwarze Pest oder Der Zauberlehrling. Ich kann sie heute noch und übe damit mein Gedächtnis. Insgesamt sind es acht Balladen, die mich begleiten und mit denen ich mein Gehirnschmalz trainiere.

Herbert Z., wir nannten dich Bajo, du warst ein kleines, schmächtiges Männchen mit zu großer Knickerbocker oder im Trachtenanzug, schütteres Haar, eine spitze Nase. Aber als Lehrer und Mensch warst du großartig. Wir haben dir das Leben so schwer gemacht, warst ja nicht mehr der Jüngste. Deine Nerven haben nicht standhalten können, wenn wir unsere Streiche mit dir spielten. Aber du warst unendlich gerecht.

Wir wussten zwar, du warst als ehemaliger Nazi Schuldirektor gewesen, konnten aber damit nichts anfangen. Heute weiß ich, warum du vom roten Direx keine Unterstützung zu erwarten hattest. Wir nützten respektlos deine überstrapazierten Nerven gnadenlos aus. Nazi hin, Nazi her, in dir habe ich einen Menschen kennengelernt, der mich leider erst im Nachhinein sehr nachdenklich gestimmt hat.

Einmal, einige Tage vor der Konferenz, mussten wir nachsitzen. Du hattest ein kleines Klassenbuch für die Eintragungen, Schularbeiten, Betragen etc., das war genau die Katastrophe. Zwei

Drittel der Klasse war in ärgster Bedrängnis, das restliche Drittel auch nicht gerade gut dran. Da war guter Rat teuer und so beschlossen wir, das kleine Klassenbuch musste weg, bevor alles ins Original übertragen wurde. Also wurde ich, der Klassensprecher, dazu bestimmt, dich in ein Gespräch zu ziehen, dich abzulenken. Der Ferry kam von der anderen Seite zum Katheder, schnappte das Büchlein und haute ab. So nach und nach haben wir am Bauch robbend das Klassenzimmer verlassen. Viel zu spät hast du bemerkt, dass nur mehr ein kläglicher Rest der Schüler nachsaß, warum hast du auch immer beim Nachsitzen in der Zeitung gelesen? Jetzt war sie weg, deine Gedächtnisstütze. Der Ferry hat fein säuberlich alles Negative aus dem Büchlein radiert und am nächsten Morgen lag es wieder auf dem Tisch. Du kamst, Bajo (dein Spitzname), im Steireranzug, wutentbrannt stürmtest du zum Katheder, wolltest loslegen. Da fiel dein Blick aufs Büchlein, du nahmst es in die Hand, hast es durchgeblättert, dann hast du geschmunzelt. Unglaublich. Wir waren fassungslos. Du sagest: „Na, wenigstens seid ihr keine Diebe." Das war alles, der Unterricht verlief, als sei nichts gewesen. Ausnahmsweise waren wir störungsfrei, denn irgendwie hatten wir eine Bringschuld. Unvergessen für mich, wir haben uns einigermaßen beschämt, aber die Konferenz war gerettet, denn bei einer Schüleranzahl von 36 war es unmöglich, alles Radierte wieder nachzuvollziehen. Das Halbjahreszeugnis war schlimm genug für uns, aber immerhin, wir konnten das Ärgste verhindern.

Bajo hatten wir auch in Stenografie. Ein nach unserer Meinung völlig unnötiger Gegenstand. Auf unseren Kriegspfaden verlegten wir uns lieber auf Rauchsignale. Schnell- oder Kurzschrift, ja, für die Jetti Tant, aber doch nicht für uns. Später habe ich es bereut, bereut wie so vieles andere auch, von wegen Jetti Tant. Wir sabotierten daher die Stenostunden immer ausdauernd und so war es auch kein Wunder, fast die gesamte Klasse stand entsetzlich da. Ein Neuzugang, der Gogo, ja, der war in Steno fast perfekt. Die letzte Schularbeit vor dem Schulabschluss. Ein Fleck im Abgangszeugnis war ja nicht gerade das Gelbe vom Ei. Da kam uns der Zufall entgegen. Der Neuzugang, das war die Rettung. Wir drehten es so, dass er die Schularbeitshefte einsammelte, um sie anschließend zum Bajo nach Hause zu bringen. Wir überredeten Gogo, die Arbeiten neu zu schreiben, verabsäumten aber den Hinweis, sie sollten unterschiedlich und nicht zu gut ausfallen. Damit nahm das Unheil seinen Lauf.

Er tat es, leider so gründlich und auffällig, dass der Dümmste die Schummelei merken musste. Die letztklassigen Stenografen hatten fast alle ein Gut oder Sehr gut. Klar, Bajo hat sich schon gewundert, warum es so lange gedauert hat, bis die Schularbeitshefte bei ihm ankamen. Dem Wundern folgte die Erkenntnis, das konnte nicht mit rechten Dingen zugegangen sein. Nächste Stenostunde. Herbert K., an die Tafel. Bajo diktiert einen einfachen Satz. Ergebnis, hilfloses Fuhrwerken vor der schwarzen Tafel, Nicht genügend. Der Nächste, wieder dasselbe Ergebnis. So ging es weiter, immer wieder, danke, das genügt, Nicht genügend! Ich aber hatte die Chance genutzt, um mich vorzubereiten. Viel war ja gerade nicht nachzulernen, wir hatten nicht einmal das halbe Buch durch. Schnell die Kürzel gebüffelt, intensiv und konzentriert. Ich kam an die Tafel, der Bajo staunte, ich entsprach, Gut, alles klar. Aber die Zusammenzählung aller Noten brachte noch immer keine klare Vier. Also erbat ich noch einmal und noch einmal einen Test. Als ich endlich eine Drei erreichte, wollte ich mehr. Vermessen peilte ich einen Zweier an. Das reichte selbst dem guten Bajo. „Setzen, wie stellst du dir vor, Leitner, das ganze Jahr mit Papierknödeln werfen, und jetzt willst auf einmal ein Gut, warum nicht gleich ein Sehr?"

Das Jahreszeugnis war zumindest gerettet, die Katastrophe abgewendet. Ich habe es mir nicht wirklich verdient, aber den dürftigen Stoff hatte ich ja gelernt!

Bei dir gab es keinen Lieblingsschüler, zumindest bei der Benotung. Nur, ich denke, mich hast du doch sehr gemocht, ja, ich dich auch, schade, leider viel zu spät bin ich draufgekommen. Immer noch zu Allerheiligen, wenn ich mit meiner Familie den Brucker Friedhof besuche, alle die Jahre, stehe ich auch vor deinem Grab. Ich leiste Abbitte für alle Streiche, die ich und meine Kumpanen dir angetan haben, bete ein stilles Vaterunser.

Mit meinem Schulaustritt wurdest du pensioniert und hast den Ruhestand nur zwei Jahre erleben dürfen. Du hast mir für mein weiteres Leben sehr, sehr viel mitgegeben. Sehr spät, aber nicht zu spät habe ich all das erkannt. Ich stehe jedes Jahr zu Allerheiligen an deinem Grab, um dir dafür danke zu sagen, ob du mich hörst?

Unser Religionslehrer, genannt die Glühbirne, mit einem schweinskopfartigen, roten, speckig glänzenden Gesicht, war ein strenger, gottesfürchtiger Priester. Blondes, schütteres Haar, Hände groß wie Klodeckel, ein abgetragener schwarzer Anzug mit dem weißen Plastikkragen waren sein Outfit.

Er legte sich immer wieder mit der Klasse an, ein wahres Wunder, dass er es ohne Herzinfarkt überstanden hat. Sein Auftreten allein war die Herausforderung pur für die Klasse und regte zu hinterhältigsten Attacken an. Auf seinen Stuhl Kaugummi hingelegt. Die Glühbirne setzte sich gemütlich. Zum Gaudium aller ging er dann mit dem großen grauen Fleck am Hintern in der Klasse umher und wunderte er sich, warum wir ununterbrochen kicherten. Wenn er an der Tafel schrieb, was nicht sehr oft vorkam, warfen wir gekaute Löschblattbatzen auf das schwarze Brett. Nachsitzen war schon die Regel, da Reli immer in der letzten Stunde war und die Missetäter sich ohnehin nie meldeten, warum auch? Es waren ja immer mehrere, so saßen wir halt nach. Eisern schwiegen wir und die Glühbirne fragte von Zeit zu Zeit: „Na, meldet sich endlich einer?" Schweigen, beharrlich und ausdauernd. „Gut, ich habe Zeit", antwortete er, dabei beobachtete er uns unentwegt. Offensichtlich war es ihm bekannt, dass sich die Klasse mit zunehmendem Nachsitzen immer mehr ausdünnte. Leider hatten wir drei Wankelmütige unter uns, die wollten unbedingt nach Hause gehen und versuchten immer wieder eine Meldung zu machen. Die beiden Bärte, zwei Brüder, und der lange Luk wurden immer unruhiger. Da zeigte der Kleinere, der Bärte Sepp, auf, ging hoch und wollte Meldung machen. Der Dieter, ganz hinten saß er, hatte ihn sofort im Visier. Mit einem U-Hakerl knallte er ihm eine auf den Hinterkopf. Sepp, kaum aufgestanden, um seine Meldung zu machen, schrie vor Schmerz und war blitzschnell wieder auf dem Hosenboden. Für diese ungehörige Einlage bekam er von der Glühbirne eine Eintragung ins Klassenbuch.

Den Poldi hatten wir in Musik. Gelernt habe ich nicht viel, lediglich an den Violinschlüssel kann ich mich noch erinnern. Singen brauchte ich nicht mehr, da ich im Stimmbruch war. Außerdem war die Klasse ohnehin ein Chor von Falschsängern. Der Poldi in seinem ungesunden Ehrgeiz wollte aber unbedingt mit der Klasse zum Maisingen am Schlossberg antreten. Die Blamage war vorprogrammiert. Da standen wir am 1. Mai, ein kühler, aber sonnenklarer Frühlingsvormittag. Als wir an die Reihe kamen, Poldi wichtig vor uns mit dem Taktstock, Einsatz. Der Chor setzte ein, wurde nach kurzer Zeit immer leiser, Poldi dafür immer lauter. Zum Schluss sang praktisch nur mehr er, mit hochrotem Kopf, sein Staberl verzweifelt fuchtelnd bewegend. „Leutln (sein Spezialausspruch), ihr habt mich so blamiert, das verzeih ich euch nie."

Den Gandhi hätte ich beinahe vergessen. Eigentlich hieß er Neugebauer, gelernter Dipl. Ing. ohne LBA, ein gescheiter, aber doch nicht gut geeigneter Mann. Er konnte nicht erklären, war umständlich, dieser dürre, aufgeschossene, um die 50 Jahre alte Mann. Schon bei seinen Vorträgen überfiel einen die Schlafkrankheit. Gelernt haben wir bei ihm wenig, konnte man doch bei Schularbeiten herrlich schummeln und kam so gut über die Runden. Der Teufel muss ihn geritten haben, als er der Mutter meines Blutsbruders Herbert vorschlug, mich als Nachhilfe für Mathe zu engagieren. Da hatte er den Bock zum Gärtner gemacht. Was Herbert wirklich bei meinen Nachhilfen gelernt hat, war gerissen schummeln.

Hans Sch., ihn darf ich auf keinen Fall vergessen, unauffällig, abgesehen von seinen negativen Noten war er einer, der in absoluter Ruhe Lehrer zur Weißglut bringen konnte. „Sch., das ist wieder einmal eine Fünf." Er darauf: „Ist mir doch egal", und so war es auch. In der Zeichenstunde bekamen wir einmal den Auftrag, eine Winterlandschaft mit einem Fantasie-Schneemann zu malen. Karottennase, Tannenzapfennase oder Erdäpfel, Augen,

Zähne, Kopfbedeckung … „lasst euch was einfallen", sagte der Lehrer. Hans Sch. war als Erster fertig, kein Wunder, sein Blatt zierte ein großes Haus mit schneebedecktem First, sonst nichts. Der Lehrer: „Sch., was soll das, ich habe doch gesagt, Winterlandschaft mit Schneemann!" Darauf er: „Hab ich doch", der Lehrer: „Willst mich pflanzen? Ich sehe keinen Schneemann." Hans ganz cool: „Der steht ja hinter dem Haus." Die Klasse tobte und der Hans hat mit dem Klassenbuch eine über den Schädel bekommen.

Schüler Karl, Charly Ch., litt an einem Blasenleiden. Ein dicker, froschäugiger, immer mit Latrinengeruch behafteter Ungustl. Er hatte das Privileg, jederzeit die Klasse verlassen zu dürfen, um sein Blasenproblem nicht ausufern zu lassen. Charly nützte das natürlich über Gebühr aus, wetzte fröhlich durch die Schulgänge und schmiss so die meisten Unterrichtsstunden. Als ihn der Direx einmal erwischte, war es vorbei mit dieser Ausnahme. Charly revanchierte sich prompt und nachhaltig. Stumm saß er auf seinem Stuhl, es roch und siehe da, eine schöne große Lache unter seiner Bank dokumentierte sein Leiden. Charly durfte wieder, aber nur einmal unter der Stunde, raus. Die Buben schikanierten ihn bei jeder Gelegenheit und ich hatte es offensichtlich von Mutter geerbt, nahm ihn immer wieder in Schutz, wenn es die Kameraden zu arg mit ihm trieben. Charly hakte sich nun bei mir an, was mir dann aber doch wieder zu viel wurde. Er wurde anhänglich wie ein Hündchen, folgte mir im Windschatten. Er hat mich langsam genervt, aber das hatte ich davon. Andererseits waren die Mitschüler, wie Kinder eben so sind, schon hinterhältig und gemein. Charly war ein armer Hund, aber eine gewisse Bauernschläue war ihm nicht abzustreiten. Es war rätselhaft, wie Charly es überhaupt bis zur zweiten Klasse Hauptschule geschafft hatte. Eines Tages war er nicht mehr da.

Der Direx, genannt Blasi, war, wie natürlich erst wesentlich später in meinem Bewusstsein erkennbar, ein Dunkelroter. Da wir ihn neben Geographie auch in Geschichte hatten und sein Unterricht entsprechend links orientiert war, nahm das Schicksal seinen Lauf. Als wir die Zeit der Arbeiterbewegung „aufarbeiteten", wurde uns beigebracht, wie großartig Marx, Engels, Lassalle etc.

waren. Geschichte, mein Lieblingsfach, und Bajo gab uns als Aufsatzthema diesen Zeitabschnitt. Ich, glühend vor Begeisterung, schrieb unter anderem, das habe ich noch in Erinnerung: „Marx und Konsorten öffneten uns die Tore zu einer schöneren, gerechteren und menschlicheren Welt." Bingo, das saß! Der Bajo war entsetzt: „Wer hat dir denn das beigebracht?", fragte er mich fassungslos. Später, ja viel später, lieber Herbert (Bajo), habe ich begriffen, warum du so entsetzt warst. Heute ist es auch mir klar, so können politische Lehrer manipulativ in die Bewusstseinsbildung Jugendlicher eingreifen. Obwohl ich in Geschichte immer eine Eins hatte, hat er mich nie so richtig gemocht, der Direx. Aber mein Interesse an Geschichte war richtungweisend für meine zukünftige politische Ausrichtung.

In der Poesie, der ich ebenso zugetan war, entwickelte ich eine entsprechende Durchschlagskraft, sehr zur Belustigung meiner Mitschüler. Einmal, es war der Erlkönig, ich kann ihn noch heute, hat die Klasse getobt, als ich beim Schlusssatz in die Knie ging und leise hauchte ... „Das Kind, es lebt, das Pferd war tot."

Zwischen Zeit und Ewigkeit, wenn der Geist erwacht

Der Versuch einer Antwort, warum ich gefunden habe, was ich suchte.

Hauptschule, Pubertät im wechselnden Zwielicht zum Erwachsenwerden. Halbstark, nein, man fühlte sich schon ganz stark, erlebte die Tal- und Bergfahrten der Gefühle. Materie und Geist, im erbitterten Ringen gerieten sie immer wieder aneinander. Man ist das Schlachtfeld dieses gewaltigen Duells, ausgetragen auf der schwankenden Brücke zwischen Materie und Seele. Kindheitstage, Weihnachtsseligkeit lagen schon weit zurück. Gedanken über die Vergänglichkeit, die Unsterblichkeit haben mich schon früh bewegt und wurden immer drängender.

Der Gott meiner Kindheit war auf den Dachboden verbannt. Hin und wieder suchte ich ihn auf, redete mit ihm, klagte ihn an, rief um seine Hilfe. Er aber blieb immer der Gleiche, stumm, entfernt und unerreicht, irgendwo weit oben, dort, wo die Sterne zur Milchstraße verschwimmen, in fernste Galaxien entrückt. Er hat sich immer mehr entfernt, oder war ich es, der sich entfernte? Wenn es eng wurde, habe ich mich doch wieder seiner erinnert und ihn aufgesucht. Aber die Abstände wurden immer größer. Er begann zu einer unscheinbaren Nebensache zu schrumpfen, aus meiner Seele verbannt in astrale Nichterkennbarkeit, nur mehr ein grauer Nebel …

Wie man sich allein und verlassen fühlt. Ein liebender Vater im Himmel, der nur unser Bestes will. Aber wenn man mit ihm redet, warum schweigt er, warum nur? Der Geist revoltiert, rüttelt an den Stäben des materiellen Körpers. Der Kampf zwischen Gutseinwollen und den Versuchungen tobt, immer neue Fragen, Zweifel, keine Antworten, man bleibt sich selbst überlassen.

In der Zeit, wo der Mensch einem gepflügten Acker gleicht, nach befruchtender Erkenntnis sich sehnend, bereit aufzunehmen, voller Poesie, voller Hoffnung, aber auch oft voller Verzagtheit. Auf der Suche nach dem Sinn des Seins, aber das Gefühl bürgt dafür, dass ein Sinn dahinterliegen muss.

Die Wahrheit ist, dass Gott im Bewusstsein jedes Menschen lebt, daher ist es ein unüberwindbares Hindernis, ihn wirklich zu leugnen. Es ist eine Frage des Herzens. Die Bereitschaft des Herzens muss vorhanden sein, damit der Verstand in den Zeugnissen der Natur und der Geschichte die Spuren des Schöpfers erkennen kann.

Irgendwann begann ich mich wieder für IHN zu interessieren. Er lebte in mir ganz tief drinnen, ungreifbar, körperlos, konturlos geisterte er in mir herum. Immer wieder erreichte er die Schwellen meiner Gedanken. Meine Augen begannen zu sehen, mein Herz zu sprechen, meine Unruhe wurde zu einem rasenden Pulsschlag, ich schlug das Buch auf, das Bilderbuch seiner Schöpfung, und das Staunen ist mir bis heute geblieben, nein, mehr noch, es hat sich mehr und mehr vergrößert.

Gefunden und festgehalten

Seit eh und je galt die Natur als das große Bilderbuch der Weisheit Gottes. Wer Mensch sagt, muss auch Gott sagen und ich meine, dem ist nichts mehr hinzuzufügen. Folgt man den Spuren der Gottesleugner, ich denke da vor allem an Nietzsche, landet man im hoffnungslosen Bankrott einer gottesfeindlichen Welt. Wie hat mich dieser Satz entsetzt: „Gott ist tot, der Mensch ist ein Tier geworden, Tier ohne Gleichnis." Ihr habt ihn getötet, gestern, heute, und auch noch morgen werdet ihr es tun.

Der Atheismus scheint mir die Krankheit unserer Zivilisation zu sein, ein Erscheinungsbild unserer entarteten Welt, damit kann ich nichts, absolut nichts am Hut haben. Das kann nicht mein Wegweiser und schon gar nicht mein Weg sein.

Selbst Voltaire, der Rationalist „par excellence", bekannte: „Wenn es keinen Gott gäbe, müsste man ihn erfinden", doch er existiert, „die ganze Natur ruft es uns zu!" Was wäre unser Leben, die Welt, in die wir hineingeboren wurden? Hier wird geflucht, dort wird gebetet, Menschen werden zu Mördern, werden zu Heiligen oder einfache Ähren im wogenden Meer dieser Spezies. Es wird verschmäht, es wird angenommen. Alles ist möglich in diesem Leben, die Verdammung und Auferstehung.

Wenn das noch halb animalische Wesen Kindmensch sich zum suchenden, erkennenden Geschöpf entwickelt, die Zugbrücke herabgelassen, der Weg freigegeben, die schützende Burg Kindheit verlassen wird, der Steg betreten wird, schmal, gefährlich, über sich auftuende Abgründe führend.

Lebenserfahrungen sind nicht vererbbar, sie sind uns nicht geschenkt, da sich die Dinge bis in die Unendlichkeit immer wiederholen. Man muss sich den Fuß erst brechen, den Schädel anhauen, um zu wissen, wie weh es tut und wie sehr es schadet. Man meidet es, in das Feuer zu greifen, erst dann, wenn man sich die Finger verbrannt hat. Wissen kann immer nur das Ergebnis eigener Erfahrung sein, niemals kann es übernommen oder weitergegeben werden. Alles, was ich lerne, von anderen übernehme, kann ich niemals wissen, ich kann es lediglich glauben. Glauben heißt nicht wissen, unabhängig davon, welche Gründe einen dazu bringen, etwas zu glauben. Damit will ich den Glauben keinesfalls entwerten oder abwerten, nein, im Gegenteil. Glauben heißt sich öffnen, es ist die wichtigste Voraussetzung, um ein Wissender zu werden, zum Wissen zu gelangen, man muss nur bereit sein, das Geschenk anzunehmen. Welches Geschenk? Das Geschenk, da stehen auch die Gottesleugner vor einem unüberwindbaren Hindernis, dass ER im Bewusstsein des menschlichen Herzens lebt. Dieses Gottesbewusstsein ist untrennbar mit dem Selbstbewusstsein verknüpft. Beispiele dazu gibt es so viele. Wenn ich an etwas glaube, halte ich es grundsätzlich für möglich. Ich öffne mich, um so die Chance nicht zu vergeben, zu erfahren, zu erkennen, so oder so, nur so ist Erfahren möglich.

Man begibt sich auf Nebenwege, um das Gute und Böse zu erfahren. Nicht durch Glauben zu akzeptieren, sondern durch Erfahren, Erkennen findet man den rechten Weg.

Lange Wege, verzweigte Wege, was für ein Anfang und keinem bleiben sie erspart. Gehe diesen Weg wie alle anderen auch, werde und bleibe der „homo erectus", gib ihn nie auf, den dir angeborenen aufrechten Gang, denn zu viele kriechen dahin, Schleimspuren hinterlassend. Zu leicht verwechselt man den Wegweiser mit dem Weg.

Schon als kleiner Junge, noch unbewusst mit einem Auge auf das Esoterische schauend, ohne zu wissen, was das überhaupt ist. Wie hat doch Angelus Silesius mit seiner zu Herzen gehenden Mystik gesagt: „Zwei Augen hat die Seel, eines schauet in die Zeit, das andere richtet sich hin zur Ewigkeit."

Geschichte, Lyrik, ja, und die großen Denker beschäftigten mich im zunehmenden Maße.

Die düstere Philosophie Schopenhauers, Immanuel Kant, der mit einem neuen metaphysischen System die Welt in Staunen versetzte.

Friedrich Nietzsche aber war der mich am meisten aufwühlende, mir damals so nahestehende große Denker. Damit man mich nicht falsch versteht, nicht im Geist, sondern von den Gefühlen her. Als Gymnasiast hat er zu Herzen gehende Gedichte geschrieben.

Ich will dich kennen, Unbekannter,
du tief in meine Seele Greifender,
mein Leben wie ein Sturm Durchschweifender,
du Unfaßbarer, mir Verwandter!
Ich will dich kennen, selbst dir dienen.

Dieses Gedicht hat mich nicht mehr losgelassen und war Ansporn zur Suche nach der letzten Wahrheit. Mit 18 Jahren verlor er den Glauben an den Gott seiner Väter. Bis dahin war Religion der innerste Kern seines Lebens gewesen, das für ihn nun leer und sinnlos wurde. Er endete in geistiger Umnachtung. Vom tiefen Glauben bis zur bitteren Resignation in den Wahnsinn getrieben. Im Wahn dahinvegetierend, hatte er immer wieder erwachende Momente. Zu Frau von Overbeck bemerkte er eines Tages: „Geben Sie Christus nur nicht auf, der Gedanke an ihn ist groß und gewaltig." Dabei schluckte er mühevoll. Seine Züge waren aufgewühlt, um gleich darauf steinerne Ruhe anzunehmen. „Ich habe ihn aufgegeben. Ich will Neues schaffen, ich will und darf nicht zurück. Aber ich werde an meinen Leidenschaften zugrunde gehen. Sie werfen mich und her. Ich falle fortwährend auseinander. Aber es liegt mir nichts daran."

Er war auch ein Prophet, eine Kassandra. Fast prophetisch schilderte er unser „aufgeklärtes" 20. Jahrhundert: „Und ich sah eine große Traurigkeit über die Menschheit kommen. Die Besten werden ihrer Werke müde. Eine Lehre erging, ein Glaube lief neben ihr: ‚Alles ist leer, alles ist gleich, alles war!' …

Umsonst war alle Arbeit, Gift ist unser Wein geworden, böser Blick sengte unsere Felder und Herzen gelb. Trocken wurden wir alle … alle Brunnen versiegten uns … Wahrlich, zum Sterben wurden wir schon zu müde; nun wachen wir noch und leben fort – in Grabkammern."

Auch Sartre meint es ähnlich, wenn es ihn nicht gibt, er nicht existent ist, ist die Geschichte der Menschen, eines jeden Menschen eine Geschichte des Scheiterns, dann ist menschliches Leben absurd, dann bliebe nur die Hoffnungslosigkeit, Verzweiflung, der Strick. Das Problem so vieler Menschen, dieser scheinbar schweigende, stumme, ungerechte Gott? Nein, dann lieber nicht, es war auch so modern gescheit zu referieren. Viele sind diesen Spuren gefolgt und landeten im hoffnungslosen Bankrott einer gottesfeindlichen Gedankenwelt.

Das Surrogat, welches Nietzsches Stolz an die Stelle des Schöpfers setzte, heißt „Übermensch". Heute bin ich überzeugt, der Atheismus ist eine Zivilisationskrankheit der Menschheit, und wie der Selbstmord gehört er zu den abnormen Erscheinungen unserer entarteten Welt. Da es seiner Meinung nach keinen Gott gibt (nicht mehr gibt? wir haben ihn ja ermordet), musste Nietzsche am Ende seines Lebens erkennen, dass die Einsamkeit nicht mehr zu ertragen war.

Aus dem Dunkel gelebter Jahrzehnte kommt mir ein Gedicht wieder in den Sinn. Ich weiß nicht, von wem es ist, wo ich es gelesen habe, aber es hat mich damals so beeindruckt, dass es irgendwo in meinem Gehirn als Eiweißverbindung überlebt hat, und es passt zur Aussage Sartres.

Durch so viele Formen geschritten,
durch Ich und Wir und Du,
doch alles blieb erlitten
durch die ewige Frage: wozu?
Das ist eine Kinderfrage.
Dir wurde erst spät bewußt,
es gibt nur eines: ertrage –
ob Sinn, ob Sucht, ob Sage –
dein fernbestimmtes: Du mußt.
Ob Rosen, ob Schnee, ob Meere,
was alles erblühte, verblich,
es gibt nur zwei Dinge:
die Leere und das gezeichnete Ich.

Welche Alternativen bieten sich an, wenn Religion anachronistisch und zeitgemäß politisch inkorrekt beworben wird? Schopenhauerscher Atheismus, als Fortsetzung die Variante Nietzsches Nihilismus oder die Sinnlosigkeit eines Habermann und der vielen anderen grübelnden, suchenden Denker?

Wie sagte schon Pascal: „Die menschlichen Dinge muss man kennen, um sie zu lieben, die göttlichen muss man lieben, um sie zu kennen."

Da kämpft man mit dem Chaos in uns, um uns. Man möchte so gerne an das Sinnvolle und Wesentliche in uns glauben, wenn man doch nur die eigene Seele enträtseln könnte.

Man will sich aus dem Strudel der alltäglichen Begebenheiten retten, ehe es zu spät ist.

Die Dinge so sehen, wie sie wirklich sind, wie sie immer sein werden, „im Licht der Ewigkeit".

Selbst den herannahenden Tod mit einem Lächeln empfangen, dem Unausweichlichen ins Gesicht lachen können. Es ist mehr, weit mehr, unendlich mehr vorhanden, als wir mit unseren Sinnen wahrnehmen, und ich habe ein Zipfelchen dieser anderen Welt zu fassen gekriegt. Mehr will ich dazu nicht sagen, aber es ist meine letztgültige Standortbestimmung. Niemand kann einem Erlebtes je wieder nehmen und schon gar nicht ausreden.

Die Scheinwelt der Metaphysik hat etwas Verführerisches, kann zum Gipfelsieg führen, aber auch in tiefer Finsternis und im Abgrund enden. Man muss nur wählen, die letzte Entscheidung liegt immer und ausschließlich bei einem selbst.

Hier muss ich meinem Freund Leopold Bachner in memoriam danke sagen. Er war es, der mich stark beeinflusst hat, er, ein bekennender Atheist und, was naheliegend war, Marxist.

Gerade er? Ja, ich weiß, es ist eine contradictio in adjecto, ein Widerspruch in sich selbst, ich rechtslastig und Freund Leo der Linke. Er hat mich wach gemacht. (Anmerkung, bin kein Lateiner, aber mein Langzeitgedächtnis funktioniert.)

Bacchus, sein Spitzname, hat das Dritte Reich heil überstanden. Seine Geschichte würde sicher ein Buch füllen. Er hat, nachdem seine Kompanie aufgerieben wurde, alle Unterlagen an sich genommen. Stempel, Papiere und was weiß ich sonst noch. Er hat sich selbst die Marschbefehle geschrieben und in den Jahren, als Europa seine finstere Geschichte durchlebte, reiste Bacchus mit der Bahn durch die vorerst noch unbesetzten Gebiete. Er suchte vornehmlich Pfarreien auf. Der Edelmarxist war bibelkundig, stellte sich mit einem „Gelobt sei Jesus Christus" vor und ersuchte den Pfarrer, die Schreibmaschine benutzen zu dürfen. Der nächste Marschbefehl war perfekt. Unglaublich, aber wahr. Als die Russen einmarschierten, war er der erste Nachkriegs-Bürgermeister in Mödling. Bis zur ersten Wahl, dann war er auch schon wieder weg. Freund Leo war Schachmeister, Literaturpreisträger mit seinen Arbeiten über Puschkin und andere. Er sprach perfekt Russisch und gab Nachhilfe in Deutsch. Ein Autodidakt, eine schillernde, interessante Persönlichkeit. Als Vertreter war er unerreicht, angefangen von Schmuck und Uhren hat er auch, und das war eine der lustigsten Geschichten, die Bibel verkauft, er, der Ungläubige, und das ging so! Er suchte den Pfarrhof auf. Begrüßung des Pfarrers: „Gelobt sei Jesus Christus." Pfarrer: „In Ewigkeit, Amen." Leo B. verwickelte den Priester sofort in ein theologisches Gespräch. Er konnte locker Kapitel und Absätze aus der Schrift hersagen. Zweiter Schritt, der Pfarrer lud die katholischen Frauen ein und der gute Leo, bei Gott kein Schönling, gewann die Herzen der Frauenriege mit seinem unnachahmlichen Schmäh, Charme, und seinen umfassenden Kenntnissen über die heilige Schrift, und er hat verkauft. Aber nur so lange, bis seine Kriegskasse wieder gefüllt war. Dann hat er sich wieder zurückgelehnt und sich seinen philosophischen Betrachtungen gewidmet. Der Verlag hat alles versucht, um seinen Starvertreter zu behalten, keine Chance. Geld war für ihn nur Mittel zum Zweck und, wie er selbst sagte: „Ich bin ein fauler Hund."

Ich hatte noch Jahrzehnte mit meinem väterlichen Freund Kontakt, auch dann noch, als meine philosophische Ausrichtung konträr zur seinigen stand. Unsere Gespräche waren umso interessanter und spannender. Ich denke noch oft an diesen Lebenskünstler.

Sie gingen zu Ende, die goldenen Tage der Kindheit, Tage kostbarer Freude. Ja, es waren goldene Tage, auch wenn diese Zeit als armselig, den Lebensstandard betreffend, anzusehen ist.

Fernab von theologischen Spitzfindigkeiten und schlammigen Strömen der Metaphysik, die Anlegestellen des Lichtes auf einfache Weise suchend, und wenn es am Dachboden war, im Gespräch mit der unendlich fernen weißbärtigen Gottheit, ein Gespräch, ein Monolog, aber es kam keine Antwort, damals ... weil ich seine Sprache nicht verstand, damals ...

Mein Gott, deine Kirchen

Mit der Begünstigung des Christentums durch Konstantin im 4. Jahrhundert kam ein Riss ins Gefüge der damaligen Kirche. Kaum der Verfolgung entronnen, verweltlichte sie. Intoleranz, Vermischung mit dem Heidentum, so entfernte sie sich immer mehr von der schlichten Gemeinde des Gründers. Jesus lehnte die Anrede „Vater" als Ehrentitel ab und gebrauchte die Anrede „Heiliger Vater" nur in Beziehung auf Gott.

Es heißt zwar: „Ecclesia abhorret a sanguine" (die Kirche schreckt vor Blut zurück). Und die Wirklichkeit? Schon Leo I. billigte die Hinrichtung der Ketzer …

Gregor IX. führte die Inquisition ein, worauf Innozenz IV. 1252 in seiner berüchtigten Bulle „Ad exstirpanda" (zur Ausrottung) zur Ausforschung der Ketzer (die wahren Christen) die weltlichen Magistrate aufforderte, Geständnisse durch Folter zu erpressen, um diese Menschen der Todesstrafe zuführen zu können. Albigenser und Hugenotten wurden zu Zehntausenden umgebracht, ebenso ihre Beschützer. Der Besitz der Bibel in der Volkssprache galt als Häresie, wurde mit dem Tod bestraft. Na bravo!

Thomas von Aquin (ein Heiliger??) sagte: „Die Abgefallenen können nicht nur aus der Kirchengemeinschaft ausgeschlossen, sondern gerechterweise auch umgebracht werden."

Wenn das die Wahrheit ist, laufe ich Gefahr noch zu meiner Lebenszeit heilig gesprochen zu werden.

Pius V. schrieb an Katharina von Medici: „Wenn Eure Majestät fortfährt, offen und ohne zu zögern die Feinde der Katholischen Religion zu bekämpfen, bis sie alle niedergemetzelt sind, dann können Sie gewiss sein, dass der göttliche Beistand nicht fehlen wird."

Im Vestibül der Sixtinischen Kapelle wurde das Blutbad an 10.000 Evangelischen in der Bartholomäusnacht verherrlicht. Die öffentliche Verherrlichung von Mord in einer Kirche!

Der damalige Papst Gregor XIII. ordnete ein Tedeum an und ließ eine Gedenkmünze mit der Aufschrift „Niedermetzelung der Hugenotten" prägen. So viel zu den heiligen Vätern, um nur einige zu nennen.

Was die Protestanten alles zu leiden hatten, würde ein ganzes Kapitel füllen. Wie viele Menschen mussten in Österreich um ihres Glaubens willen leiden. Erst im 20. Jahrhundert auf dem zweiten Vatikanischen Konzil hat sich Rom zur Glaubensfreiheit bekannt, entschuldigt aber hat es sich bis heute nicht! Und diese Kirche nennt sich heilige katholische Kirche!

Ich, katholisch getauft, einer der Millionen Zwangskatholiken (hat man deswegen die Kindstaufe eingeführt?), bin trotzdem dabei geblieben. Warum, deswegen. Es ist richtig, die katholische Kirche hat sich meilenweit vom wahren Evangelium entfernt. Die Ansprüche, die der Taufscheinchrist an Gott stellt, sind bald aufgezählt. Man gibt sich zufrieden mit der Taufe, einer kirchlichen Heirat und wünscht sich ein christliches Begräbnis, ach ja, nicht zu vergessen, die Firmung gehört noch dazu. Dazu fällt mir noch ein Witz ein. Trifft ein Pfarrer seinen Priesterkollegen. Was soll ich machen, Bruder, ich habe so viele Fledermäuse in meiner Kirche, klagte er. Firm sie, dann kommen sie nie wieder, war die Antwort und da ist einiges dran an dieser Aussage.

Ich verlasse das Terrain, da es ganze Bücher füllen würde, die Verbrechen der Kirche aufzulisten, und es soll nicht Sinn meiner Lebensgeschichte sein, aber eine Frage will ich noch stellen.

Hat er in Gethsemane das vergangene und zukünftige Elend der Menschheit gesehen? War dort seine größte Versuchung zu kapitulieren? Die Verbrechen seiner Kirche? Hat er in die tiefste Hölle, in die Hölle Menschheit geblickt? Sah er die Verfolgung der Unschuldigen, den Massenmord an Kindern, Frauen und Greisen, wie Recht und Gerechtigkeit in den Dreck gezerrt wurden? Ausharrend in seiner Verzweiflung, seiner Trostlosigkeit. Umgeben vom Gifthauch des Hasses, zog die kommende Zeit vor seinen geistigen Augen vorüber? Zukünftige Generationen Menschen und wieder Menschen, Greise, Kinder, Frauen, Bauern, Krieger, Gelehrte, das ganze Spektrum der Geschlechter mit ihrer Last der

Hoffnung und der Leiden, all das vor seinem geistigen Auge. Sah er, wie sie die Hoffnung verloren, unter ihrer schweren Bürde wankten, wie sie am Wegrand zusammenbrachen, weil sie von ihren Brüdern, deren Lasten leichter, die stärker oder glücklicher waren, zur Seite gestoßen wurden? Sah er, wie sie von den Vorübergehenden verlassen oder gar getreten wurden und sie lernten zu hassen und zu verfluchen? Waren unter den vorüberziehenden Volksmassen keine Päpste, keine Priester? Doch, aber nur das Gewand war geblieben, die Priester darunter waren tot. Bei allzu vielen geschah es in den Jahrhunderten danach. Nutzlose dunkle Schatten, eine todbringende anstößige Last, Schmarotzer und Verderber für die arme irrende Menschheit. Sein Wort „Die schlimmsten Judasse der Zukunft werden auch immer wieder unter meinen Priestern sein" ist die wahre Tragik dieses Opferganges. Der entsetzliche, qualvolle Tod, sein Martyrium, das den Weg über Leid und Tod zur Erlösung führt!

Aber es wird auch solche Priester geben, die es verstehen, Apostel zu bleiben. Es gab, gibt und wird sie immer geben. Ich bin bis in tiefster Seele davon überzeugt, er war der „Gottmensch"! Die Inkarnation der Göttlichkeit in das materielle Menschengeschlecht.

Der absolute Irrsinn war aber der katholische Massenmord und dessen Verherrlichung an christlichen Brüdern wie den Hugenotten und den Waldensern, den protestantischen Glaubensbrüdern.

Was trennt die unterschiedlichen Christengemeinden? Alle christlichen Ableger glauben daran, und alle haben ihre Fehlleistungen durch ihre Priester erbracht. Steht auch die katholische Kirche dabei einsam an der Spitze, aus der Logik ihrer damaligen Machtfülle heraus. Ja, Macht verleitet zum Missbrauch bis hin zum Verbrechen und der Katholizismus wurde zu schnell mächtig. Ich, wie viele Millionen auch, wurde durch Zufall Katholik. Würde ich mich ändern, wenn ich die Konfession wechsle? Nein, der gleiche Glaube, dieselben Sünden, derselbe Mensch.

Also bleibe ich, was ich bin, Mitglied einer Konfession, welche sich katholisch nennt, weil das Eine mit dem anderen nichts zu tun hat.

Der Papst ist nicht mein heiliger Vater und die katholische Kirche hat nicht das Primat, die legitime Nachfolge des Urchristentums zu sein. Die Selbstherrlichkeit des Katholizismus ist wohl primär der Grund, warum es kein einiges Christentum gibt, schade, sehr schade. Das bin ich, das denke ich und sage, dazu stehe ich!

Eine Frage beschäftigt mich noch immer. Warum hat er sich das angetan? In Gethsemane hat er den Weg seiner Kirche gesehen. Ist sein Opfergang der einzige Grund, uns von unserer Schuld, unseren Sünden zu erlösen? Den Limbus zu öffnen, den Weg in die ewige Heimat frei zu machen? Wie kann ein Einzelner für die Schuld von Milliarden geradestehen, Sippenhaftung? Oder liegt das Geheimnis Christi, seiner Leiden darin, nicht nur die Sünden der Menschheit zu tilgen? Er kannte menschliches Leid, er wusste davon, doch hat er es nie selbst erlebt. Ist oder war es die göttliche Solidarität zu seinen Geschöpfen, das irdische Leid selbst zu durchleben?! Man würde ihn fragen: „Weißt du nicht, was es heißt, Mensch zu sein und Gefühle und Leidenschaften zu haben?" ER weiß es und hat den Kelch bis nach Golgatha getragen, dornengekrönt seinen zerschlagenen Leib dem Kreuz ausgeliefert. Drei letzte qualvolle Stunden angenagelt, verspottet, fiebergeschüttelt, vom Durst geplagt, bis zu seinen letzten Worten: „Es ist vollbracht!"

Dreiunddreißig Erdenjahre, bescheiden, ärmlich als Sohn eines Zimmermannes. Die Mächtigen haben ihn versucht, er aber diente der Wahrheit voller Hingabe und Liebe, er hat sich mit den Ärmsten solidarisiert, den Guten und nach Wahrheit Suchenden den Weg gezeigt, das war sein Todesurteil.

Noch immer Schule

Mathematik war nie das meine, was soll ich beschönigen. Was einen nicht interessiert, wird man auch nie richtig begreifen. Geschichte war mein Lieblingsfach und aus dieser Liebe hat sich auch mein politisches Ich geformt, das in die Knie ging und leise hauchte: … Das Kind, es lebt, das Pferd war tot.

In der Schule war ich wie die meisten meiner Kameraden ein Grenzgänger. Hausaufgaben wurden nach Möglichkeit in der Schule schnell abgeschrieben, vor allem Mathematik. Elternsprechtag, Mutter kam schwer angeschlagen nach Hause. Sie sah mich vorwurfsvoll an und war den Tränen nahe. Die Lehrer hatten sich über mich beklagt, wieder einmal. Schade um Ihren Sohn, er könnte viel mehr, aber er macht gerade das Notwendigste und oft nicht mal das. „Wenn das Vati wüsste, er würde sich im Grab umdrehen", war eine ihrer Aussagen, wenn sie mit mir nicht mehr weiter wusste. Diese Aussage hat mich immer so betroffen gemacht, dass ich für kurze Zeit die Kriegspfade verließ und wieder volle Leistung brachte. Als wieder alles im Lot war, zehrte ich einige Zeit davon, bis es langsam, aber sicher wieder auffiel, der Letting alias Nupf zehrt vom Gestern. Mein Leistungslevel war wieder fast auf den Nullpunkt gesunken. Wie bei Fastenkuren, ein Auf und Ab, nur mit umgekehrtem Jojo-Effekt. Ehrgeizig war ich schon, aber mein Ehrgeiz orientierte sich am Gesamtbild der Klasse, so war es für mich nicht schwer, der Einäugige unter den vielen Blinden zu sein. Es waren doch bis auf wenige Ausnahmen alle immer mit wichtigeren Dingen beschäftigt als mit Schule. So war ich der Einäugige unter vielen Blinden, manche hatten halt zwei Augen, die waren allerdings in der absoluten Minderheit und auch keine Krieger.

Was wollte man nicht alles werden, ein tapferer Held, klar, das war wichtig. Schauspieler, Feuerwehrmann, Polizist oder auf einer Lokomotive fahren wie Vater. Er befuhr den Präbichl, in Vordernberg, Eisenerz. Auch habe ich mich mit dem wahnwitzigen Gedanken getragen, Pfarrer zu werden. Gute Prediger hatten es mir immer schon angetan. Da war das Maschinengewehr Gottes, Pater Leppich, das hätte mir auch getaugt. Ich war schon als Bub ein Lang- und Viel-Redner, ein leidenschaftlicher Erzähler. Aber als getaufter Katholik zölibatär, keine Frauen? Ein Priester durfte doch nicht, na ja, eh schon wissen. Nein, dann lieber nicht. Das war mir schon als Halbwüchsiger nicht geheuer. Außerdem dieser Stehkragen aus Plastik, immer schwarz gekleidet. Ich hatte noch nie einen Priester in kurzer Hose gesehen. Ein Sommer ohne kurze Hose, und ins Schwimmbad gingen sie auch nicht, damals zumindest.

Mein wirklicher Wunsch war, als Indianer über die Weiten der nordamerikanischen Prärie zu reiten. Büffel zu jagen und Grizzlys mit dem Messer erlegen. Im Tipi die Friedenspfeife rauchen und eine schöne Squaw an meiner Seite. Die Träume eines zu spät Geborenen.

Die letzten Zwangsferien

Weibliche Tyrannen

Meine letzten Zwangsferien verbrachte ich in Eibiswald. Ich war zarte 14 Jahre, meine Abneigung gegen diese Strafkolonie war unbegrenzt.

Manfred im fernen Waidhofen, im Schwimmbad, im nahen Bach Koppen fischen, mit dem Waschtrog paddeln und mit Stockinger Papa zum Jagen gehen. Ich hier, für mich das Niemandsland unweit der jugoslawischen Grenze. Heimweh und das Gefühl unendlicher Verlassenheit waren meine vierwöchigen Begleiter. Ich wurde verschickt, auf Erholung, alle Jahre wieder. Für meine damaligen Begriffe weit weg von zu Hause. Wie habe ich diese vier Wochen gehasst. Waren sie endlich vorüber, war die Hälfte der Ferien vorbei. Diese verdammte Heimordnung, in Reih und Glied, Tagesablauf programmiert, Frühstück, am Vormittag spielen, nach dem Mittagessen zwangsverordneter Mittagsschlaf und dann meist eine Wanderung durch die nahe Umgebung. Langweilig, unnötig, eingemauert, von Erziehern mehr oder weniger drangsaliert. Wie konnte ein Häuptling damit leben.

Fußballspielen durften wir nur begrenzt, da alles darauf ausgerichtet war, in den vier Wochen ordentlich zuzunehmen. Jeden Montag mussten wir nach dem Frühstück auf die Waage.

Da gab es immer Kaffee mit Polenta, und zwar in entsprechend großen Portionen, die mussten wir, ob wir wollten oder nicht, verputzen, damit wir Gewicht auf die Waage brachten. Ich wurde vor dem Einschlafen zum Geschichtenerzähler bestimmt. Das ganze Zimmer verlangte jeden Abend eine Geschichte von mir. Nun, ich hatte ja jede Menge Bücher gelesen und so fiel mir auch immer wieder eine Geschichte ein.

Eibiswald, letzter Akt dieser quälenden Ferien – Aktion der Kriegsopfer, aber auch der Höhepunkt meiner negativen Erfahrungen. Am Bahnhof wurden wir von einem alten, klapprigen Bus abgeholt. Unsere nächsten vier Wochen verbrachten wir in einem historischen Arkadengebäude. Unsere Erziehermannschaft bestand aus einem älteren, gemütlichen Lehrer und zwei jüngeren Lehrerinnen. Die verdienten sich in den Ferien mit diesem Job ein Zubrot.

Ich werde diese letzten „Erholungswochen" nie vergessen. Als wir aus dem alten, klapprigen Bus stiegen, wurden wir von den beiden Tanten (wir mussten sie Tante Erna und Tante Gitta nennen) empfangen. Den „Alten", Onkel Franz, unseren väterlicher Erzieher, bekamen wir erst am Abend zu Gesicht.

Wir wurden auf die Zimmer verteilt und dann ging es ab unter die Dusche. Jetzt kam es aber. Meine Kameraden bis auf einen waren noch richtige Kinder, nur ich und der Weissi waren schon mitten in der Pubertät. Verdammt, da stand ich mit rotem Kopf in der Unterhose. Alle anderen waren unter den Duschen und der Weissi protzte noch dazu mit seinem schon behaarten großen Stück, ein echt verdorbenes werdendes Mannsbild. Ich schüchtern, schamhaft, stand da verzweifelt, ratlos, was tun? „Na, was ist los mit dir, wie heißt du?", herrschte mich Tante Erna an. Ich nannte meinen Namen. „Willst du dich nicht ausziehen?" Die beiden flüsterten miteinander und kicherten. Ich war unglaublich verlegen, stotterte unverständliches Zeug ... „Los, aber dalli", fauchte mich Tante Erna an. Ich zeigte den beiden mein Hinterteil, zog die Hose runter und ab unter die Brause. „Wasch dich ordentlich, vor allem deine Ohren, damit du besser hören kannst." Ich seifte mich in wilder Verzweiflung ein, die Kameraden waren schon beim Abtrocknen. Ich seifte und seifte in der Hoffnung, die Tanten würden ihre Stellung am Fenster verlassen. „Na was ist, wie lange denkst du noch unter der Brause zu stehen?", fragte Tante Erna, am Fensterbrett sitzend, lässig eine Zigarette rauchend. „Los, hau endlich ab in den Umkleideraum", herrschte sie mich an. Ich musste an den beiden Tanten vorbei, und das ganz ohne. Einer war der Rock hochgerutscht und mein Blick irrte ab in eine verbotene Zone. Imaginäres Dreieck unter einem weißen Höschen. Ich spürte, wie mir das Blut in den Kopf schoss. Ich wollte mich schnell an den beiden Erzieherinnen (Aufseherinnen) vorbeidrücken, da packte Erna mich an der Schulter. „Eines kannst du dir gleich merken, junger Mann, wenn dir etwas angeschafft wird, hast du es zu machen, und zwar sofort." Ich schwieg verstockt mit hochrotem Kopf. Patsch, da hatte ich eine Ohrfeige und noch eine zweite. Wilde Wut kochte in mir. Ich war etwas größer als sie, fühlte mich unglaublich gedemütigt und die Ohrfeigen brannten auf meinen Wangen. Ich war es gewohnt zurückzuschlagen, aber ich konnte doch nicht.

Nach dem Essen mussten alle auf die Zimmer zur Mittagsruhe. Jeden Tag eine Stunde Mittagsschlaf. Wie wir ihn hassten. Ich aber musste bei Tantchen aufsalutieren. Sie nahm mich mit auf ihr Zimmer, welches sie gemeinsam mit ihrer Kollegin bewohnte. „Damit du es gleich begreifst, wenn wir dir etwas anschaffen, hast du zu gehorchen, ist das klar?" Ich vibrierte, zitterte, so etwas wie Hass wühlte in mir, ich schwieg verstockt. „Ich habe dich was gefragt", sagte sie in schneidendem Ton, „ich erwarte eine Antwort." „Ja", sagte ich, „ich habe es verstanden." Ich verbrachte den Rest der Mittagsruhe im Zimmer der beiden Erzieherinnen beim Winkerlstehen. Eine unglaublich demütigende Vorstellung. Das fängt ja gut an, mir war zum Heulen. Die beiden hatten mich andauernd im Visier, fern von zu Hause, ohnehin Heimweh und dann auch das noch. Ich sehnte mich immer nach dem Tag, an dem Onkel Franz Aufsicht bei uns hatte. Der mochte mich leiden und ich ihn.

Es war in der vierten Woche, ein Augusttag, keine einzige Wolke am Himmel. Drückend heiß, ein Tag, der die Schwimmbäder füllte. Wir verbrachten den Vormittag wie gewohnt mit einer Waldwanderung. Pünktlich um 12 Uhr Mittagessen, anschließend bis 14 Uhr Bettruhe. Der übliche Fraß, diesmal mit Gurkensalat. Ich war von der Nachkriegszeit nicht verwöhnt und zu Hause hieß es unerbittlich, gegessen wird, was auf den Tisch kommt. Aber Gurkensalat, nein, er verursachte mir Brechreiz und bis zum heutigen Zeitpunkt sind rohe Gurken von meinem Speisezettel gestrichen. Da saß ich nun, die Hauptspeise war gegessen, nur die Gurken, wohin damit? Wir mussten, egal, was auf den Tisch kam, immer alles aufessen. Nun, schon der Gedanke, die Gurken zu essen, verursachte mir Übelkeit. Da gab es nur eine Möglichkeit.

Vorsichtig schob ich den Teller zum Tischrand, schwups, unter den Tisch geleert. Mein linker Tischnachbar sah mich entgeistert an. Teller abräumen und ab ging es auf die Zimmer zur verhassten Mittagsruhe. Es dauerte nicht lange, da erscholl die Stimme von Tante Gitta: „Alles zurück in den Speisesaal und Sitzordnung einnehmen." Mir schwante Unheil und es kam. Tante G. war die gleiche bösartige Ratte wie ihre Kollegin. Der Täter war schnell ausgemacht, Leugnen zwecklos, der Gurkengatsch lag zwischen mir und meinem linken Sitznachbarn Werner. Die Mannschaft konnte abtreten, ich blieb zurück. Da saß ich armer Tor und es ging mir schlimmer als zuvor. Sie schrie mich an: „Was bildest du dir eigentlich ein?", sie zog mich am Ohr zu Boden. „Los, wisch alles sauber, aber dalli." „Er ist mir runtergefallen", versuchte ich mich zu rechtfertigen, aber zu durchsichtig war diese Ansage. So holte ich Putzfetzen und Eimer und wischte den Boden auf. Sie führte mich regelrecht aufs Zimmer ab, ich musste mich wieder einmal in die Ecke stellen. Lähmend das Gefühl der Ohnmacht, wilder Hass, Scham, wer weiß, was mich noch alles bewegte. Draußen lärmten die Spatzen, ein traumhafter Sommertag, ich allein mit mir und einem unerträglichen Weh nach meinen heimischen Gefilden. Ich hasste die beiden Weiber, sie haben mich all die vier Wochen schikaniert, und nun der Höhepunkt. Ja, sie haben mir auch einige Ohrfeigen verpasst, Weiber, unglaublich demütigend. Wie gerne hätte ich die Tanten so richtig verdroschen. Ein Krieger musste sich Squaws beugen, diese Demütigung, sich diesen Weibern unterzuordnen, die man mit einem Schlag zu Boden strecken konnte. Ein Wunder, dass ich kein Weiberhasser geworden bin.

Der Alte, Onkel Franz, war eben die Wohltat in Person. Wenn er anwesend war, war das Hortleben erträglich. So ging auch dieser letzte Sommer meiner Zwangsverschickung zu Ende. Endlich wieder daheim und ich hatte ein seltsames Geheimnis in mir, das mich lange und stark beschäftigte. Das weibliche

Geschlecht wurde immer interessanter, nur war der Einstieg doch seltsam und ambivalent.

Ein echter Krieger gab sich mit Squaws nicht wirklich ernsthaft ab. Andererseits, man schimpfte zwar auf die erfolgreichen Jungs, die mit den Mädels locker schäkerten, das war ja unter der Würde eines Kriegers, innerlich aber beneidete man die Burschen. So nach und nach wurde diese Haltung, dem inneren Trieb gehorchend, aufgegeben.

Lederhose

Meine erste Lederhose habe ich vom sechsten bis zum zwölften Lebensjahr getragen. Eine Lederhose aus Schafleder, handgefertigt von einem Lederhosenmacher namens Elsasser. Diese Hose habe ich mit Ausnahme der Wintermonate getragen, sie glich in den letzten Jahren mehr einem speckig glänzenden Lendenschutz, die Vorgänger der Hotpants. Die Adjustierung war auf das Notwendigste abgestimmt. Im Winter trugen wir Schihosen aus einem Militärmantel, von Mutter geschneidert. Mutter war überhaupt ein begnadeter Autodidakt, was die Schneiderei betraf. Neben Schihosen stellte sie Hemden und Jacken her und, nicht zu vergessen, Strumpfgürtel für Knaben. Kein Spaß, denn wenn der Herbst kam, wurde die Lederhose durch Strümpfe ergänzt und Strümpfe mussten ja irgendwo befestigt werden. So waren wir total unsexy (das Wort gab es damals noch nicht) bis zur Schihosenzeit mit diesem Accessoire bestückt. Als ich meinem Nachwuchs diese Geschichte erzählte, haben sie sich halb tot gelacht.

Ab April liefen wir barfuß und im Sommer war eine schwarze Klothhose unsere Tagesbekleidung. Nur zur Schulzeit trugen wir dazu noch ein Leiberl (heute würde man T-Shirt sagen).

Als ich 13 war, bekam ich endlich eine neue Lederhose, wie stolz ich war.

An den Sonntagen (Mutter bestand auf unserem Kirchgang) wurde natürlich ein frisches Hemd aus dem Kasten geholt. Zur Lederhose Stutzen und das unterste Problem war das Schuhwerk, Standard, auch im Sommer trugen wir hohe Schuhe. Halbschuhe oder gar Sandalen konnten wir uns nicht leisten. Endlich kam die frohe Botschaft, mir wurden Sandalen angemessen. Tante Ella spendete notwendiges Leder (Schweinsleder), sperrig, hart und hässlich. Ab zum Schuster Norbert Hoffmann und ich bekam die Maßsandalen. Mir trieb es die Tränen in die Augen, als ich diese Ungetüme von Sandalen anziehen musste. Aus der Traum von leichten, schönen Sommersandalen. Vom Anziehen hatte Mutter schon ihre eigene Vorstellung, in eigener Sache, aber auch auf ihren Nachwuchs bezogen. Bruder Manfred hatte dabei, wenn überhaupt, das geringste Problem, mich und Waltraud hat es aber hart erwischt. Unsere Mutter legte großen Wert auf bodenständige Kleidung, Lederhose, grüne Stutzen, festes Schuhwerk auch im Sommer. Hubertusmantel, Dirndl für Mädchen. Wir fühlten uns als Stadtkinder und wollten auch wie unsere Kameraden als solche in Erscheinung treten. Unglücklich war ich, dass Mutter autoritär über unsere Adjustierung bestimmte.

Bruck hatte auch eine Forstschule und die dortigen Schüler, ja, die kamen entsprechend adjustiert daher, aber warum auch wir? Wir waren keine Grünspechte, wie die Forstschüler von uns abschätzig genannt wurden. Erst mit Ende der Lehrzeit hat sich dieses Problem langsam gelöst, als wir mit eigenem Geld, wenn auch bescheiden, uns selbst einkleiden konnten, nur ihre Kritik und ihr Missfallen haben uns immer dabei begleitet. Als ich meine erste kurze Stoffhose bekam, war ich 14, eine schwarze Schnürlsamthose, wie war ich stolz darauf. Genau zu dieser Zeit habe ich ein kurzes Gastspiel bei den Pfadfindern gegeben. Da war die schwarze Schnürlsamthose ein Teil der Uniform.

NPV (neutraler Pfadfinder Verein) hat sich dieser Verein genannt und war, wie ich etwas später erfuhr, das rote Gegenstück zu den bekannten, eher zu schwarz tendierenden Pfadfindern. Lange hat es nicht gedauert und der Verein hat sich wieder aufgelöst. Was ich bis zu meinem 16. Lebensjahr nicht hatte, war ein Anzug. Grundsätzlich kein Problem, als ich aber meinen ersten Tanzkurs absolvierte, war es ein Problem. Also musste der Firmanzug von Bruder Manfred herhalten. Er war mir allerdings eine Nummer zu groß. So wurden die Hosenträger kurz gehalten, dass der Hosenbund anstatt über der Hüfte erst unter den Rippen fixiert wurde. Das Anzugoberteil verdeckte gerade notdürftig den Hosenbund. Frisch gekämmt, geschnäuzt, mit leicht lädierter Gesichtshaut von der scharfen Rasur, nach Pitralon duftend, Tanzkurs, ich komme.

Im Gasthaus L. fanden die wöchentlichen Tanzabende statt. Die Mädels saßen streng getrennt von uns Jungs auf der gegenüberliegenden Seite. Natürlich war um die Schönen immer ein

Mordsandrang. Übrig blieben meist ein bis zwei Mädchen, welche von der Schöpfung stark vernachlässigt wurden. Auch die mussten zum Üben geholt werden und die langsamsten Burschen wurden zwangsvergattert. Man kann sich vorstellen, welche Sturmläufe immer wieder stattfanden, um eine der Ladys zu ergattern.

Es war die Zeit, wo die ersten zarten Bande zum anderen Geschlecht geknüpft wurden. Das Knüpfen war so eine Sache. Vor allem die Mütter waren beim Tanzkurs immer dabei, zumindest holten sie ihre Töchter immer ab. Meine Aktivitäten nach der Tanzstunde beschränkten sich auf das Zum-Bahnhof-Begleiten meiner Auserwählten und die Mama war immer dabei. Unter diesen Umständen war es unmöglich, eine zarte Beziehung aufzubauen. Ich war aber auf den Geschmack gekommen und begab mich auf neue Pfade.

Als ich 13-jährig mit neuer Lederhose ausgestattet ins Schwimmbad ging, lernte ich Karin kennen. Meine erste Liebe, ein komplizierter Fall, sie war in der Hauptstadt im Internat. Es war nur in den Ferien möglich, die ersten zarten Bande unserer jungen Liebe zu pflegen. Immerhin waren es meine ersten Gehversuche, abendliche Spaziergänge am Kreker, Händchen halten, zögerliches, verschämtes Küssen, ich lernte schnell. Die Beziehungen wechselten schnell und fanden nie ihren echten Abschluss. Alda, Erika, Gitti, Sigrid und noch einige, deren Namen ich mir aber nicht gemerkt habe. Bi-2-Ebene nannten wir es, wenn wir auf der Suche nach dem weiblichen Geschlecht waren. Partys waren angesagt, aber im Grunde keine Ausschweifungen, keine Exzesse. An unserem Wollen lag es nicht, aber die Mädels spielten nicht so richtig mit, vorerst noch nicht. Knutschen, herumfummeln, ja, das war es das aber auch schon. Voll in der Mast und dann allein nach Hause und ins Bett.

Endlich war es so weit. Ich war unschuldige (fast) 16 Jahre, als ich eine Zirkusprinzessin kennenlernte. Das Objekt meiner Begierde war um einiges älter als ich, saß an der Abendkassa. Ich war hingerissen, sie wurde für einige Tage der Traum meiner schlecht durchschlafenen Nächte. Große, dunkle Augen, von sündhaft langen Wimpern beschattet. Schulterlanges schwarzes Haar umrahmte ein schmales, blasses Gesicht, und diese Lippen! Sie schenkte meinen Bemühungen größte Aufmerksamkeit und schon am ersten Tag nach der Vorstellung, es war eine laue Sommernacht, spazierten wir zur Murinsel. Dort, wo der E-Werkskanal sich wieder mit Mutter Mur vereinigte, fanden wir eine Bank. Sie gab sich willig hin und endlich, endlich war es so weit. Mein Ich war nur mehr pures Adrenalin, das Herz raste und da lag sie, die Schöne. Ihre Küsse schmeckten zwar nach einem geleerten Aschenbecher, egal, sie ließ keinen Zweifel daran, sie wollte. Ich vergnügte mich an ihren Brüsten, was sie offensichtlich nicht besonders goutierte. Sie drückte meinen Kopf nach unten, als ich an ihrem buschigen Venushügel landete, dachte ich, was soll das?

Ich spielte, fühlte, weiche Lippen, warm, aber trocken. Das passte so gar nicht zu meiner theoretischen Erfahrung. Was hatte ich da alles gelesen, feucht und warm, und nun? Die Sahara war ein Feuchtgebiet dagegen. Sie drückte verstärkt meinen Kopf nach unten, sie machte die Beine breit, mit einem Hechtsprung landete ich dazwischen und fegte los. Von wegen fegen, mühsam, sehr mühsam zwängte ich meinen Zauberstab in ihre Grotte. Es ging doch, langsam, aber sicher kam ich ins Gleiten. Welch sündiger Tag, egal, es war der Tag, mein Tag.

Aber was war das? Irgendwas stimmte hier nicht. Ich im wilden Eifer machte meine Übungen auf der reglos unter mir Liegenden. Da glimmte mich aus dem Dunkel wie ein überdimensioniertes geiles Glühwürmchen die immer wieder aufleuchtende Glut einer Zigarette an. Sie lag einfach da, sie rauchte eine Zigarette, dazu kam diese Reglosigkeit. Machte ich etwas falsch? Was war nur los? Ich arbeitete mit allen mir zur Verfügung stehenden Möglichkeiten. Sie rauchte weiter. Mein theoretisches Wissen war für die Katz, was machte ich falsch? Warum machte sie ihre Schenkel breit, warum legte sie ihre Brüste frei?

Ihre Zigarette konnte sie auch ohne Sex rauchen!

Er kam, zu schnell, aber es war ohnehin egal. Blitzschnell fabrizierte ich einen „Coitus Interruptus", nur keine Schwangerschaft. Offensichtlich war das die einzige Übung, die ich richtig machte.

Das Resultat meiner ersten Kopulierübung, ein grüner Rasenfleck auf meiner hellen Hose, somit Riesenärger mit Mutter, und ein nagender Zweifel, irgendwas falsch gemacht zu haben, es einfach nicht richtig zu können.

Eine dumme Geschichte! Wenn schon Mädchen über ihr erstes Mal meist nur negativ berichten, auch so manchem Jüngling bleibt es nicht erspart, das erste Mal herbeigesehnt, und dann die Enttäuschung.

Diese Niederlage, einfach niederschmetternd, entwürdigend. Dem genetisch bedingten Urtrieb, sich mit dem weiblichen Geschlecht zu vereinigen, folgte einige Zeit danach die Meisterprüfung dank einer älteren, grenzgenialen Lady, die es wusste.

Schifoan war und ist noch immer meine große Leidenschaft. Mit dem Bus fuhr ich am Wochenende häufig nach Aflenz und dann mit dem Sessellift auf die Bürgeralm. Da saß sie, die Schöne, dunkle, große Augen, halblanges schwarzes Haar, eine super Figur und ordentlich Holz vor der Hütte. Ohne lange nachzudenken, setzte ich mich neben sie und begann alle mir zur Verfügung stehenden Balzregister zu ziehen. Sie hieß Hermine und war bei der Swiss Air beschäftigt. Eine Lady, die nicht nur bei mir für erhöhten Blutdruck sorgte. Für damalige Begriffe der absolute Wahnsinn. Sie hat mir meine männliche Würde wiedergegeben, hat mir gezeigt, wie und wo es langgeht. Zugegeben, anfänglich fühlte ich mich einigermaßen überfordert, aber ich war lernfähig. Wie mich meine Freunde beneideten. Zwei Wochen Weihnachtsurlaub, dann musste sie wieder zurück in die Schweiz.

Wir blieben in Verbindung, schrieben uns und sie schickte mir so manch heißes Foto. Hermine war eine echte Lady, Goldschmuck, super gestylt und geschminkt, einfach ein Rasseweib.

Das Jahr verging und ich hatte im Spätsommer meine Babs kennengelernt. Als das Jahresende nahte, musste ich mir etwas einfallen lassen. Meine Lehrmeisterin war wieder angesagt, ich wollte auf keinen Fall auf sie verzichten. Diese zwei Wochen würde ich wohl über die Runden bringen. Leider gelang es mir nur bis zur Halbzeit.

Damals hatte ich mein erstes Auto, Simca Aronde mit gelben Scheinwerfern. Abgefahrene Reifen, Slicks an allen vier Rädern, so wurde auch im Winter gefahren. Zur Not hatte ich Schneeketten im Kofferraum. Sie war wieder da, Weihnachtsurlaub. Meine Neue, also Babs, die ich erst im Herbst kennengelernt hatte, arbeitete unter der Woche in Graz, das war nicht unangenehm. Es sollte kein Problem sein, zwei Wochenenden unter den Hut zu bringen. Ich lud Hermine zum Schilaufen auf dem Präbichl ein und meldete mich bei meiner neuen Flamme ab. Sie ging am Sonntagnachmittag mit ihrer Mutter immer ins Kino. Ich versprach am Abend bei ihr zu Hause vorbeizukommen. Vier Räder, alles Glatze, vor der Heimfahrt noch ein Patschen am linken Hinterrad, mit dem Ergebnis, dass ich erst knapp nach 20 Uhr von Kapfenberg nach Redfeld fuhr. Es war genau das letzte Straßenstück, welches auch zum Haus meiner Neuen führte. Weil der Teufel nicht schläft, ging meine neue Flamme an diesem Tag entgegen ihrer Gewohnheit mit ihrer Mutter nicht von 16 bis 18 Uhr ins Kino, sondern besuchte die Vorstellung danach. Wäre mir das bewusst gewesen, hätte ich mich nicht so schnell von Hermine verabschiedet. Sie war ohnehin erstaunt, warum ich es so eilig hatte. Es war schon zappenduster, als ich die Mariazeller Bundesstraße entlangfuhr. An Mutter und Tochter vorbei. Die Scheinwerfer der entgegenkommenden Autos verhinderten, dass ich die beiden erkennen konnte. Aber ich wurde erkannt, meine gelben Lichter hatten mich verraten.

Ich fuhr mit abgeblendeten Scheinwerfern die Bundesstraße in Richtung Stadt zurück. Vor der Abzweigung stand sie, meine Flamme, meine Neue. Ein mulmiges Gefühl ließ mein Herz rascher schlagen. Dass sie mich gesehen hatte, war klar. Offen war die Frage, war auch zu erkennen, dass eine Sie am Beifahrersitz saß? Scheinbar doch.

Warum wollen Frauen nicht verstehen, dass Sex und echte Liebe nicht unbedingt Geschwister sein müssen? Meine neue Flamme stand auf dem Standpunkt, Sex nach so kurzer Zeit ist für das Ansehen einer anständigen jungen Dame nicht akzeptabel. Wie sich die Zeiten ändern. Moralisch hatte ich kein Problem, ich war verliebt in Babs, aber die Möglichkeit mit der sexy Hermine konnte und wollte ich mir nun auch nicht entgehen lassen. Zur damaligen Zeit war es für einen jungen Mann ohnehin schwer, Mädchen zu finden, die die Freiheit hatten, ihren Trieb auszuleben. Ich stoppte, öffnete die Tür, ein artiges Hallo. Ihre aufgestaute Wut traf mich schmerzlich. Nein, sie wollte nicht einsteigen (warum sie dann auf mich gewartet hat?), ich bin für sie Luft. Mein Argument, dass es Luft ist, was ein Mensch zum Leben braucht, und noch einige versöhnliche Ausreden brachten sie doch dazu einzusteigen. Meine Überzeugungsarbeit vergönnte mir eine Woche Galgenfrist mit meiner heißblütigen Jahresende-Freundin. Unsere Briefwechsel habe ich immer mehr in die Länge gezogen. Der nächste Jahreswechsel fand endgültig ohne Hermine statt.

Nun hatte ich mich festgelegt, zu einer Beziehung, die im Hafen der Ehe landete. Zu früh für mein Alter, für meine Entwicklung, aber sie wollte es und mir fehlte die Kraft, wider besseres Wissen und Erkennen nein zu sagen, oder war es Feigheit?

Verlobung, Hochzeit, eine Verbindung von mehr als dreißig Jahren, aus der meine beiden Kinder Markus und Andrea entsprossen. Aber noch bin ich nicht so weit.

13 Jahre mit neuer Lederhose.

Ich war auch in der katholischen Jugend, zuerst bei der Jungschar und dann bei der Arbeiterjugend.

Die Jungschar und katholische Arbeiterjugend hat mich bis zu meinem 19. Lebensjahr begleitet, dann ist das Interesse versandet.

Auch ich habe erlebt, dass ein Priester sein Interesse an uns jungen Burschen nicht nur als Seelsorger ausgerichtet hat. Peinlich für einen Halbwüchsigen war immer die Beichte und diese hatte ich nur ein einziges Mal bei Dr. P. absolviert. Das sechste Gebot war sein zentraler Interessenbereich. Nach einiger Zeit wurde mir und auch meinen Freunden der Hintergrund klar. Ich war einige Male bei ihm in seiner Wohnung. Er veranstaltete eine spielerische Rauferei und rein zufällig griff er mir in den Schritt. Zuerst dachte ich an Zufall, als der Zufall sich wiederholte und der Griff intensiver wurde, stoppte ich beinhart mit der Bemerkung: „Was soll das?" Damit hatte ich Ruhe.

Unvergesslich unser Erlebnis, als wir einen Dreitagesausflug auf den Schneeberg machten. Mit der Eisenbahn fuhren wir nach Kapellen, schulterten unsere Schi und wanderten durch den tief verschneiten Wald. Der Weg wurde immer steiler und wir sanken immer tiefer im pulvrigen Schnee ein. Langsam senkte sich die Nacht über die Landschaft. Der Wald lag hinter uns. Steil, tief verschneit der Lawinenhang und im Hintergrund das schneeeigene Haupt der Rax. Bleich der zunehmende Mond mit einer noch leichten Delle am samtschwarzen Himmel. Wir schnallten die Schier an und kämpften uns mühsam den Hang hoch. Dr. P. hatte als Einziger Felle auf seinen Bretteln und spurte vor uns den Hang hoch. Ohne Felle wurde das Fortkommen immer schwieriger und so entschlossen wir uns, abzuschnallen, um watend den Lawinenhang zu bezwingen. Wir sanken bis zur Hüfte in den immer tiefer werdenden Schnee. Dr. P. signalisierte von oben immer wieder seinen Standort. Das Weiterkommen wurde derart schwierig, dass der Frontmann die Schier vor sich hinwarf, um sich dann daran hochzuziehen. Eine erschöpfende, schweißtreibende Arbeit. An der Spitze lösten wir uns immer wieder ab. Ein Jahr zuvor ereignete sich das schreckliche Unglück am Dachstein, wo eine Schülergruppe im Schnee und Nebel erfror. Da schrie einer, wie am Dachstein! Panik brach aus, einige warfen Rucksack und Schi einfach in den Schnee und wollten zurück ins Tal fliehen. Manfred und ich trieben mit den Schistöcken die Burschen wieder in die Reihe. Angst, lautes Schluchzen in der Reihe im tiefen Schnee. Dr. P. war nicht mehr zu sehen, wir waren auf uns allein gestellt. Der Gedanke, dass sich eine Lawine lösen könnte, geisterte in unseren Hirnen, aber für ein Zurück war es zu spät. Vor uns das Ziel, hingeschmiegt an der Gipfelflanke der Rax das Schutzhaus. Das gelbe Licht der kleinen Fenster wies uns den Weg. Nach zwei zur Ewigkeit zählenden Stunden war der gefährliche Hang bezwungen. Da stand unser Herr Pfarrer und meinte: „Na, das hat aber gedauert." Wir kochten vor Wut. Offensichtlich war es ihm entgangen, unter welchen Umständen wir allein auf uns gestellt diesen gefährlichen Hang bezwungen hatten. Langsam lockerte sich unsere Stimmung wieder auf. Der Schnee unter unseren Füßen war hart vom Wind gepresst. Die Berge in glitzerndem, schneediamantenem Kleid, der samtschwarze Himmel mit der gelben Mondscheibe waren überwältigend. Endlich, erschöpft, aber glücklich erreichten wir das Schutzhaus. Es dauerte nicht lange und die Schrecken der letzten Stunden waren vergessen. Fröhlich saßen wir in der warmen Stube, stillten unseren Hunger und Durst, dazu sangen wir aus voller Brust Jugendlieder. Da kam Otto mit rotem Kopf zur Tür herein: „Wissts wos, da P. is a Worma." Er hatte am Häusl offensichtlich eine Begegnung mit dem Priester gehabt. Peinlich nur, dass bei dieser Meldung Dr. P. hinter ihm stand, was zur Folge hatte, dass er eine schallende Ohrfeige abbekam. Für uns war das nicht neu und wir taten, als hätten wir nichts gehört. Bekannt ist mir nur ein einziger Fall, den mir Helmut W., genannt Stacho, erzählte. Stacho war ein konkretes Opfer. Er erzählte uns, dass er mit P. Onaniespiele machen musste. Nachdem es geschehen war, fuhr der Geweihte per Rad zu seinem Beichtvater ins nahe Piusinstitut. Stacho musste nebenher laufen. Die Gerüchteküche begann zu brodeln und Dr. P. wurde versetzt. Ich wurde zu dieser Causa ebenfalls befragt, verhielt mich aber indifferent, nach dem Motto: Mein Name ist Hase. Ich hatte ja kein wirklich negatives Erlebnis gehabt.

Schaden hat sicher keiner genommen, da bin ich mir ganz sicher. Ich denke, und auch das muss gesagt sein, dieser Mensch, ein Mensch eben, Priesterweihe hin oder her, hat unter seiner Veranlagung sehr gelitten. Ich erinnere mich noch an seinen Ausspruch: „Wenn meine Eltern vom Himmel auf mich runterschauen und meine Sünden sehen, puh, da wird mir ganz anders." Im Nachhinein wurde mir klar, warum er das gesagt hat. Eine tragische Geschichte, die sicher auch ihren Ursprung darin hatte, dass junge Männer in ihrer pubertären Phase im Internat unter ihresgleichen leben mussten. Keine Mädels, nur Jungs in der Umgebung. Da kann man annehmen, dass die Wahrscheinlichkeit, dass bei dem einen oder anderen in der Entwicklung schon mal was schieflaufen kann, um einiges größer ist als in freier Wildbahn. Schade, aber dieser Mann hat sich unglaublich für die Jugend engagiert, auf seine Kosten Zelte eingekauft, Schulden für uns gemacht. Wir sind jeden Sommer auf Ferienlager gefahren. Camping am Gebhartsberg mit der grandiosen Aussicht auf den Bodensee. Unvergessen, als ich das schwäbische Meer zum ersten Mal sah. Sonnenuntergang, Wolken-Himmelspiegelung im leicht dunstigen Wasserspiegel, Segelschiffe lautlos dahingleitend. Er hat sich aufopfernd für die Jungschar eingesetzt. Hier fällt mir das Wort ein: „Wer ohne Schuld unter euch ist, werfe den ersten Stein." Zum Richter hätte ich mich ohnehin nie berufen gefühlt. Ich habe Dr. P. in guter Erinnerung. Außerdem ist er mir nie mehr unangenehm nahegetreten und spielerischer Raufhandel war abgesagt. Nur das Beichten habe ich mir total abgewöhnt. Ich meine, es geht nirgends etwas hervor, weder in der heiligen Schrift noch sonst wo, das diesen seltsamen Akt bestätigt. Ist es notwendig, einem fremden Menschen seine intimsten Geheimnisse offenzulegen? Mit der Einführung der Ohrenbeichte hat sich die katholische Kirche Reichtum und Macht gesichert. Es bleibt jedem selbst überlassen zu entscheiden, ob er es will.

Widersprüchlich, aber nicht für mich, war meine gleichzeitige Mitgliedschaft bei verschiedenen Vereinen, die sowohl schwarzer als auch roter Ideologie zuzuordnen waren. Leichtathletik beim BTV 1860, dem Brucker Jahnturnverein (der Obmann war ÖVP-Vize-Bürgermeister), und das, obwohl ich auch den Kinderfreunden und später den Roten Falken angehörte. Dieses zwiespältige Verhältnis störte mich keineswegs, im Gegenteil, es gab mir Gelegenheit, immer Streitgespräche führen zu können, denn diese entsprachen meiner Intention. Ich hatte nie mit meiner politisch-theologisch-philosophischen Ansicht hinter dem Berg gehalten. Schon damals bin ich leidenschaftlich zu dem gestanden, was meine Meinung und Ansicht war. Ich sollte in der Gewerkschaftsjugend Kulturreferent werden. Das habe ich abgelehnt. Es hätte meine persönliche Meinungsfreiheit eingeschränkt. Es wäre der Grundstein zu einer politischen Karriere gewesen. Wer wurde es? Ach ja, der Reinhard D., die Lachnummer in der Schule, und es war damals schon zu erkennen, nur ich sah es noch nicht so, Parteien und Gewerkschaften verleihen der Mittelmäßigkeit Macht (siehe Baruch Spinoza). Was hätte ich mir alles erspart, wäre ich damals diesen Weg gegangen, oder doch nicht? Bei meinen Genen.

Warum ich Schwule nicht wirklich mag

Es gibt diese Prägezeiten. Und eines hat mich unabdingbar geprägt, meine Abneigung und Intoleranz gegenüber Homos, und das kam so.

Ich war zwölf, es waren Weihnachtsferien, jede Menge Schnee. Was für ein Winter, wir waren jeden Tag unterwegs, alles vor der Haustür, Rodeln, Schispringen und Schifahren. Kalte, frostklirrende Jännertage, Raureif und Pulverschnee, und es waren Weihnachtsferien. All die Freude nahm aber ein abruptes Ende, ich landete im Krankenhaus. Das Schicksal nahm seinen Lauf.

Ich hatte gelesen, dass die Schistars ihre Schi mit Bienenwachs, zerbrochenen Schallplatten und Schuhpaste angeblich wachsten. Das habe ich nachgemacht mit dem Ergebnis, die Schi ruckten und zuckten, und so kam es, dass ich einen kapitalen Sturz (Stern) baute. Das rechte Schienbein war ab. Da lag ich im Schnee und wurde, auf einem Schlitten sitzend, ins Krankenhaus gebracht. Das muss man sich einmal vorstellen, der Knochen war ab und ich saß auf einem Schlitten, Schmerzen zum Heulen, aber eine Rettung wurde wegen einer solchen Lappalie nicht gerufen.

Vier Wochen Krankenhaus, ein Nagel durch die Ferse, Gewichte streckten den Knochen. Ein großer Krankensaal mit acht Betten. Damals waren noch geistliche Schwestern aufopfernd und kostengünstig tätig. Eine sogenannte Weltliche war die Ausnahme.

Der Krankenwärter, Herr Anton, mit meiner Mutter gut bekannt, kümmerte sich aufopfernd um mich, dieses Schwein. Das ging so weit, dass er mir unter der Decke immer zwischen den Oberschenkeln herumfummelte. Ich lag da, mit rotem Kopf, wehrlos ausgeliefert. Als ich endlich meinen Gips bekam, ein Ungetüm, welches mir bis zum Schritt reichte, wurde der Gang zur Toilette immer zu einem „Ist-die-Luft-rein-Lauf".

Anton hat es nur einmal geschafft, mich beim Pinkeln zu überraschen. Er überprüfte, ob der Gips nicht an meinem Familienschmuck scheuert. Da stand ich verlegen, wütend und hilflos da.

Er ließ keine Gelegenheit aus, um mir nachzustellen. Ich war angespannt, immer nach allen Seiten sichernd, damit mich dieser Ungustl nicht noch einmal erwischte.

Als ich endlich wieder daheim war, schickte mich Mutter immer zum Herrn Anton. Er belieferte uns mit harten Semmeln, welche aus der Krankenhausverpflegung übrig geblieben waren, und Schnaps aus der Untersteiermark hatte er auch. Die Semmeln wurden zu Bröseln verarbeitet, zum Unterschied von heute. Lebensmittel waren kostbar und wurden verwertet. Hartes Brot zum Beispiel wurde in die saure Suppe geschnitten. Der Schnaps war für Besucher aus dem ländlichen Bereich vorgesehen.

Mit meinem Bruder war ich mir schon darüber einig, Herr Anton war ein Schwuler. Er wollte uns zeigen, wenn wir mit ihm allein waren (er kam öfters zu Besuch und Mutter war nicht immer da), wo der Blinddarm war. Es gelang uns immer wieder, seinen Versuchen rechtzeitig zu entkommen. Aber dann hat er doch zugeschlagen, und das kam so.

Mutter schickte mich wieder einmal zu ihm. Widerwillig machte ich mich auf den Weg. Herr Anton richtete es so ein, dass ich mit auf sein Zimmer gehen musste. Als er, wie schon so oft, seine Medizinkenntnisse in Sachen Blinddarm an mir demonstrieren wollte und ich immer wieder auswich, seinen Nachstellungen entkam, griff er zu einer List.

Anton wohnte unter dem Dachgeschoss des Krankenhauses. Er ging zum Dachfenster, von wo man direkt auf die mächtigen Kastanienbäume schauen konnte. „Helmut, komm", rief er, „schau, da brütet eine Taube ihre Eier aus." Ich ging hin, da stellte er sich hinter mich. Ich sah weder Nest noch Taube, spürte aber, wie der feine Herr seine Hände unter meine Lederhose schob und abwärts gleiten ließ. Ich war zur Salzsäule erstarrt. Es kam, wie es kommen musste, es ging mir einer ab und ich schämte mich fürchterlich. Jede Beherrschung verlierend, drehte ich mich um und brüllte ihn an: „Lassen Sie mich sofort raus, Sie warme Sau!" Ich lief nach Hause, ohne Schnaps, ohne Semmeln. Meine Mutter sah mich entgeistert an, sie wollte wissen, was los sei. Kein Schnaps, keine Semmeln, Sohnemann total verstört. „Ich geh nie mehr zum Anton", schrie ich, „der ist ein Schwuler", und dann bin ich weggelaufen. Meine Mutter hat mich nie gefragt, was vorgefallen ist, sie hat mich aber auch nie mehr zum Schnapsholen geschickt. Sex war bei uns zu Hause tabu. Es wurde nie darüber gesprochen, brauchte es auch nicht, da die Aufklärung mit den Schulkameraden bestens funktionierte.

Ein Arztsohn brachte eine Schwarte von Doktorbuch mit und so begann unsere Horizonterweiterung, vor allem, was die weibliche Anatomie betraf.

Kotzgraben

In den Sommerferien, aber auch nach dem Heiligen Abend besuchte Mutter immer für einige Wochen ihre Jugendfreundin Ella. Wieder so eine Sache, die mir keine Freude bereitete.

Mit dem Postbus ging es bis Streitgarn oder Steg. Steg war der kürzere Weg, von der Bushaltestelle ging es steil bergauf. Oben angekommen, sahen wir unter uns den Kotzgraben liegen. Vorbei an der Wirtschaft Wieser hinab in den schattigen Grund, wo der Bach munter vor sich hinmurmelte. Von Streitgarn war der Weg ungleich länger, aber ohne nennenswerte Steigung. Von der Haltestelle ging es gute zwei Kilometer nach St. Dionysen. Im Sommer brannte die Sonne gnadenlos auf die staubige Wegstrecke. Es war ein Aufatmen, als wir endlich in den Schatten des auslaufenden Grabens eintauchen konnten. Ein schier nicht enden wollender Weg führte, von einem muntern Gießbach begleitet, gute zwei Stunden immer leicht bergauf.

Im Sommer, wenn das Wetter schön war, vergnügten wir uns damit, im Bach zu waten und Forellen zu fangen. Wir hatten schon bei unseren Spielen an der Mur eine entsprechende Fertigkeit erlangt. Die Forellen entwichen blitzschnell unter einen Stein. Vorsichtig umrundeten wir mit den Händen das Versteck. Ertasteten den Vorder- und Hinterteil des Fisches und schon hatten wir ihn. Für die Pfanne war die Beute meist zu klein, aber hin und wieder erhaschten wir einen, der die richtige Größe hatte.

Um Verbote kümmerten wir uns wenig, und das Schwarzfischen wurde von uns schon immer betrieben, sozusagen als Gewohnheitsrecht.

Das letzte Wegstück ging steil aufwärts, dann endlich waren wir am Ziel. Ella Tante bewirtschaftete für einen Bauern ein großes Grundstück mit Almweide, so wie Großmutter auch. Der Stall mit dem Heustadel war mindest zehnmal so groß wie das Haus. Vor dem Haus ein großer Misthaufen, ein Häusl (Plumpsklo im Freien) und ein Brunnen.

Einige Male hatten wir auch das Unvergnügen, die gesamte Wegstrecke von Bruck über Dionysen auf Schusters Rappen, aber auch umgekehrt zurückzulegen. Ein Albtraum für mich, der ich von langen Wegstrecken überhaupt nichts hielt.

Wenn kein Bus mehr fuhr, ging Ella Tant diesen Weg oft zu Fuß. Mit großem, vollgepacktem Rucksack. Oft schleppte sie noch die schwere Batterie fürs Radio an der Hand. Frauen wie sie, meine Großmutter und Mutter waren unheimlich zäh. Ironfrauen, von ihrer harten Kindheit an härteste Anforderungen gewöhnt. Aufgewachsen in einer Zeit, wo Kinder ausgenutzt wurden, bei harter Kinderfron aufwuchsen.

Ella Tant konnte nicht lesen, war aber die Haushaltsmanagerin. Rechnen konnte sie auf eine einfache, durchschlagende Weise und so schaukelte sie den Haushalt mit vier Kindern, Herta, die Älteste, Karl, August und Engelbert in der Reihenfolge. Sie mussten jeden Tag den langen Weg zur Schule gehen. Im Sommer und Winter, bei Regen, Schnee und Hitze, acht lange Jahre.

Vater Mathias H. war die Respektsperson, in gewisser Weise unnahbar, wie es uns Kindern schien. Ein schweigsamer, schnauzbärtiger, hagerer Mann. Schmales, längliches Gesicht, eine gerade, fast klassische Nase und schüttere Haare. Er war als Vorarbeiter einer Holzknechtpartie von Montag bis Samstag irgendwo am Berg im Holzschlag. Dauerte dieser Einsatz länger, mussten wir Lebensmittel nachbringen, meist traf es Karl und mich. Mehl, Schmalz, Zucker, Kaffee und einiges mehr wurde in unsere Rucksäcke gepackt.

Die Holzknechte wohnten direkt an ihrem Arbeitsplatz in einer selbst gebauten Hütte unter primitivsten Umständen. Hartgesottene Kerle, echte Naturburschen, die Wind und Wetter bei harter Arbeit trotzten.

Für Mutter waren die Besuche neben ihrem Hang zur Einfachheit und zurück zur Natur auch mit dem Gedanken behaftet, Kosten zu sparen. Dafür mussten wir kräftig hinlangen. Heuernte, der Tag erwachte mit dem leisen Seufzen des Laubwerkes im leichten Morgenwind, dem ersten verschlafenen Gezwitscher der Vögel, die vom frühen jungfräulichen Lichtschein geweckt wurden. Der Morgen stieg von den Höhen der Gletschach und Kotzalm langsam auf die noch dunklen Wiesen hinunter.

Immer lauteres Gezwitscher begrüßte den erwachenden Tag. Das nächtliche Indigoblau ging in ein zartes, grünliches Blau über. Eine milde rosarote Morgenröte stieg gemütlich im Osten hoch. Federwolken wie rosiger Schaum segelten dahin, hinein in den jungen Tag. Das Gras stand hoch, ein buntes Gemisch von Wiesenblumen wiegte sich im Lied des Sommerwindes. Anfang Juli, Heuernte war angesagt.

Der Bauer Franz G. (er wurde seinem Namen nicht gerecht, da er sehr früh das Zeitliche segnete) mit seinem Bruder Rudl (Rudolf), dem taubstummen Knecht Friedl und meist noch dem einen oder anderen Helfer kam mit dem von einem fuchsbraunen Hengst gezogenen Leiterwagen. Sie blieben so lange, bis der letzte Halm auf der Tenne untergebracht war.

Die Sensen geschultert, zogen sie los. Wir Kinder mussten früh aus den Matratzen. Karl, der Sohn, und Herta, die Tochter, Manfred und ich. Barfuß ging es auf die steilen Wiesen zum Mahdstreuen. Die Erwachsenen streuten das gemähte Gras mit der Gabel. Wir Kinder machten es mit den bloßen Händen. Nach einigen Stunden, wenn die Sonne schon hoch am Julihimmel flimmerte, wurde das Gras gewendet.

Nach dem Mittagessen ging es dann los. Das Heu wurde mit dem Leiterwagen eingebracht. Wir Buben hatten den ungeliebten Auftrag, das Heu zu treten. Da war der Pongratz, ein unangenehmer kurzsichtiger Alter, der uns immer wieder mit den Worten „Gemma, gemma, heitreten" antrieb!

Die freie Zeit verbrachten wir meist auf einem der Kirschbäume in der Sauhalte, um uns zwischen den Mahlzeiten mit Kirschen zu stärken. Die Schweine, meist drei an der Zahl, hatten ein kurzes, aber beschauliches Leben, zumindest im Sommer. Sie verbrachten den ganzen Tag im Freien und genossen grunzend ein Privileg, welches viele Schweine nicht hatten.

Saureiten war eine Mordsgaudi, leider streng verboten, da die Schweine ja zunehmen sollten. Wenn die Alten außer Hörweite waren, riskierten wir immer wieder eine Runde auf dem

Schweinerücken. Laut quiekend galoppierte das Reitschwein los und versuchte den jeweiligen Reiter abzuschütteln.

August, das Heu lag auf der Tenne. Das Korn reifte hoch oben an der Flanke der Gletschach-Alm. Es war üblich, nach einem Holzschlag das trockene Geäst zu verbrennen, um dann Getreide anzubauen. Der Holzschlag war meist zwei bis zwei eineinhalb Stunden vom Haus entfernt. Eine Arbeit, alle Jahre wieder, die uns Buben das Fürchten lehrte. Es war eine harte, ja gnadenlose Arbeit, denn der Tag war lang, sehr lang.

Es war so weit, früh aufstehen mit den Hühnern. Ich war schon lange wach, die Nacht schwül, kein Lufthauch regte sich. Ich musste pinkeln und das geschah vom Balkon des kleinen Häuschens aus, direkt auf den Hof hinunter. Es war zwar nicht erlaubt, aber einfacher, durch das kleine Fenster zu steigen, um sich des Drucks zu entledigen, als den langen Weg über die knarrende Treppe ins Freie zu suchen.

Fasziniert sah ich die Bäume am Hofrand, eingehüllt in die phosphoreszierenden Strahlen des noch nächtlichen Gestirns, schweigende Riesen. Der Brunnen plätscherte, ein Miniaturwasserfall, der wie eine diamantene Kette im bleichen Licht des untergehenden Mondes glitzerte. Das monotone Plätschern scheint in der Nacht klarer und melodiöser zu sein als am Tag.

Der Morgen graute und warf ein grünliches Licht auf das Himmelsgewölbe. Wir machten uns auf den Weg hinauf zum gereiften Kornfeld. Schwitzend, schon hoch über dem schweigenden Tal, ging es voran. Es wurde langsam heiß, obwohl die Sonne erst vor einiger Zeit aufgegangen war.

Die Halme mit schweren Ähren warteten auf die Sense der Schnitter. Ein kurzes Aufblitzen der Sensenblätter im Sonnenlicht, um wieder zwischen den hohen Ähren zu verschwinden. Sie fallen auf das warme Erdreich nieder, Büschel um Büschel, als wollten sie sich nach langem aufrechtem Stehen ausruhen. Vom Gold des wogenden Getreidemeeres bleibt nur mehr ein leeres, trostloses Stoppelfeld. Eine kurze Mittagsrast im Schatten hoher Fichten. Für uns Kinder gab es Brot, Käse mit Wurst. Als Kindergetränk wurde verdünnter gezuckerter Most gereicht.

Drei Tage dauerte es meist, bis der Schlag abgeerntet, die Ähren gebündelt und zum Abtransport bereit waren. Drei Tage mühevoller Aufstieg, um nach getanem Tagwerk müde nach Hause zu trotten.

Der Abtransport erfolgte durch sogenannte Buhn. Die Ährenbündel wurden zu einer großen Fuhre aufgeschlichtet und dann in der aufgelassenen Holzries ins Tal gezogen. Wehe, wenn dabei die Fuhre umfiel. Bärenfleisch wurde dieses Unglück bezeichnet. Warum dieser Name, wer weiß es? Vielleicht deswegen, weil es eine Bärenarbeit war, die Buhn wieder herzurichten.

Endlich, endlich war die Arbeit getan. Die Nacht senkte sich langsam über den Hag, alle Geräusche verstummten, nur das leise Säuseln des Windes im Laub der Bäume war noch zu hören. Die Nacht brach herein, ein anhaltendes Muhen aus dem nahen Stall, todmüde fiel man ins Bett, die Nacht war traumlos, kurz und schwer, zumindest schien es einem so.

Die Tage wurden schon auffallend kürzer, das Ferienende nahte, wir wanderten wieder heim in die Stadt. Letzte Ferienwoche, ab ins Schwimmbad. Die Sonne war schon merklich müder geworden, aber wir nützten die letzten Altweibersommertage. Ein letztes farbenprächtiges Aufglühen verschwenderischer Pracht vor der zur Ruhe gehenden Natur. Die Farbenpracht verwandelt sich in ein mattes Braun, langsam in Verwesung übergehend. Wolkenverhangen der Himmel, es regnet, regnet. Die Tropfen klatschen in stille Wasserlachen, die das Grau des Himmels widerspiegeln, und bilden immer wieder sich auflösende Kreise in einem Spiel von grau emaillierten Facetten.

Mir fällt Nietzsche ein: „Der Herbst, der Herbst, der bricht mir das Herz." Wie wahr, auch mir hat er immer das Herz gebrochen und er bricht es mir noch immer, vor allem jetzt, wo ich im Herbst meines Lebens stehe.

Das Anwesen steht noch, allerdings sind damalige Wiesen dem Wald gewichen. Auf den noch offenen Weideflächen grast Almvieh und die Hänge sind von ihren Pfaden zerfurcht. Die gepflegte Naturlandschaft ist Vergangenheit. Mich hat es einige Male dort hingezogen, übrig blieb Melancholie, die Gedanken an die von mächtigen Kirschbäumen gesäumte Sauhalte. Den plätschernden Brunnen in der Hofmitte unweit vom mächtigen Misthaufen und neben dem idyllischen Plumpsklo. Ein Kapitel meiner Kindheit, welches durch eine Streiterei zwischen Mutter und Ella Tant ein Ende nahm, da war ich 13, ach ja, das Jahr meiner neuen Lederhose.

Die Ella Tant spendierte von einem geschlachteten Schaf die Haut. Das war der Lohn für die Arbeiten im Sommer. Hurra, ich bekam eine neue Hose, eine Lederhose aus weichem Schafsleder. Endlich konnte die sechs Jahre alte, speckige entsorgt werden.

In der Stadt gab es einen Lederer, der nicht nur das Gerben der Haut durchführte, sondern auch Lederwaren herstellte. Mir wurde eine neue Lederhose angemessen. Als ich die neue bekam, was für ein Tag. Wenn ich an heute denke, überkommt mich ein nachdenkliches Lächeln. Wie die Zeit alles ändert!

Von links Ella Tant mit dem Jüngsten Engelbert, Vater H., Mutter, meine Wenigkeit, die Schwester des Hausherrn Greadl mit Gustl, Bruder Manfred, Karl, die Kathi Tant und Herta.

Letztes Schuljahr

Ein letztes Jahr vor einem neuen Lebensabschnitt, achte Schulstufe. Die Schule wurde erweitert und genau an unserer Klasse angebaut. Vom Fenster der Kleiderkammer konnte man in den Rohbau gelangen. Na, wenn da kein neues Betätigungsfeld für uns war.

Einen neuen Religionslehrer hatten wir auch. Richter hieß er und Jus studierte er. Schlank, groß, mit dunklen Haaren und ein Mordskerl obendrein. Er hatte den Dreh, mit uns umzugehen, schnell gecheckt. Der Jus, wie wir ihn nannten, ließ sich durch nichts und niemanden aus der Ruhe bringen.

Reli war immer in der sechsten Stunde. Wir waren nicht mehr bei der Sache, dösten meist vor uns hin. Wir hatten es bald aufgegeben, den Jus zu pflanzen. Er stieg nie auf die Palme und hakte unsere wilden Streiche als lustig ab. Besser noch, er stieg einfach mit ein und hatte seine Gaudi mit uns.

Eines Tages verordnete er ohne Vorwarnung die erste Schularbeit. Schularbeit in Reli? Wir waren starr vor Schreck, unglaublich, das hatte es noch nie gegeben. Unser theologisches Wissen war zum Krenreiben. Da standen die Fragen schön der Reihe nach aufgelistet und wir schummelten, dass sich die Balken bogen. Wenn man intensiv arbeitete, vor allem mit allen Mitteln zu schwindeln versuchte, war eine Dreiviertelstunde schnell um. Unglaublich, dass der Jus nicht bemerkte, woher wir unser Wissen so schnell aufgefrischt hatten. Alles war bester Laune, jeder rechnete mit einem Einser. Wir bekamen keine Schularbeit zurück, was war los? Wir fragten den Jus und er gab uns lachend zur Antwort: „Für wie blöd haltet ihr mich eigentlich? Meint ihr, ich habe nicht gemerkt, wie ihr geschummelt habt?" Warum dann dieser Aufwand? „Meine Herren", seine lachende Antwort, „ihr habt zumindest 45 Minuten intensiv den Stoff aufgearbeitet, mehr wollte ich nicht erreichen."

Irgendwie war er genial, wir mochten ihn, den jungen Mann, der uns in der achten Schulstufe noch dazu brachte, das theologische Wissen deutlich zu verbessern.

Wir benützten das Fenster in der Kleiderkammer häufig zum Ein- und Ausstieg. Zu spät Gekommene erschienen einfach aus der Kleiderkammer, mit etwas Geschick fiel das meist nicht auf. Abhauen beim Nachsitzen war auch um einiges einfacher geworden. Nach zwei Monaten hat der Direx diese Möglichkeit zum Leidwesen der Klassenkameraden abgestellt. Das Fenster wurde einfach mit angenagelten Balken unpassierbar gemacht.

Das letzte Schuljahr verging unglaublich schnell, der Gedanke, wie es weitergehen sollte, wurde immer konkreter. Eine höhere Ausbildung für uns war wegen der knappen finanziellen Lage nicht einmal zu erwägen. Außerdem, Mutters Standpunkt war ohnehin klar und damals hatte eine Lehre noch einen anderen Stellenwert als heute. Hauptschule, Lehre mit Abschluss zum Facharbeiter war der Normalfall. Manch einer ging weiterführend in die HTL. Es war nicht ungewöhnlich, dass es auch einige Akademiker unter den Werkschülern gab.

Wie heißt es: „Jeder hat den Marschallstab im Tornister!"

Lehrjahre, Ausbildung in der STA

Ich absolvierte die Aufnahmeprüfung in der vierjährigen Schlosserfachschule in Bruck/Mur und in der Werkschule von Böhler. Bestanden habe ich beide Aufnahmeprüfungen, aber ich entschied mich für die Ausbildung bei Böhler in der schweißtechnischen Abteilung.

Ein Jahr Grundausbildung in der Werkschule als Schlosser, Dreher, Fräser und Schmied. Dann wurde ich mit meinen Mitlehrlingen, vier an der Zahl, und zwar Manfred T., Franz B., Johann F., Johann R., in die schweißtechnische Abteilung der Firma zur weiteren Ausbildung überstellt.

Die Grundausbildung in der Lehrwerkstätte ist mir in unangenehmer Erinnerung. Vor und nach der Arbeit mussten wir bei der Werkzeugausgabe antreten. Der Werkstättenleiter, wir nannten ihn Schweinchen, so sah er auch aus, machte sich unglaublich wichtig. Jedes dritte Wort endete mit: „Gö jo, Leitl (gelt ja, Leute)."

Dazu kam noch die Umstellung vom Schul- zum Lehrbetrieb. Sechs Tage in der Woche jeweils sieben Stunden in der Werkstätte, ausgenommen Dienstag, da war Unterricht. Endlich war es so weit, ich wurde mit vier weiteren Kameraden in die schweißtechnische Abteilung überstellt.

Ich war für mein Alter in meiner körperlichen Entwicklung schon recht fortgeschritten in jeder Hinsicht, auch sehr selbstsicher.

Die vor mir bereits etablierten Exlehrlinge in der Abteilung, nur zwei bis drei Jahre älter, duzten uns, verlangten aber umgekehrt, dass man sie siezte.

Vor allem der kleine Peppi F. (unsere Wege kreuzten sich während meiner Deutschlandzeit wieder) fragte mich schnoddrig: „Seit waun hom mia zwoa Sau ghoitn?" Eine landesübliche Aussage, wenn man nicht will, dass man mit Du angesprochen wird. Er drohte, sich beim OB. Ing. über mich zu beschweren. Mir war es recht, hatte ich die Lacher ohnehin auf meiner Seite.

Der Chef war im Haus, also erledigten wir die Sache umgehend. Peppi F. wollte einen Auftritt beim OB. Ing. nun doch nicht, da es klar war, dass er der Blamierte sein würde. Stand er neben mir, konnte man durchaus meinen, er könnte zumindest von der Statur mein kleiner Bruder sein. Zähneknirschend akzeptierte er das kollegiale Du.

Als ich ihn bei unserer gemeinsamen Zeit in Deutschland darauf angesprochen habe, wollte er sich absolut nicht an diese Geschichte erinnern.

Von diesem anfänglichen Geplänkel abgesehen, war hier alles viel lockerer und kameradschaftlicher als in der Lehrwerkstätte.

Freilichtkino

Frauen unter der Dusche, Freilichtkino für uns, erste Reihe Balkon und fußfrei.

Die Chefsekretärin, übertrieben ausgedrückt, war der Traum unserer schlaflosen Nächte, eine rassige, langbeinige Lady mit schulterlangen rotbraunen Haaren.

Damals war es nicht Standard, in jeder Wohnung ein Bad zu haben. Im Bereich der Abteilung gab es eine Dusche, welche auch von den Angestellten rege benutzt wurde. In der Abteilung waren es drei Frauen, die schon erwähnte Sekretärin und noch zwei weitere, die in der Entwicklung arbeiteten. Das Objekt unserer Begierde war aber eindeutig die Sekretärin vom Boss.

Die Dusche hatte breite, zu öffnende Oberlichte, damit der Dunst nach oben abziehen konnte. Genau dort war das Blechlager. Als wir dahinterkamen, dass man von dort vogelperspektivisch erste Reihe-Loge den vollen Überblick in den Duschraum hatte, es aber maximal drei Voyeuren Platz bot, war Streit vorprogrammiert. Das Programm mit der Chefsekretärin und zwei weiteren angestellten Damen war dreimal die Woche angesagt, wir einigten uns auf einen Turnus. Was für eine Vorstellung, die Damen aus der Forschung duschten immer zu zweit. Eine blond und leicht mollig mit großem Vorbau, ihre Kollegin klein, rundlich, braune Haare. Beide mit einem erregenden Dichtwuchs im Schritt bauchaufwärts. Die Chefsekretärin in Solovorstellung. Striptease als Einleitung. Der Kitzel zwischen den Beinen war schier unerträglich. Der Weg zur Dusche, einseifen, sich genussvoll dem rieselnden Wasserstrahl hingeben, nur wenige Meter entfernt, zum Greifen nahe.

Die Vorstellung „Frauen unter der Dusche" war leider nach einigen Wochen vorbei. Eine unnötige Rangelei um die beste Aussicht und schon war es geschehen. Bleche schepperten und der Blick unserer Venus ging nach oben.

Jetzt war der Bär los, wir wurden alle vergattert, stritten natürlich standhaft ab, von dieser Loge gewusst zu haben, geschweige denn, dort oben an den Duschfreuden visuell genascht zu haben.

Fakt war, es gab ein Gepolter, als ein Lehrling über einen Blechstapel stolperte. Klar wurde sofort die Loge geräumt und niemand von uns hat sich da oben befunden. Es wurde alles in Augenschein und wir ins Verhör genommen, Ergebnis null. Unser aller Name war Hase, keine Ahnung, worum es ging, die Unschuldigen vom Lande.

Das Ende der Geschichte, der Schlüssel zum Blechlager war nur mehr vom Ausbilder zu bekommen und die drei Damen der Abteilung würdigten uns lange Zeit keines Blickes. Unsere Betroffenheit darüber hielt sich in Grenzen.

Irgendein Arschloch hatte die Toilettenwand mit Fut beschmiert. Ich bin mir heute noch sicher, es war keiner der Lehrlinge. Alle Lehrlinge wurden einzeln in den Schulungsraum gerufen. Zum Verhör gerufen. An der Tafel mussten wir das Wort Fut schreiben. Ich war fassungslos und weigerte mich, diesem Ansinnen zu folgen, abgesehen davon war ich mir nicht sicher, ob man es mit zwei oder einem t schreibt. Hätte ich es nur mit zwei t geschrieben, wäre ich aus dem Schneider gewesen, denn an der Wand stand es mit einem t. Es wurde ein blödes Theater abgezogen, das Ergebnis glich dem Hornberger Schießen!

Neben unserer normalen Ausbildung wurden wir auch zu Außendienstarbeiten herangezogen. Beim Chef Kohlen in den Keller schaufeln, unserem Fachkundelehrer nach einem Hochwasser den Garten vom Schlamm befreien. Es wäre uns niemals eingefallen, darüber Beschwerde zu führen. Es war eine lustige Abwechslung im Freien, außerdem gab es immer eine gute Jause und dazu noch Trinkgeld.

Wieder einmal kam mir meine Begabung, eine Ansprache zu halten, entgegen. In der SWA (schweißtechnische Anstalt) veranstalteten wir Lehrlinge eine Weihnachtsfeier, auch der Chef gab uns die Ehre. Da kam man auf die glorreiche Idee, es müsste eine Rede gehalten werden. Da sich keiner getraute, blieb ich, Nupf (mein Spitzname), übrig. Was tun, es blieben nur mehr wenige Minuten und unsere Ausbildner kamen schon langsam an. Als der

Chef ebenfalls anwesend war, legte ich beherzt und überzeugend mit meiner Weihnachtsrede los. Sie wurde eine Spitzennummer. Ab da hatte ich beim OB. Ing. einen schweren Stein im Brett.

Der Unterricht fand im Schulungsraum jeden Dienstag statt. Die übrigen Wochentage hatte jeder von uns eine Schweißzelle zu seiner eigenen Verfügung. Die Übungsarbeiten wurden vorgegeben und wir übten, bis jedes Prüfstück abgenommen wurde. Ein gutes Auge und eine sichere Hand war gefragt. Abwechslungsreich, spannend, eine Ausbildung, an die ich mich immer gerne erinnere.

Werkstoffprüfung, Schliffbilder, Mikro- und Makrountersuchungen der Schweißverbindungen, Härteprüfungen in verschiedenen Verfahren, Biege- und Zerreißproben, es gab immer Neues und Interessantes zu lernen. Ich erlernte einen Beruf, der für mich zum Hobby mutierte. Schweißtechnik hatte etwas Faszinierendes an sich, in der Theorie, aber auch in der Praxis.

In unserer Abteilung wurden die staatlichen Prüfungen für Rohr- und Kesselschweißen durchgeführt und abgenommen. Der dritte Jahrgang wurde zur Betreuung der Absolventen abgestellt. Einmal wurde mir unter anderen ein Ägypter zugeteilt. Hamdi besuchte die Montanistische in Leoben und wollte aus mir nicht erklärlichen Gründen die Kesselschweißprüfung machen. Nur, er hatte zwei linke Hände, sein Misserfolg stand fest, war vorprogrammiert, da konnte ich mich noch so um ihn bemühen. Was soll ich mit dem kleinen Nordafrikaner tun? Schweißen würde der Mann aus dem Reich der Pharaonen ohnehin nie praktisch anwenden müssen. Bei seinen mangelhaften Deutschkenntnissen war es zweifelhaft, dass er die Montanistische erfolgreich abschließen würde. Später erfuhr ich, dass sich meine Befürchtung bestätigt hat.

Nun gut, uns war je eine Schweißzelle zugeteilt und ich entschloss mich, für Hamdi die praktische Prüfung zu machen. Ein Druckbehälter mit einer blanken Seelenelektrode Böhler KVA war wohl das größte Hindernis für meinen dunklen Freund mit den riesigen gewölbten Fingernägeln. Die Biege- und Reißproben sollte er eigentlich schaffen, da diese mit normalen ummantelten Elektroden geschweißt wurden. Hamdi betätigte sich als Späher, lugte beim Vorhang hinaus, und wenn sich ein Mitglied der Prüfungskommission näherte, wechselten wir schnell unsere Plätze. Kam ein Prüfer tatsächlich herein, um sich umzusehen, lenkte ich ihn einfach ab, alles ging ohne Probleme über die Bühne. Dann kam die Druckabnahme. Eine spannende Geschichte, wenn sich der Behälter unter zunehmendem Wasserdruck immer mehr aufbläht, ohne undicht zu werden, bis es einen Knall gab und die Verbindung irgendwo einen Riss bekam. Hamdis Behälter sah fast wie ein Kugelfisch aus.

Er stemmte den Kugelfisch hoch und lief im Kreis; „bestes Behälter von Welt", jubelte er und war außer Rand und Band.

Er hatte die Prüfungen bestanden und lud mich zu einer ausgiebigen Bar- und Wirtshausrundfahrt ein. Es war ein teurer Abend für meinen kleinen Freund, Geld schien für ihn aber keine Rolle zu spielen, seine Eltern waren, wie er oft erzählte, wohl betucht.

Ich hatte mit diesem kauzigen Kerl noch jahrelangen Kontakt. Er brach sein Studium ab, heiratete eine Österreicherin und wurde Gemüsehändler, ein sehr erfolgreicher sogar. Als seine junge Frau früh verstarb, war er Alleinunternehmer. Er dehnte seine Produktpalette auf Eier, Gselchtes, Bauernbrot und mehr aus. Als DiplomIngenieur hätte ich ihn mir ohnehin nicht vorstellen können, aber als Händler?! Da war er perfekt.

Die drei Jahre vergingen schnell. Abschlussprüfung knapp an einem Sehr gut vorbeigeschrammt, aber wer hat später schon danach gefragt.

Ich wurde in den Apparatebau überstellt. Somit war mein Wunsch, in der schweißtechnischen Abteilung zu bleiben, dahin. Die Chefität, also unser Ober Ing. Schmid, vor allem aber auch mein Lehrer in Werkstoffkunde, wollten mich unbedingt zurückhaben. Da das aber nur im Austauschverfahren gegen einen Jahrgangskameraden möglich war, habe ich abgelehnt. Ja, es hat mir wehgetan, aber ich wollte nicht durch Protektion auf Kosten eines anderen mein Wunschziel erreichen. So begann mein Leidensweg Apparatebau. Jahre der Auflehnung, des Revoltierens. Einiges gibt es zu berichten, Geduld, noch bin ich nicht so weit.

In der Werkschule waren auch die roten Naturfreunde stark verankert und fast jeder Werkschüler war Mitglied dieses Vereins, mit dem Vorteil, man konnte zu günstigen Konditionen nach Lignano ans Meer fahren. Dass es sich hier wieder um einen sozialistischen Ableger handelte, war mir in diesem Fall egal. Abgesehen davon war ich neben der katholischen Jugend noch beim schwarzen Alpenverein.

Meine Mitgliedschaft bei der katholischen Jugend war primär dem Drängen meiner Mutter zuzuschreiben, aber wie es so im Leben von jungen Menschen ist, auch durch Schulfreunde bedingt.

„Da musst mit, der Dr. P. is a klasse Bursch", was er abgesehen von seiner sexuellen Verirrung auch war.

Der Alpenverein wurde mir durch meinen älteren Bruder aufs Auge gedrückt. Er, ein begeisterter Berggeher, wollte auch mir die Liebe zu den Bergen beibringen. Meine Interessen lagen absolut nicht auf diesem Gebiet (damals). Ich leistete hinhaltenden Widerstand, zu meinem Glück ohne Erfolg.

Weihnachtsfeier SWA 1957. Ich zweite Reihe, links neben dem Christbaum.

So denke ich immer wieder gerne an unvergessliche Erlebnisse, vor allem an traumhafte Schitouren im Frühjahr. Groß Venedigergebiet. Karwoche, ein Traumwetter, Aufstieg zur Rostockerhütte. Jeder Tag mit diesem dunklen, reinen Blau des Himmels. Traumhaft der Firn, als unberührte, wie mit Kristallen übersäte, funkelnde weiße Fläche bis zu den hohen Gipfeln hinauf. Wir zogen unsere Schwünge in dieser jungfräulichen Glitzerwelt.

Schitouren zu Pfingsten, Dachstein oder Hochschwab. Ausflüge in der nahen Umgebung aufs Rennfeld oder Mugel, und das alles mit Schi auf den Schultern, stundenlanges Aufsteigen.

Mein Problem, ich war oft einfach zu faul, früh aufzustehen. Dann der Gedanke an einen anstrengenden Aufstieg. War man oben, hat es sich allemal gelohnt, vor allem aber die Abfahrten. Um diese Schönheiten zu erleben, musste man den inneren Schweinehund überwinden. Leider hatte ich zur damaligen Zeit ein Problem, mein innerer Schweinehund war ein Riese. Dank der Hartnäckigkeit meines Bruders und meiner Mutter wurde er zumindest teilweise überwunden. Wie es so ist im Leben, kommt die Dankbarkeit immer sehr spät.

Bella Italia Lignano

Die Naturfreunde hatten in Lignano einen Ferienstützpunkt, so sah ich das erste Mal in meinem Leben das Meer.

Damals campierten wir in einem Weingarten und gleich über die Straße ging es zum Strand. Alle Jahre wieder, solange die Ausbildung eben dauerte, fuhren wir in einem alten, klapprigen Bus um 22 Uhr vom Hauptplatz Bruck/Mur ab. Die Ankunft erfolgte am frühen Vormittag. Eine zermürbende Nachtfahrt über Klagenfurt, Arnoldstein, durch das Kanaltal der Sonne, dem Meer entgegen. Der Morgen grüßte schon mit einem beginnenden herrlichen Sonnentag und so sollte es, abgesehen von einigem Nachtgewitter, auch bleiben.

Man roch das Meer schon viele Kilometer entfernt, und dann sah ich es, „das Meer", zum ersten Mal in meinem Leben. Ein klarer sommerlicher Tagesanbruch. Die Morgenröte, der Sonnenaufgang. Die Sonne steigt empor am Horizont, höher und höher. Sie schenkt ihr wärmendes Lächeln der Erde. Die Sterne scheinen zu goldenem Staub verwandelt worden zu sein, der sich wie Gold auf Halme und Sträucher gelegt hat. Dann sah man das Meer, unter dem gleißenden Sonnenlicht ausgebreitet, vom smaragdenen Grün in ein tiefes Blau übergehend, sich am Horizont mit dem Himmel vermählend. Das Meer in seiner scheinbaren Unendlichkeit, da lag es wie ein mit Perlenketten durchzogener Saphir.

Ein schier endloser Sandstrand, goldgelb sich bis zum leicht kräuselnden Wasser erstreckend. Damals wetzten noch tausende Krabben am Strand und im flachen Wasser umher. Man musste höllisch aufpassen, dass man im seichten Wasser nicht auf sie trat. Die Viecher konnten ganz schön zwicken.

Die verregnete Heimat lag hinter mir. Lignano, ein damals noch verträumtes Fischerdorf, was ist aus dieser Idylle geworden. Als ich Jahre später wieder einmal hinfuhr, dieses Mal über die Autobahn, war alles fremd. Mit zum Himmel ragenden Hotelketten, alles bis zur Unkenntlichkeit verbaut. Aber damals war alles noch naturnah, auch unsere Unterkunft in den Zelten mitten in einem Weingarten. Zum Meer waren es knapp zweihundert Meter.

Es war die Zeit, wo Mädels für uns schon einen entsprechenden Stellenwert hatten. Die German und Austria Girls hatten es lieber mit den Einheimischen, sehr zu unserem Leidwesen, und so machten wir halt den doch sehr aussichtslosen Versuch, bei den Italienerinnen anzudocken. Wir lernten einige kennen, spielten am Strand ein Spiel, wo ein Pantoffel, die Teilnehmer im Kreis sitzend, von Hand zu Hand gereicht wurde. Ein Lied auf Italienisch wurde gesungen (den Text kann ich noch, nur die Schreibweise ist mir nicht geläufig, le lui giganto la lacanzone oder so ähnlich). Dabei lernte ich unter anderem Bruna Paccini kennen. Ein schlankes, schwarzhaariges, rassiges Mädel, Norditalienerin. Sie war ausnehmend hübsch, allerdings mit einem gravierenden Handicap behaftet, sie hatte einen gewaltigen Silberblick. Sie verliebte sich unsterblich in mich, ich aber musste die Lästereien meiner Kameraden ertragen. Es war eine ambivalente Situation, trug sie Sonnenbrillen, war sie die Lady, die Jungs drehten sich nach ihr um. Klugerweise nahm sie die dunklen Brillen fast nie ab. Die Lästerei fand sicher auch ihren Niederschlag im Neid der Kumpel, denn sie gingen alle leer aus, ich aber hatte meine Bruna, eine Schönheit, nur mit einem Makel, na und. „Elmut, dein Ar sole giallo", flüsterte sie mir oft ins Ohr. Ich, braungebrannt, mit sonnengebleichtem Haar, war für eine Südländerin eine Sensation. Leider waren sie keuscher als die deutschen und österreichischen Mädels, leere Kilometer, wenn man versuchte, bei einer von ihnen zu landen. Ich habe es bei Bruna versucht und zur Landung angesetzt.

Es war eine dieser unglaublichen südlichen Nächte. Ein mit hellem Schein umkleideter Mond legte seinen silbrigen Schleier über das glitzernde Meer, voll funkelnder Brillanten. Ein betäubender Duft der maritimen Flora vermischte sich mit dem Geruch von Teer und Meer. Wir gingen, uns an den Händen haltend, abseits der belebten Straßen, setzten uns ins warme, duftende Gras. Das Blut pochte in meinen Adern, wir küssten uns heftig, immer wieder. Sie hingebungsvoll, einfach lieb. Ich, im

Rausch meines Blutes, wollte mehr. Ihre schönen, vollen Brüste gewährte sie mir noch, aber je tiefer ich mich nach unten bewegte, umso heftiger wurde ihr Widerstand. So ging es auf und ab, hin und her. Sie bebte und zitterte am ganzen Körper, ein Vulkan, der vor der Eruption stand, nur die Eruption kam bei mir. Der Urknall, er ging voll in die Hose, im wahren Sinn des Wortes. Aus, vorbei, das war es dann eben. Meine Begierde war schlagartig auf null. Bruna war einfach so überzeugt von mir, ihr Lob war schmerzlich für mich, „Elmut duo Gentleman", hauchte sie mir ins Ohr. Von wegen Gentleman, Liebe hin, Romantik her, hatte sie wirklich keine Ahnung, was mich schlagartig und ungewollt zum Gentleman werden ließ?

Meine Kameraden lauerten schon auf meine Ankunft und bombardierten mich mit ihren Fragen. „Host das pockt, wia wors, dazöl?" Arschlöcher, wenn ich meine Niederlage eingestand, war ich boshaftem Gelächter ausgeliefert. Also, ich war ja ein Gentleman, okay. Auf die drängenden Fragen meiner Urlaubskumpanen habe ich lediglich ein wissendes Lächeln aufgesetzt und geantwortet: „Der Kavalier schweigt und genießt." Es war nur die halbe Wahrheit, aber diese Niederlage wollte ich doch lieber für mich behalten.

Bruna war hartnäckig, mit ihren 24 Jahren hatte sie nichts anderes im Kopf als heiraten. Das Objekt ihrer Begierde war ein 17-Jähriger aus den Alpen, nämlich ich. Bei aller Bescheidenheit, ich, ein armer Halbwaise, noch in Ausbildung, fühlte mich absolut nicht geehrt. Ich leistete hinhaltenden Widerstand, noch ging dieser Kelch an mir vorüber, aber wie lange noch? Die P.s waren offensichtlich sehr wohlhabend, hatten einige Unternehmen im Ort, aber Prinzgemahl, nein danke, und jetzt mit meinem Alter schon gar nicht.

Der Abschied war ergreifend, wie sie vor mir stand, Tränen in den Augen. Mein Blick schweifte mehr zu ihren großen, festen Brüsten ab, da mich ihre Augen zu sehr irritierten. Nur, beruhigend war dieser Anblick auch wieder nicht.

Sie schrieb mir herzzerreißende Briefe (eine Tante konnte sehr gut Deutsch und half ihr dabei), während ich auf Zeit setzte, ihr lieb zurückschrieb, hoffend, dass sich alles langsam wieder beruhigen würde. Dazu kam, ich wollte sie für den nächsten Sommer in Laune halten.

Eines Tages kam es wie ein Unwetter über mich! Bruna wollte mit ihren Eltern nach Österreich kommen, um mich und meine Familie kennenzulernen. Schlaflose Nächte, ich kam mir entsetzlich vor, wie konnte ich mich vor dem kommenden Unglück retten? Ich fasste einen kühnen Plan. Ein Schulfreund musste herhalten und ich diktierte ihm einen traurigen Brief.

„Sehr geehrtes Fräulein Bruna, als Freund von Helmut habe ich die traurige Pflicht, Ihnen mitzuteilen, dass er bei einer Tour in den Bergen tödlich verunglückt ist." Arme, liebe Bruna, ich wusste einfach keinen anderen Weg als den meines vorzeitigen Ablebens.

Der nächste Sommer kam mit Riesenschritten und mit den Naturfreunden war wieder eine Fahrt nach Lignano geplant. Es wird eine nervliche Zeit werden, immer auf der Hut vor meiner Bruna. Da kam kaum Freude auf.

Was tun, wenn wir einander über den Weg laufen sollten, diesen Gedanken wollte ich nicht zu Ende denken.

Wieder in Lignano, letztes Lehrjahr, ich war einigermaßen nervös, achtgeben auf Bruna, Augen offen halten. Ich wusste, wo sie sich normalerweise am Strand herumtrieb, und so schlug ich mein Bräunungsstudio entsprechend weit entfernt auf. Gegen meine Gewohnheit machte ich lange Strandwanderungen bis zum Tagliamento. Baden im rückstauenden Süßwasser eines Flusses war eine angenehme Sache. Diese Vorsichtsmaßnahmen und die kurzen Beine eines Lügners begleiteten mich jeden Tag.

Ich freundete mich mit einem Pappagallo an, der ein stolzes Segelboot sein Eigen nannte. Wir waren der Kontrast, er schwarz gelocktes langes Haar und ich der sonnenblonde Junge aus dem Norden. Wir segelten zu den nahe liegenden kleinen Inseln, den Strand entlang, immer auf der Suche nach dem weiblichen Geschlecht. Mein Problem war das liebe Geld. Ich hatte fast alles, was die Damen sich von einem Urlaubsflirt erwarteten, nur keine Kohle. Daher war das Abendprogramm, von wegen Ausgehen, gestrichen, allerdings nur für mich stark eingeschränkt. Marco, der smarte Junge, hatte damit alle Trümpfe in der Hand, denn die Mädels wollten natürlich am Abend ausgehen.

Herrliche Tage, aber immer wenn es um das Abendtreffen ging, kam ich in Schwierigkeiten. Zweimal leistete ich mir diesen Luxus, dann war Schluss mit lustig. Mit meiner Lehrlingsentschädigung waren keine großen Sprünge zu machen. Dann geschah doch noch ein Wunder und mein letzter Ferienurlaub in bella Italia nahm eine amouröse Wende. Auf Schwarz, ciao, Bruna, kam Blond, aber Bruna sollte meinen Weg noch einmal kreuzen, und das kam so.

13 Jahre später, ich lebte in München, als ich mit meinen beiden Kleinen und Babs nach so langer Zeit wieder einmal einen Urlaub in Lignano buchte. Schuld daran war ein Arbeitskollege, der noch immer bei den Naturfreunden Mitglied war. Die Möglichkeit, einen preiswerten Familienurlaub zu machen, wollte ich mir und meiner Familie nicht entgehen lassen.

Eines Tages gingen wir in eine Apotheke, da Babs Fieberblasen bekommen hatte. Ich stand gelangweilt herum, da kam sie, Bruna, mit Schwung zur Tür herein, sah mich durch ihre dunklen Brillen entgeistert an. Ich, der in die ewigen Jagdgründe Abgegangene, stand leibhaftig vor ihr, arme Bruna!

„Elmut duo", hauchte sie. Na, das war mir gerade noch abgegangen, damit hatte ich nach so langer Zeit wirklich nicht mehr gerechnet. „Ich Elmut? No sorry, das muss eine Verwechslung sein." Ab durch die Glastür und das Weite gesucht. Meine Angetraute war erstaunt, warum ich so schnell das Feld geräumt hatte, und wollte unbedingt wissen, wer die Lady war. Ich schwieg, hatte einfach nicht damit gerechnet, dass mich nach mehr als zehn Jahren die Vergangenheit nochmals einholen würde.

Der Rest der Urlaubstage war ausgefüllt mit sichernden Blicken in die Umgebung, um nicht noch einmal in eine derartig peinliche Situation zu kommen. Ich wollte auf keinen Fall meine Auferstehung mit Bruna prolongieren.

Melancholie im September

Unsere Zelte standen wie immer im Weingarten. Angrenzend an dieses Grundstück war ein Appartement-Haus und da sah ich sie. Ein schlankes, blondes Mädchen mit einem rotweiß getüpfelten Bikini. Na dann, dachte ich und war sogleich entflammt. Am Strand lokalisierte ich erst einmal, wo die Blonde ihren Standort hatte. Nicht weit vom Zeltlager entfernt war das Appartement, wo sie mit Eltern und ihrer Schwester wohnte, schnell ausgemacht. Ich beobachtete sie, eine Figur wie eine Palme, einfach ein süßes Mädel. Endlich stand sie auf und bewegte sich in Richtung Meer. Ich hellwach, sofort meine Kompassnadel auf sie justiert. Wir trafen uns, reiner Zufall. Ein Stolpern vortäuschend, rempelte ich sie unsanft. Ihr böser Blick traf mich. „Na", fauchte sie mich an, „kannst nicht aufpassen?" Ich sah sie erschrocken an, verneigte mich höflich, listig: „Sorry, das wollte ich nicht", grinste sie unverschämt an und unsere Beziehung begann.

Wir kamen ins Gespräch und so begann meine wirklich erste heiße, wenn auch kurze Love Story. Ich verliebte mich unsterblich in sie. Ingrid, dieser Name mutierte zum Schwanengesang in meinen Ohren. Sie erwiderte meine Gefühle, von diesem Zeitpunkt an waren wir unzertrennlich. Sie stellte mich ihren Eltern vor und ich bezog mein Lager bei meiner neuen Familie. Es waren Österreicher aus Linz. Ingrid teilte mir mit, dass ihre Mama total begeistert von mir war. Der Alte verhielt sich reservierter, die kleine Schwester mit ihren zehn Jahren benützte mich mit zunehmender Begeisterung als Sparringpartner.

Leider wurde es nichts mit einsamen Abendspaziergängen. Ich durfte mich ihrer Familie anschließen und sie nach Hause begleiten, das war aber auch schon alles.

Nach einigen Tagen lud ich Ingrid zu einer Bootsfahrt ein. Aber auf keinen Fall auf dem Segelboot von Marco, das musste ich verhindern. Einen Pappagallo, der dazwischenbalzt, nein danke. Also mietete ich ein Ruderboot, ruderte weit hinaus. Zu weit für ihren Vater, er konnte das Boot nur mehr als kleinen Punkt ausmachen. Genau das wollte ich und wir genossen das spiegelglatte Meer, die Sonne und den salzigen Geruch des Meerwassers. Wir turtelten eng umschlungen im kleinen Boot. Ich war mit meinen Gefühlen in wildem Aufruhr und auch Ingrid war es offensichtlich nicht egal. Aber das Boot war klein, die Schaukelbewegungen nahmen bedrohlich zu, so blieb es, dem Diktat der Umstände unterworfen, nur bei einem fast keuschen Petting. Nach Stunden, ich weiß es nicht genau, da bekanntlich dem Glücklichen keine Stunde schlägt, ruderte ich zurück. Da stand er, ihr Vater, ein wilder Zerberus, er packte seine Tochter am Arm, würdigte mich keines Blickes und zog sie schimpfend mit sich.

War jetzt alles aus, bevor es richtig begonnen hatte? Für die noch verbleibende Woche bekam Ingrid Hausarrest. Ich kümmerte vor mich hin, wer die Sehnsucht kennt, kann mein Leid ermessen. Es musste etwas geschehen und so legte ich mich am Ende des Weingartens, das Appartementhaus in Sichtweite, auf die Lauer, sehnsuchtsvoll meine Blicke auf das Appartement gerichtet, um einen Blick von meiner Angebeteten zu erhaschen. Da war sie, sie kam auf den Balkon und setzte sich unter einem Sonnenschirm auf den Liegestuhl. Die Alten waren am Strand, mit kleiner Tochter, also los, nichts wie los. Sie war überhaupt nicht überrascht, als sie mich sah, meinte nur: „Das hat aber lange gedauert." Mir fiel ein tonnenschwerer Stein vom Herzen. Ich mit Schwung über die Brüstung, da stand sie vor mir im knappen Bikini, wie schön sie war. Die langen, schlanken Beine, diese Taille. Der BH lag am Boden. Ihr gebräuntes, liebes Gesicht, dieses Blau ihrer Augen und volle, rote, lockende Lippen. Der Pfeil Amors traf mich mitten ins Herz hinein. Wir lagen uns in den Armen und holten nach, was im Boot nicht möglich war. Der absolute Wahnsinn, in einer Dimension, die ich noch nie erlebte. Liebe und Sex vereint zum ersten Mal in meinem jungen Leben. Die Alten weit weg am Strand und wir allein im Zimmer. Das war meine Sommerliebe, ich wünschte mir, dass sie nie zu Ende gehen möge.

Meine Verliebtheit bekam eine unglaubliche Dimension. Ingrid verfolgte mich in meinen Träumen, der Tag gehörte der Pirsch und diesem fast irrealen Liebeserlebnis mit ihr.

Die letzten Tage durfte sie wieder zum Strand, so wurde unsere Beziehung erschwert, aber nur kurzfristig. Sie hatte Kontaktverbot, strikt, unwiderruflich. Wir schafften es aber doch immer wieder, uns zu treffen. Der August ging zu Ende, der September kam und der Abschied. Ich habe sie nie wieder gesehen. Melancholie im September, das war alles, was mir blieb von ihr.

Sommer 1957, siebzehn Jahr, blondes Haar.

So manche Schnulze erinnert an eine „Herz-Schmerz-Geschichte" und begleitet einen durchs Leben. Es dauerte lange, bis sie an Konturen verlor, meine schöne Blonde aus Linz. Es war meine erste, aber nicht meine letzte Melancholie.

Die Realität holte mich rasch wieder ein. Zu viele Träume, meine schulischen Leistungen sanken fast auf den Nullpunkt. Als aber das Semester immer näher kam, habe ich mich wieder am Riemen gerissen. Der Fleißigste war ich nie, aber mein Grundehrgeiz rettete mich immer rechtzeitig vor einer schlechten Benotung. Drei Jahre Ausbildung. Wie schnell doch diese Zeit vergangen ist. Ich habe mich vorbereitet, zielstrebig und ausdauernd, und bin haarscharf an einem Sehr gut vorbeigeschrammt. Die erste Stufe meiner Ausbildung war abgeschlossen.

Sportlich war ich auch

Sportlich war ich in jeder Hinsicht aktiv. Schilaufen, Schwimmen, Handball, Fußball, Turnen und Leichtathletik, ach ja, und Schispringen, so bis zu 50 Meter mit normalen Eschenschi war den Umständen entsprechend nicht schlecht.

Ein echtes Erfolgserlebnis war mein erster Brucker Schwimmtag. Ich trainierte allein, zog jeden Nachmittag meine Längen im 25-Meter-Becken. Daneben trainierten die Burschen vom ATUS-Schwimmverein, meine Gegner.

Dann war es so weit. Ich hatte furchtbar Bammel und weigerte mich, meine Startanmeldung abzugeben. Ich wollte mir die Blamage ersparen, unter ferner liefen anzuschlagen. Meine Freunde waren da anderer Meinung. Die Teilnehmer wurden aufgerufen. Leitner Helmut, Bahn drei. Ich war starr vor Schreck und wollte mich verdrücken, hatte aber die Rechnung ohne meine Kumpane gemacht. Die hoben mich kurzerhand auf den Startsockel. Da stand ich, links und rechts die Vereinsschwimmer mit ihren Dreiecksbadehosen, die die Arschbacken freigaben. Ja, damals gab es schon den String-Tanga. Ich mit meiner wollenen Badehose, eine Ausnahmeerscheinung!

Es ging los, ich legte die erste Länge im höllischen Tempo zurück. Erste Wende, mit vollem Einsatz die zweite Länge in Angriff genommen. Ich hörte das Geschrei des Publikums und dachte, die lachen mich aus. Ich, die Lachnummer, sicher als Letzter hintennach. Es lief alles wie in einem Film ab. Letzte Wende und ich bekam statt Luft eine volle Ladung Wasser in die Luftröhre. So habe ich die letzte Länge ohne zu atmen durchgeschwommen, Anschlag, abgetaucht. Irgendjemand hat mich am Haarschopf gepackt und hochgezogen. Ich hatte gewonnen. Fassungslos, voller Stolz, umringt von meinen Anhängern. Nicht aufgeben, kämpfen bis zum letzten Atemzug, an die äußerste Grenze gehen.

Rückblickend kann gesagt werden, dieser Charakterzug hat mir nicht immer Ruhm und Erfolg gebracht, sondern auch so manch bittere Niederlage. Aber geändert habe ich mich bis heute nicht, was soll man gegen seine Gene auch ausrichten?

Beim Brucker Turnverein BTV 1860 war ich ein eifriges Mitglied. Jeden Dienstag 19 Uhr war im Turnsaal des Gymnasiums Geräteturnen. In der warmen Jahreszeit fuhr ich jede Woche mit dem O-Bus nach Kapfenberg auf den Siegfriedplatz zum Leichtathletiktraining. Ich spezialisierte mich vornehmlich auf Wurftechnik, Kugelstoßen und Diskus. Aber auch hier verebbte meine Begeisterung nach einiger Zeit.

Wenn es nach Begabung gegangen wäre, hätte ich Handballer bleiben müssen. ATUS Bruck war zur damaligen Zeit in der obersten österreichischen Liga und jedes Jahr im Finale der Staatsmeisterschaft. ATSV Linz war der meist unbezwingbare Gegner. Meine Stärke war die Schusskraft und speziell beim damaligen Feldhandball war es das Nonplusultra. Ich bekam eine sogenannte Tennishand und vorbei war es mit meinem Talent. Nur nicht zugeben, dass ich Probleme mit meiner Wurfhand hatte, und so setzte mit dem Training einige Wochen ohne Entschuldigung aus. Nach einiger Zeit versuchte ich es wieder, das Ergebnis war niederschmetternd. Das war es dann auch und alle Versuche, mich zum Weitermachen zu bewegen, schlugen fehl. Mein Fehler war, ich gab den Grund nicht an und ging auch nicht zum Arzt. So blieb ich meinen damaligen Sportskameraden sicher in schlechter Erinnerung.

Ich wandte mich wieder dem Fußball zu, spielte als Libero und nach einigen Jahren im Mittelfeld. Mit 19 beendete ich spontan meine Karriere und das kam so.

Ein Auswärtsspiel, ich absolvierte mein Match in der Reserve. Als die Kampfmannschaft sich auf das Spielfeld begab, stellte man fest, es fehlte die Neuerwerbung Otto B. Ich wurde aus dieser Situation heraus zum ersten Mal in der Kampfmannschaft eingesetzt und dann auch noch als Mittelstürmer. Zweimal neunzig Minuten voll durchgespielt und bei meiner Feuertaufe eine gute Partie abgeliefert. Meine Stimmung war himmelhoch jauchzend, weil man mir einen Fixplatz in der Kampfmannschaft versprach. Langer Rede, kurzer Sinn. Ich wurde aufgestellt, als aber der alternde Starkicker beim nächsten Spiel doch kam, landete ich auf der Bank. Grenzenlos meine Enttäuschung. Wutentbrannt stürmte ich in die Kabine, zog mich um und fuhr nach Hause. An diesem Tag habe ich die Fußballschuhe für immer an den Nagel gehängt.

Der Altstar spielte nicht mehr lange und man versuchte mich mit allen Mitteln wieder zur Umkehr zu bewegen. Umsonst, ich war tödlich beleidigt, auch hier das frühe Ende einer hoffnungsvollen Laufbahn und es darf gelacht werden.

Als ich noch Fußball spielte. Stehend, Dritter von rechts.

Ich war ein Allrounder, überall guter Durchschnitt; was mir sicher gefehlt hat, war ein väterlicher Trainer, der mich geführt hätte. Gerade in einer Zeit, wo man jemanden braucht, der den Weg zeigt, Ansporn gibt. Meine engeren Freunde hatten keine sportlichen Ambitionen, Blutsbruder Herbert war mehr aufs Wildern aus (obwohl er einen Jagdschein hatte) und Karl P. frönte dem Motorsport.

Mit den beiden war ich immer unterwegs auf der Suche nach dem weiblichen Geschlecht. Pi-2-Ebene (Aufriss) war entsprechend unserem Alter unser größtes Pläsier.

Wir schlugen uns so mache Nacht um die Ohren.

Ich verdiente für kurze Zeit ein für die damaligen Verhältnisse gutes Geld, da ich von meiner Firma auf Montage geschickt wurde. Der Traum war damals wie heute ein Auto. Mein erster PKW, „Simca Aronde". Ein Auto, das ich mir nach Beendigung meiner Montage einfach nicht mehr leisten konnte, aber das wollte ich nicht wahrhaben. Also fuhr ich auch im Sommer und Winter mit abgefahrenen Reifen. In einem Alter, wo man sich ohnehin für den Größten hält, eine zusätzliche Gefahr.

Es war zu Allerheiligen, wir waren unterwegs, fünf Freunde im Fahrzeug, zogen wir von Bar zu Bar. Der Alk floss und gefahren wurde auf Teufel komm raus. Vor mir Karl mit seinem Audi 1000, Sp., der Motorsportler. Ich wollte mich auf keinen Fall abhängen lassen. Es regnete in Strömen. Mitternacht, wir beschlossen noch einen Abstecher nach Leoben zu machen, da geschah es. Eine scharfe Rechtskurve und eine Mauer aus Natursteinen begrenzte den äußeren Radius der Kurve. Das Auto voll besetzt, Sliks auf allen vier Rädern, volles Rohr. Das Heck brach aus, die Kurve zu eng, die Straße zu nass, die Reifen zu glatt, der Fahrer nicht mehr ganz nüchtern. Das Ende war ein Kuss mit der Mauer. Mein schönes Auto, meine Freude, mein Stolz hat diesen Mauerkuss stark lädiert gebüßt. Der linke Kotflügel und der Kofferraumdeckel waren ein Blechsalat. Das war mir eine Lehre, die ich so schnell nicht mehr vergessen konnte.

Meine beiden Freunde waren ohnehin motorisiert und so sparte ich zumindest für einige Zeit Spritkosten. Unsere nächtlichen Ausflüge gingen munter weiter.

Mutter grämte sich und sie konnte einfach nicht einschlafen, wenn ich in der Nacht unterwegs war. Kam ich so gegen drei, vier Uhr nach Hause, brannte Licht in der Küche. Sie saß am sogenannten Wasserbankerl und wartete auf mich. Ich war gereizt und wütend, wenn ich das Licht brennen sah. Sie überschüttete mich mit Vorwürfen, ich verstand ihre Sorgen einfach nicht. Immer wieder gab es unerfreuliche Szenen. Oft stand ich am Rande eines Abgrundes. Es war nicht Vernunft, die mich energisch vor ihm zurückrief, es war Mutter, es waren ihre Tränen, ihre Anklage, wenn das Vati wüsste. Warum nur versteht man die Sorgen einer Mutter erst dann, wenn man ebenfalls in derselben Situation ist, wenn man selbst Kinder hat.

Es ist erstaunlich, was man als junger Mensch aushält. Wenig Schlaf, bei jedem Festl dabei und immer auf der Suche nach den Mädels.

Bruder Manfred war ein Bergfex. Es verging kaum ein Wochenende, wo er sich nicht auf sein Fahrrad schwang und nach Thörl radelte, bis zum Schwabenbartl konnte man fahren. Dann hinauf auf den Hochschwab und am Abend wieder zurück. Dass er dann noch zur Sonntagsmesse ging, war Ehrensache. Für diese Art der Freizeitgestaltung war ich nicht einfach zu haben. Unsere Mutter übte vergeblich Druck aus, um auch mich dazu zu bringen, mit ihm zu gehen.

Solange ich aber Fußball spielte, hatte ich zumindest an den Wochenenden, wenn Meisterschaft gespielt wurde, meine Ruhe. Zu Ostern und Pfingsten konnte ich mich aber nicht von Bruders Bergtouren drücken. Ostern war die Bergwanderung Seeberg, Voitstalerhütte über den Graf, Meransteig bis zum Schistlhaus vorgesehen. Am nächsten Tag ging es weiter in Richtung Sonnschien vorbei am moosgrünen Sackwiesensee. Nach einem anstrengenden Tag erreichten wir Tragöss.

Zu Pfingsten war der Dachstein an der Reihe. Im Winter erklommen wir unsere Hausberge Rennfeld und Mugl. Stundenlangen Anstiegen mit geschulterten Schi und Rucksack folgte eine kurze, aber nicht weniger anstrengende Abfahrt durch eine unberührte Schneelandschaft.

Als ich Bärbel kennenlernte

Wir hatten einiges aufzuweisen, lernten Mädels kennen, um sie wieder zu vergessen. Dann kam sie, Bärbel, optisch mein Typ. Groß, schlank, braune, kurz geschnittene Haare und ein klassisches Profil. Vom Sehen kannte ich sie schon lange. Ich überlegte, wie ich es anstellen sollte, sie kennenzulernen. Anfang September war es so weit. Stacho hatte Geburtstag, wir gingen in die Dokl-Diele feiern. Da saß sie, das Ziel meiner Begehrlichkeit, mit ihrer Freundin. Da alle Tische besetzt waren, ging ich zielstrebig zu den beiden jungen Damen, der Beginn einer langen wechselseitigen Verbundenheit. Eine endliche Geschichte, wir heirateten, zogen nach München, dort kamen Markus und Andrea auf die Welt.

Ich will diese mich mehr als drei Jahrzehnte begleitende Gemeinsamkeit mit meiner Bärbel auf das Notwendigste beschränken. Jeder Mensch hat eine Vorliebe und Lust, sich selbst Illusionen zu machen; wo er klein ist, macht er sich groß, er hält sich für besser, als er ist. Wie sollte man auch ohne ein Minimum positiver Eigenmeinung rechtfertigend urteilen können?

Ich kann mich aber nicht an diesem so entscheidenden Lebensabschnitt einfach vorbeischwindeln. Gerade eine so prägende Zeit wie meine gescheiterte Beziehung sollte nicht einseitig von mir beschrieben werden. Wann übersteigt man das Maß der Selbsttäuschung? Der blinde Fleck im eigenen Auge, die Blindheit für die eigene Seele? Wenn man mit sich selbst ins Reine kommen will, bedeutet das auch schonungslose Selbstkritik, weil dieser Prozess nur unter bitteren Schmerzen zu schaffen ist. Das allerdings muss man auch von der anderen Seite verlangen können. Da das nicht möglich ist, will ich den langen gemeinsamen, erlebnisreichen Weg als meine persönliche Erinnerung behalten. Nur so viel möchte ich dazu anmerken, sie war und ist eine Frau mit wenig Selbstvertrauen, klammerte, kam mit ihrem Leben allein nicht zurecht. Ich konnte ihr nie das geben, was sie wirklich von mir verlangte. Kam noch ihre Familie dazu, mit der ich nicht wirklich kompatibel war. Ja, ich habe ihr einiges anschauen lassen. Ich habe es nicht geschafft, ihr Vertrauen zu gewinnen, ihr das Gefühl zu geben, für sie da zu sein. Ich war einfach noch zu unfertig, fühlte mich zu jung, um eine Ehe leben zu können. Meine Babs hat es aber so gewollt, ich war einfach zu schwach, um rechtzeitig einen Schlussstrich zu ziehen.

Der Preis, den wir beide bezahlt haben, war und ist hoch. Es war meine Entscheidung, endlich mein Leben zu ordnen. Es hat sicher lange bei ihr gedauert und die Wunden heilten langsam, die Narben aber sind geblieben.

Solange es um meine beiden Erstgeborenen ging, habe ich die Last meiner Zwiespältigkeit getragen. Mir war und wurde immer klarer, ein Leben lang werde ich diesen Weg nicht gehen.

Wir waren einfach zu verschieden. Lag es an unseren Geburtsplaneten? Bärbel ein Steinbock, ich ein Zwilling?

Ich war nicht bereit, bis an das Ende unserer Tage dieses Kreuz zu tragen. Immer wieder hatte ich die Situation von meinen Großeltern Peter und Maria vor meinen Augen. Um der Form Genüge zu tun, habe ich die Schuld auf mich genommen, eine Last geschultert, die meine zukünftige finanzielle Situation belasten wird. Es war mein Bestreben, unsere Beziehung zu beenden, klare Verhältnisse zu schaffen. Meinen Kindern in die Augen sehen zu können, für ihre Mama im Rahmen meiner Möglichkeiten zu sorgen. Soll ich mich mit meinem Gewissen herumschlagen? Niemand ist wirklich schuld, Determination und freier Wille. Eine Erklärung dafür habe ich bis zum heutigen Tag nicht gefunden.

Wenn jeder Mensch seine Bahn hat, die er in diesem Kosmos ziehen muss, dann war die unsere zu unterschiedlich, zu abstrakt. Die Reibung war zu stark. Ich habe den Weg in die Freiheit gewählt und diesen Schritt nie bereut. Trennung und Versöhnung mit der Mutter meiner Kinder, meiner drei Jahrzehnte langen Partnerin, war mein Bestreben. Ich habe es versucht, ob es mir gelungen ist?

Welch kläglicher Versuch zu erklären, wo es nichts zu erklären gibt. Am liebsten würde ich es einfach lassen. Geht nicht, wie ein so langer und wichtiger Teil meiner Lebensgeschichte nicht auf ein Minimum reduziert werden kann.

Meine Zeit beim Heer
Dritte Kompanie Feldjäger

Bedingt durch meinen zweiten Ausbildungsweg (Abendschule), wurde ich erst mit 21 Jahren eingezogen.

Entwürdigend für uns alle war allein schon die Musterung. Da musste man sich vor einer Kommission nackt ausziehen und der Gipfel war, Beuge mit Hinterteil zum Tisch der Herren. Arschbacken auseinander. Offensichtlich wollte man wissen, ob der Rekrutenanwärter Hämorrhoiden hat. Die Frage, ob das ein Hinderungsgrund für den Dienst am Vaterland wäre, blieb unbeantwortet.

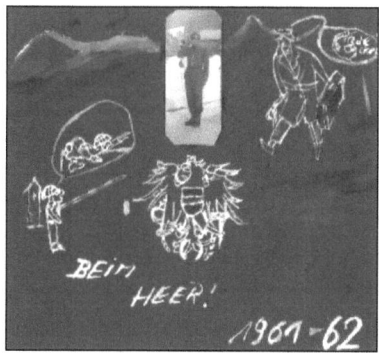

Die erste Enttäuschung war, als im Einberufungsbefehl 3te Kompanie Feldhüttenlager Bleiburg stand. Bis zu diesem Zeitpunkt wusste ich nicht einmal, dass es Bleiburg gab. Also am Arsch der Welt, weit weg von der Wohnadresse, eine umständliche Zugverbindung mit Umsteigen in Klagenfurt. Das war schnell eruiert, die Enttäuschung wurde aber von der Wirklichkeit bei Weitem übertroffen.

Am 1. Oktober 1961 war es dann so weit, Einrückungstermin. Ab nach Bleiburg nahe an der Grenze zum damals kommunistischen Jugoslawien.

Ein denkwürdiger Tag, der mir gut in Erinnerung ist. Die Steirer wurden nach Kärnten geschickt und die Kärntner in die Steiermark.

Am Bahnhof Bruck trafen die Rekruten aus der Unter- und Oststeiermark ein. Bis Judenburg stiegen immer wieder Jungmänner zu. In den Waggons ging es hoch her, Bierflaschen machten ihre Runden. Es wurden Lieder gegrölt, um das mulmige Gefühl nicht hochkommen zu lassen. Einfach Galgenhumor. Je näher wir Bleiburg kamen, umso stiller wurde es im Abteil und diese einkehrende Ruhe war nicht nur dem Biergenuss zuzuschreiben.

Bleiburg in Kärnten an der Koschuta, am Rande der heimischen Flora. Oktober, endlose Bahnfahrt bis Klagenfurt. Von dort ging es mit einem Personenzug, der bei jeder Milchkanne hielt, nach Bleiburg. Die Waggons waren überfüllt. Der Mief schwitzender Männer, die von der Arbeit heimfuhren, wirkte bedrückend. Fast kein deutsches Wort zu hören, es wurde mehrheitlich windisch gesprochen, fremde Heimat.

Eine trostlose Schau, das schmutzige Braun der Büsche und Gräser, eine Landschaft von unendlicher Traurigkeit. Es scheint, als ob die Dunkelheit des Nachthimmels alles Düstere der Umgebung in sich aufnimmt. Endlich am Ziel, ein Bahnhof (für mich immer das Symbol des Abschiednehmens und nie der Wiederkehr) im Dunst des Abendnebels, schemenhaft, erdrückende Melancholie.

Ein unheimliches Gefühl von herzzerreißendem Heimweh erfasst mich, eine unglaubliche Leere wie nach einem dumpfen Glockenschlag, dessen Klang sich in der unendlichen Weite der Nacht verliert.

Da standen die Militär-LKW. Wir wurden verladen und ab ging es ins Feldhüttenlager. Kleine, blassgrün gestrichene Hütten duckten sich wie Käferlarven hinter der hohen Umzäunung. In der Mitte der Exerzierplatz, dann die lang gestreckte Kantinenbaracke, gleich dahinter eine große Wiese.

Die ersten sechs Wochen Grundausbildung, kein Heimaturlaub. Chargen und Unteroffiziere von einer nie erlebten Eingebildetheit. Alles sehr gewöhnungsbedürftig, vor allem bei den

Unteroffizieren waren echte Scharfmacher dabei. Einer der gefürchtetsten war der Schinderhannes. Seines Zeichens Stabswachtmeister, mittelgroß, scharfe, leicht gebogene, kantige Nase und eine Stimme, die einem das Blut in den Adern gefrieren ließ. Der Spieß hieß Germ und der Kompaniechef Hauptmann Luschin, der einzige Lichtblick in der 3ten. Kompanie. Ein schwer gezeichneter väterlicher Kompaniechef. Im Krieg als Kaleu eines U-Bootes verkrüppelt, verletzt, verbrachte er seine Jahre bis zur Pension im Feldhüttenlager Bleiburg an der Koschuta.

Ich wurde zum Soldatenvertreter gewählt, was mir so einiges leichter machte. In dieser Funktion konnte man mit Schinderhannes und Co. einfacher umgehen oder besser gesagt im bescheidenen Maß die Stirn bieten.

Die ersten Wochen kaserniert (heute regt man sich auf, wenn von Asylwerbern Anwesenheitspflicht für eine Woche eingefordert wird), kein Ausgang, langes, anstrengendes Kasernenleben. Bis zum Zapfenstreich ertränkten wir unseren Kummer im Bier. Vier echt beschissene Wochen, ausgeliefert an Unteroffiziere wie Off. Stv. Koppe, der dem Schinderhannes in nichts nachstand. Er hatte sich als Schleifer sicher schon bei der Wehrmacht einen Namen gemacht. Jetzt hatte er wieder sein Betätigungsfeld gefunden, er genoss es und wir Rekruten waren die Leidtragenden. Ein Wachtmeister, wegen seiner feuchten Aussprache nannten wir ihn Spucker, von der B-Gendarmerie übernommen, hatte so sein Gfrett mit der deutschen Sprache. Fallbeispiel, am Südufer des Waldes statt am Südrand … gemma nach hinten und Ähnliches.

Der Spieß hieß Germ und ein Rekrut Warum. Fallstudie: Germ baut sich vor Rekrut Warum auf: „Name!" „Warum, Herr Wachtmeister." Schon etwas lauter: „Ich hab Sie nach Ihrem Namen gefragt." Rekrut brüllt mit voller Lautstärke: „Warum, Herr Wachtmeister!" Germ bekommt einen roten Kopf, da flüstert ihm der Gruppenkdt. ins Ohr: „Herr Wachtmeister, der heißt wirklich so."

Es kommt eben auf die Betonung an und seit damals habe ich mir oft gewünscht, WARUM zu heißen.

Zu Weihnachten wurde wie üblich eine Weihnachtsfeier geplant und ich nutzte die Gelegenheit, in Versform den Vorgesetzten den Spiegel vorzuhalten. Leider ist mir nur ein Vers, den wir in Liedform verpackten, in Erinnerung, welcher lautete:

Der Spieß in der Kaserne erzählt uns dies und das,
zum Putzen ist das Scheißhaus
Das findet keiner klass
Die Anderen gehen ins Wirtshaus, es wär so schön gewesen
doch du kannst dich bewaffnen mit Kübel und mit Besen

Den Rest weiß ich nicht mehr. Ich habe an der Soldatenzeitung mitgewirkt, leider sind mir die Gedichte über Offiziere und Unteroffiziere nicht mehr im Gedächtnis. Von wegen Langzeitgedächtnis und Wichtigkeit.

Mein erster Stern.

Nach der Grundausbildung wurde ich mit weiteren fünf Kameraden zum Chargenkurs nach Klagenfurt in die Lendorf-Kaserne abkommandiert.

Es war schon sehr seltsam, gerade die Kameraden, welche sich in der Grundausbildung am meisten beklagten, waren nun nach der Sternvergabe als Gefreite echte Saukerle. An einen erinnere ich mich besonders gut, er hieß sinnigerweise Sauruck. Als Ausbilder ein Verrückter und der Name passte zu ihm. Er brüllte mit den Neuen herum, führte sich als Schleifer auf und war eine absolute Null, lediglich ein kleiner Sternträger.

Ich habe mit meiner Gruppe gleich zu Beginn Klartext gesprochen. „Meine Herren, im Dienst bin ich der Herr Gefreite, außer Dienst bin ich der Helmut, einer von euch, alles klar? Noch was, Freunde, Feind ist jeder, der mehr Sterne am Spiegel hat als ich", Gelächter. Ja, und so bin ich mit meinen Jungs gut zurechtgekommen. Ein Problem hatte ich allerdings schon. Da war der Simo, ein sogenannter Windischer, gelernter Rauchfangkehrer. Ein netter Kerl, bemüht und angenehm, er lebte allerdings mit der deutschen Sprache, vor allem wenn er nervös war, auf Kriegsfuß.

Wir hatten Gefechtsübung und der Simo war MG-Schütze. Da kam Major Kellner zur Gruppe. Ich machte Meldung, der Major winkte ab und ging zum MG. „Was ist los?", wollte er wissen, „warum feuern Sie nicht?" Simo hob, wie er es gelernt hatte, die rechte Hand und meldete: „Hemmladung, Herr Major." „Was haben Sie?", fauchte der Major. Simo wieder: „Hemmladung, Herr Major." Er brachte es einfach nicht zustande, Ladehemmung zu sagen, und der Major glaubte echt, Rekrut Simo wolle ihn verarschen.

Klar, der Ausbilder musste dann alles ausbaden, und das war ich. Simo war kleinlaut und zerdrückt. Er kam zu mir und hat sich entschuldigt. Ich wusste ja, er hatte es nicht anders gekonnt, die Nerven und die Sprache hatten keine Koordination gefunden. Peinlich wurde die Geschichte mit meinem Simo, als er zu mir kam und mich ersuchte, für seine Angebetete Liebesbriefe zu verfassen. Ich habe für ihn geschrieben, poetisch, glühend, nicht seinem Niveau angepasst und der Schwindel flog auf. Tagelang lief er wie ein geprügelter Hund herum, seine Angebetete hat es ihm nicht verziehen, dass ein Fremder ihr Liebesbriefe schreibt.

Da gab es noch einen, wir nannten ihn Hacky, der Specht. 190 groß, schlaksig, eine lange Hakennase, mit der er ohne Schwierigkeiten stehend in einem Baum übernachten hätte können. Weitere Merkmale: große, abstehende Ohren. Mit Helm ein Bild zum Schreien. Schmales, blasses Gesicht, dann diese Ohren, vom Helm nach unten gedrückt, einfach geil. Wie sollte der arme Hacky von seinen Rekruten ernst genommen werden. So versuchte Hacky dieses Manko durch entsprechend forsches soldatisches Auftreten zu kompensieren, was die Sache aber nur noch verschlimmerte. Hacky hatte mit mir den Chargenkurs gemacht. Ein einfacher Bauernbub mit unglaublichem Allgemeinwissen, aber …

Den absoluten Höhepunkt schaffte er anlässlich des Tages der offenen Tür. Im Keller war ein Raum mit langen Steintrögen, in denen wir unser Geschirr und die Klamotten wuschen. Da uns die Unteroffiziere die Benützung der Duschen untersagten, und Hacky hielt sich daran (ich nie), setzte er sich eben in den Trog, um seinen Familienschmuck zu baden. Nach dem Motto, deinen Hintern wasch mit Sunlicht und alles, was dran rumliegt!

Wow, da hing noch einiges am Specht, wie halt alles am Körper vom Hacky überdimensioniert, so auch sein primäres Geschlechtsmerkmal. Da saß er nackt in der Steinwanne, die Tür ging auf. Der Bataillonschef, der Landeshauptmann, ihre Frauen und all die Ehrengäste drängten in den Raum. Er saß im Trog, der Unglücksrabe, oder besser gesagt der Unglücksspecht. Nackt, wie Gott ihn schuf. Stramm, hoch aufgerichtet, die abstehenden Ohren, und zwischen seinen bleichen, mageren Schenkeln dieses Ungetüm von Penis, saß er da. Ein Bild für Götter, für die Besucher der Kaserne ein unfassbarer Skandal. Die Damen kreischten empört, die hinteren Besucher drängten neugierig nach vorne. Die vorderen versuchten alle auf den Gang hinauszudrücken.

Das gab einen saftigen Rapport für unseren Specht, mit dem Erfolg, dass die Unteroffiziere einen schweren Anschiss bekamen und die Brausen ab sofort für alle zur Verfügung standen. Der Specht wollte so gerne beim Heer bleiben, trotz seiner überdurchschnittlichen Intelligenz, aber wegen seiner unglücklichen Figur war er einfach nicht tragbar. Außerdem hatte er ein Alkoholproblem. Hacky war nach drei Flaschen Bier unzurechnungsfähig, und das zum Gaudium der Rekruten. Im Nachthemd stürmte er auf den Gang, warf sich zu Boden, das Hemd rutschte hoch, sein nackter Arsch freigelegt. Er brüllte: „MG-Feuer von hinten, von links" und imitierte das Rattern eines Maschinengewehrs. Der Korporal vom Tag kam angerast, um ihn mit der Wache abzuführen. Armer Hacky, wer weiß, wohin ihn das Leben verschlagen hat.

Exerzierplatz Lendorfkaserne, und eine Maid wanderte an uns vorbei. Alle Blicke richteten sich auf sie, und wie sie es genoss. Wir kämpften täglich gegen einen gewaltigen Testosteronüberschuss. Wo immer sich ein Weiberrock sehen ließ, begann der Kreislauf zu reagieren. Mittelpunkt unserer Gespräche und Gedanken waren die Mädels. Eines Tages brachte ein Kamerad eine Hochglanzausgabe mit nackten Schönen mit. Ewig lockt das Weib, ästhetisch wunderbare Aufnahmen fernab jeder Pornografie erregten uns und so setzte ein reges Feilschen um die Bilder ein. Die Nackten zierten nun die Innenseite der Spindtür.

Wachtmeister H., ein rotgesichtiger, fetter Wachtmeister, kam herein. „Habt Acht, Spindkontrolle", na dann. Die Spinde wurden geöffnet und das Theater ging los. Der Fettsack führte sich auf, als wollte er sich bei der nächsten Papstwahl bewerben. Jeder musste sein Foto aushändigen, Strafdienst war die Folge. Als ich an der Reihe war, suchte ich verzweifelt (sehr verzweifelt) den Schlüssel zum Spind. Ich konnte ihn einfach nicht finden, da konnte H. noch so heftig schimpfen und poltern. Ich hatte den Schlüssel verlegt. So konnte er mich einfach nicht zum Toilettenputzen oder zum Wacheschieben strafweise einteilen. Als er weg war, sperrte ich den Spind auf, entfernte das Foto und schlenderte lässig zum Wachtmeister. Ich baute mich vor ihm auf, machte Meldung: „Habe den Schlüssel gefunden, Herr Wachtmeister, Spind kann besichtigt werden."

Ich hatte das Gefühl, dass H. jeden Augenblick zerplatzt. Seine Schweinsäuglein wurden noch kleiner und verkniffener, dann schrie er mich an: „Mensch, Leitner, hauen Sie bloß ab, für wie blöd halten Sie mich eigentlich?" Gedanken sind ja nicht einzusehen, aber er hatte richtig kombiniert, ich hielt ihn zwar nicht für blöd, aber für ein echtes Arschloch, das sehr wohl.

Der Zeitpunkt der Abrüstung rückte immer näher. Es war Mai, wieder einmal, Wonnemonat und die Maikäfer flogen. Ein Maikäferjahr, wie ich es noch nie gesehen hatte. Alle Bäume im Areal der Kaserne wurden kahlgefressen. Nie mehr habe ich es erlebt, dass es eine derart gewaltige Käferpopulation gab. Denn von da an ging es bergab und immer weniger dieser schönen braunen Krabbler krochen aus der dunklen, feuchten Erde ans Licht. Wie lange noch werden sie fliegen, damals habe ich mir allerdings noch keine Gedanken darüber gemacht. Ich habe das Lied vor mich hingesummt: „Maikäfer, flieg …"

Was für ein Frühling. Wir hatten vor dem Abrüsten noch eine Nachtübung, da kam keine Freude auf. Wir rückten aus, kein Lüftchen regte sich, ein riesiger Mond kündigte eine silberdurchleuchtete Nacht an. Eine weite Rundsicht öffnete sich, vor uns eine Ebene, dem Mondlicht ausgesetzt. Wir lagen im Schatten der dichten Sträucher in Wartestellung. Genau diese Wiese war beliebter Ausflugsort für verliebte Paare. Da lagen wir in unserer Stellung, sahen, wie ein Scheinwerferpaar im wechselnden Schatten-Lichtspiel durch den Waldweg huschte. Es kam näher, ein Auto fuhr aus dem Schatten des Waldes, querte die Lichtung und stoppte nur einige Meter vor unserer Ausgangsbasis. Ein Pärchen stieg aus dem PKW. Fürsorglich breitete der junge Freier eine Decke im Schatten des Autos aus. Dann ging's los, wir live dabei, Freilichtkino. Alle Kameraden, ohnehin nicht sexuell ausgelastet, lagen da und das Blut pochte nicht nur im Herzen. Jeder in der stillen Hoffnung, wenn nur die Raketen nicht zu bald steigen. Das hieß Angriff, dann war es vorbei mit der Vorstellung, mit dem Spechtln. Keine Ahnung, wie lange wir im Gras lagen, vom Gefühl sicher viel zu kurz, da stieg die Rakete in den silberhellen Nachthimmel. Wir stürmten los, Sprung vorwärts, mit ohrenbetäubendem Schrei über das Pärchen hinweg. Noch heute klingt mir das entsetzte Gekreische der Lady in den Ohren. Diese Geschichte machte am nächsten

Tag in der Kaserne ihre Runde. Das war auch mein Abschied von der Lendorf-Kaserne.

Ende Mai wurde ich wieder zur 3ten Kompanie nach Bleiburg zum Abrüsten überstellt.

Die neun Monate vergingen schneller, als ich es mir hätte träumen lassen. Mein Hauptmann wollte unbedingt, dass ich beim Bundesheer bliebe. Ich spielte auch mit dem Gedanken, die „MILAK" in Wr. Neustadt zu absolvieren, die Offizierslaufbahn einzuschlagen. Es war eine verlockende Überlegung. Aber da war noch der kleine, drahtige Leutnant W., schneidig, ehrgeizig, ein unangenehmer Wicht. Ich hatte mich innerlich eigentlich schon entschieden, okay, ich werde die Offizierslaufbahn einschlagen.

Es waren die verstopften Toiletten, welche meinen Plan, Offizier zu werden, verhinderten. Die Warteschlangen an der einzigen intakten Anlage waren nicht das Meine. So bin ich dem Leichtsinn verfallen und habe halt die Offizierstoilette benutzt, was sprach dagegen? Offensichtlich doch einiges, W., unser Leutnant, ist mir dabei über den Weg gelaufen. Er hat mich so richtig runtergemacht, zur Sau, wie man so schön sagt. Das hat mir gereicht, ich war es mir einfach schuldig, spürte, wie mir das Blut in den Kopf stieg, meine Halsschlagadern zu pochen begannen. Es reichte, ich habe dem mir bis zur Schulter reichenden Leutnant meine Meinung gesagt. „Glauben Herr Leutnant, dass Offiziersscheiße nach Veilchen oder Maiglöckchen duftet?", und einiges mehr. Der Wahnsinnige befahl mich zum Rapport, zum letzten Mal. Das war es dann auch, ich hatte endgültig mit dem Bundesheer gebrochen. Dieser Kastengeist war für mich unerträglich. Bei meiner genetischen Veranlagung wäre es, davon bin ich rückblickend überzeugt, ohnehin ein gewagtes Unternehmen geworden. Ich hatte Obrigkeitsdenken immer gehasst und dabei ist es bis heute geblieben. Ein Unternehmen mit unsicherem Ausgang. Hauptmann L., der Gute, versuchte mich noch umzustimmen, vergebens, ich hatte mich entschieden. Bundesheer ade, neun Monate, eine lehrreiche Zeit, ich bereue sie nicht.

Abrechnung mit den Genossen

Zurück zu Böhler, wieder der altbekannte Trott und mein Ehrgeiz weiterzukommen. Da gab es ein Problem, ich war zwar Mitglied der Sozialistischen Gewerkschaft (ohne Begeisterung), aber noch immer kein Parteimitglied. Ein Zustand, der in einer verstaatlichten Industrie schwer karrierehemmend war.

Der Betriebsrat fragte mich, warum ich noch kein Parteimitglied sei. Mein Antwort: „Ich bin bei der soz. Gewerkschaft, bei der Arbeiterkammer, ich bin rot und wähle rot, warum nur soll ich auch noch zur Partei gehen?" Ich habe mich dem Druck gebeugt, die Schikanen bezüglich beruflichen Weiterkommens waren enorm. Eines habe ich ja nie verstehen können und ich verstehe es auch heute nicht. Warum ist man Zwangsmitglied der Arbeiterkammer und wird dann noch gepresst zur Gewerkschaft zu gehen? In der Verstaatlichten, bei den Bundesbahnen und Post, AK wie ÖGB, tiefrot dominiert.

Betriebliche Strukturen im roten Machtbereich. Ein hochspezialisierter Betrieb, Böhler Apparatebau, der sich unter anderem auch mit der Herstellung von Atomreaktoren befasste.

In dieser Abteilung waren so um die 120 Mitarbeiter beschäftigt. Chef war ein kleiner Dicker, der aussah wie ein Seehund, vor allem der Oberlippenbart verstärkte dieses Bild noch ungemein.

Er residierte in einem komfortablen Büro mit Vorzimmerdame und führte noch die Bezeichnung Oberingenieur.

Im Betrieb an erster Stelle Obermeister V., ein wohlbeleibter, 1,90 großer Mann, erlernter Beruf war nicht bekannt. Seine Hauptaufgabe war es, Passierscheine für Arztbesuche etc. auszustellen. Obermeister wie auch Schichtmeister zu sein erforderte offensichtlich keine entsprechende Qualifikation. Die echten Fachkräfte waren Vorarbeiter und Facharbeiter.

Zwei Schichtmeister rangierten dahinter, wobei vor allem mein spezieller Freund Fischlein angelernte Hilfskraft war, mehr davon gleich.

Die Betriebseinheiten waren in sechs Abteilungen aufgeteilt. Die erste befasste sich primär mit der Herstellung von Wärmeaustauschern und arbeitete im rost- und säuresicheren Stahlbereich. Die zweite stellte in der Hauptsache Lagertanks her, die dritte Panzerwannen, die vierte die Reaktoren für die Atomindustrie, die fünfte war für den unlegierten Bereich spezialisiert und die sechste, zu der ich gehörte, war die Abteilung Schweißtechnik.

Die Vorarbeiter in diesen Abteilungen waren gezwungenermaßen hoch spezialisierte Facharbeiter aus dem Bereich Bau oder Maschinenschlosser. Hier war eine klare Trennung und Einstufung nach Qualifikation Facharbeiter Lohngruppe 6, 7 und 8 gegeben. In der Reihenfolge hieß das, Facharbeiter, qualifizierter Facharbeiter und hochqualifizierter Facharbeiter, entsprechend war auch die Entlohnung.

In der Abteilung für Schweißtechnik sah es dagegen ganz anders aus. Der Vorarbeiter, mit eigenem Büro, angelernte Hilfskraft, war ausschließlich damit beschäftigt, die Schweißer für den jeweiligen Bedarf der Schlosserbereiche einzuteilen. Das war in der Früh vor Schichtbeginn. Dann verbrachte er seine Zeit mit Zeitunglesen und Rundgängen. Am Monatsende war er mit der Abrechnung der Stundensätze beschäftigt. Vom Schweißen hatte er wenig bis keine Ahnung. Die Karriereleiter führte, wie sollte es anders sein, über die Betriebsratstätigkeit. Als Betriebsrat, egal, ob Hilfs- oder Facharbeiter, kam man automatisch in die höchste Lohngruppe. Endete die Tätigkeit als Betriebsrat, blieb dessen ungeachtet die Einstufung erhalten. Also musste man dafür sorgen, diesen Menschen unabhängig von der fachlichen Qualifikation einen entsprechenden Job zu geben, das Mindeste war eben der Vorarbeiter mit Privilegien wie beschrieben. Dann kamen drei weitere Gruppenleiter, ein gelernter Friseur, der zweite kam von der Eisenbahn, angeblich Gleisbau, vom dritten war nur bekannt, dass er eine Null hoch zehn war. Die Gruppenleiter mussten nur die halbe Schichtzeit arbeiten. Die restlichen vier Stunden gingen sie spazieren, soll heißen, sie kontrollierten, ob die Schweißer auch arbeiteten.

Von den Schweißern selbst waren mehr als die Hälfte angelernte Hilfskräfte, die unbeschadet dieser Tatsache in der Lohngruppe 7, also als qualifizierter Facharbeiter, eingestuft waren. Wen wundert es, dass ich, der mit einer Ausbildung, als Absolvent der technisch-gewerblichen Abendschule über die Stufe 6 nicht hinauskam, aufsässig und immer lässiger agierte.

Dazu einige Geschichten. Bruder Manfred schloss als Dreher ab und arbeitete drei Jahre lang in der Hauptwerkstätte als Anreißer. Bekanntlich ist Österreich ja ein Land der Titelsüchtigen und das war Oberingenieur Bartsch, ein kleiner Fettling, die Nase hoch tragend. Bei einem Rundgang kam er auch an der Reißplatte vorbei und wurde von einem Arbeiter mit „Ingenieur Bartsch" angesprochen. „Warum sagen Sie nicht gleich Moritz zu mir?", war seine wütende Reaktion, nur weil er den „Ober" vernachlässigt hatte. Solche Leute hatten in der Verstaatlichten leitende Positionen, mein Bruder und ich, wir waren winzige Rädchen in diesen Betrieben.

Das waren die halb lustigen Seiten eines total verpolitisierten Konzernes. Darüber konnte man noch lachen, aber es gab andere, wirklich geschäftsschädigende Vorkommnisse. Der Konzern hatte neben dem Hütten- und Schmiedebetrieb auch Finalabteilungen. Eine davon für Pressluftwerkzeuge. Als Produktmanager zu meiner Deutschlandzeit wurde ich Mithörer, was da so alles abging.

Bei Pressluftwerkzeugen kam es immer wieder zu Reklamationen bei Feingussteilen. Nach langwierigen Recherchen kam man dahinter, dass es sich bei den immer wieder beanstandeten Teilen um Zukauf handelte. Erschwerend kam noch hinzu, man kaufte von einem Konkurrenz-Betrieb, Atlas Copco, also einer Firma, die selbst Pressluftwerkzeuge herstellte. Ein Teil aber war immer okay und wurde nie beanstandet, und genau dieser einzige Teil wurde von unserer firmeneigenen Feingussabteilung gefertigt. Die Ursache war, der eigene Feinguss war zu teuer, nur bei den kleinen Teilen spielte das offensichtlich keine entscheidende Rolle. Übrigens, später wurde der hochdefizitäre, aber qualitativ hochstehende Betrieb als Schnäppchen verkauft.

Der neue Besitzer hat die Belegschaft um die Hälfte reduziert, um dem Wettbewerb die Stirn bieten zu können.

Der Betrieb existiert heute noch!

Eine andere Situation, ebenfalls ein Spiegelbild der Verstaatlichten, aber mit positivem Ausgang.

Von Deutschland nach Österreich überstellt, kaum ein halbes Jahr wieder in der Heimat, erreichte mich ein Anruf meines ehemaligen Wohnungsnachbarn in München.

Gerd K., selbstständiger Vertreter, teilte mir mit, dass ich innerhalb der nächsten Viertelstunde von einem seiner Kunden angerufen werde. Der Mann fuhr Eisrennen, also mit einer Speedwaymaschine, deren Reifen mit superlangen Spikes bestückt waren. Für seine Motoren benötigte er dringend Titan-Pleuel und genau das war ein Spezialprodukt von Böhler Kapfenberg. Ich war ratlos, was sollte ich schon ausrichten, wenn bereits über Pontius Pilatus bis zur Generaldirektion interveniert worden war. Ergebnis, Lieferzeit nicht unter einem halben Jahr. Kommentar von Gerd K.: „Du schaffst das", und aufgelegt.

Der Eisrennfahrer, ein bodenständiger Bajuware, Inhaber einer BMW-Werkstätte, meldete sich umgehend. Nun, was sollte ich tun? Meine Beteuerungen, dass ich, nachdem ohnehin bereits alle Hebel seinerseits bewegt worden sind, um zu einem kurzfristigen Liefertermin zu kommen, auch nichts erreichen konnte, wurden einfach nicht akzeptiert. Nur um endlich meine Ruhe zu haben, sicherte ich zu, mich dieser Angelegenheit anzunehmen.

Hoffnung machte ich mir keine.

Im Werk gab es in der Arbeitsvorbereitung einen Tausendsassa namens Walter Sch. Es gab ein geflügeltes Wort, wenn man Termin- oder sonstige Probleme mit dem Werk hatte: „Nicht verzagen, Walter fragen." Genau das tat ich dann auch. Er kannte alle und jeden im Werk, von wichtig bis unwichtig. So nebenbei sei noch erwähnt, er war Obmann des örtlichen Eishockey-Vereins mit besten Verbindungen zu den Russen. Daher spielten auch immer wieder Cracks aus der damaligen UDSSR in der Mannschaft.

Ich rief Walter an und schilderte meine Situation. „Kein Problem", stellte er fest, „ich rede mit dem Schmiedechef, wir werden eine Probeschmiedung unter dem Titel Forschung durchführen." In kurzer Zeit rief er mich zurück und teilte mit: „Termin eine Woche, bei Abholung Barzahlung." Mein Bayer war aus dem Häuschen. „Jo, de Esterreicher, es sats a Waunsinn, bei eich geht ois oder oafoch nix, i hob des scho immer gsogt und da Korrz hot a gmoant, i ruf den Leitner au, der schofft des locka." Ja, so war es auch. Den Dienstweg einhalten war der normale Ansatz. Die richtigen Leute kennen führte zur Lösung, scheint der Fall auch noch so aussichtslos. Wieder dazugelernt.

Was gäbe es da noch alles zu berichten, aber ich will es bei diesem einen Fall belassen, da die Frage erlaubt ist, wen die Inkompetenzen heute noch interessieren, oder doch?

Sicher ist die Ursache in der politischen Einmischung zu suchen und zu finden. Zählte doch primär das Parteibuch und nicht die Qualifikation, was allerdings nicht ausschloss, dass es auch kompetente Führungskräfte auf allen Ebenen gab. Die politische Übermacht des Systems erdrückte und unterdrückte jedoch jeden Versuch, positive Änderungen herbeizuführen.

Manfred ging nach einigen Jahren Arbeit bei der Firma wieder zur Schule. Er besuchte die höhere technische Lehranstalt und mir bleib nichts anderes übrig, als meine Weiterbildung in der technisch-gewerblichen Abendschule fortzusetzen.

Fortbildung, Lernen und Arbeiten war für jeden, der es zu mehr bringen wollte, angesagt, wenn man nicht aus begütertem Haus stammte. Ferien für HTL-Schüler gab es nicht oder kaum, da diese genutzt werden mussten, um das nötige Geld zu verdienen. Ja, alle waren aus demselben Holz geschnitzt, welche dieses Land wieder aufbauten. Die Alten und die Jungen, ihnen gebührt Anerkennung, sie und nur sie haben Österreich zu dem gemacht, was es heute ist.

Nebenbei (Schweißtechnik war nicht nur mein Beruf, sondern auch mein Hobby) legte ich alle angebotenen Prüfungen in diesem Fachbereich ab. Technisch Gewerbliche Abendschule, Schweißwerkmeister, Fernlehrgang, es war erschöpfend, aber ich war zäh. Schweißkonstrukteur und Fachmann, Technologe bzw. Schweißfachingenieur im Institut für Schweißtechnik. Am 18. 03. 1971 hatte ich es geschafft, ich hatte die amtliche Bestätigung, ich durfte die Berufsbezeichnung Ingenieur tragen. Über Abendschule, Fernlehrgänge, ein langer und beschwerlicher Weg. Ich war der Experte in Verbindungstechnik, hochqualifiziert, und bin doch im Verkauf gelandet, warum auch nicht.

In memoriam Meister F., Schichtmeister, mit einem Wachauergebiss (lauter Ruinen), war mir besonders zugetan, was auf Gegenseitigkeit beruhte. Seine Spezialität war, sich immer in seinem Büro kurzfristig in Werkstoffkunde einzulesen, um dann vor mehr oder weniger staunenden Mitarbeitern referieren zu können. Wenn Fischlein seinen Vortrag hielt, brauchte man nicht arbeiten, also andächtig zuhören. Sein Bestreben war, das Manko „Ausbildungsstand Hilfsarbeiter" zu verdecken, um seinen „Meister" durch politische Protektion aufpolieren.

Er hatte ja wirklich keine Ahnung. Boshaft brachte ich Fischlein mit gezielten Fragen in Verlegenheit. Wurde er meiner ansichtig, hat er seinen Vortrag sehr schnell abgebrochen und ist in seinem Kämmerlein verschwunden. Ich habe ihn immer wieder zur Weißglut gebracht, er konnte mir aber einfach nicht an.

Da gab es die Tetrapacks, in denen gratis an die Beschäftigten Milch zugeteilt wurde. Die geleerten Packungen eigneten sich vorzüglich als Böller und das ging so. Ein Sauerstoff-Azetylengemisch mit dem Schweißbrenner einfüllen, ein Papierstreifen in die Öffnung eingeführt, angezündet und ab zum Arbeitsplatz. Nach ca. 20 Sekunden ein ohrenbetäubender Knall. Fischlein rast heran, klar, er hatte mich sofort in Verdacht. Diese Knallaktion war streng verboten. Nur ich war an meinem Arbeitsplatz und lächelte ihn süffisant an.

Vor allem bei der Nachmittagsschicht herrschte die Unsitte, dass man bereits 20 Minuten vor Arbeitsschluss die Brausen aufsuchte. Ich ging für den Herrn Meister provokant lässig in Richtung Umkleideraum. Die Tür hatte einige Löcher und durch diese sah ich, wie der F. hurtig antanzte, sich gegenüber der Tür aufstellte, auf seine Uhr schaute und wartete. Nach einigen Minuten marschierte er los zum Umkleideraum in froher Erwartung, mich unter der Dusche anzutreffen. Ich ab durch das Fenster und eilig zu meinem Arbeitsplatz. Wie sollte er mich auch gern haben, ich war permanent im Wickel mit ihm, und immer wieder war er um einiges zu spät dran.

Alle Streiche zu beschreiben würde den Rahmen sprengen und ich meine, er verdient auch gar nicht so viel Aufmerksamkeit. Nur eines noch, ich war damals 19 Jahre, der Fisch so um die 45 herum. Er duzte natürlich die Jungen und erwartete selbstverständlich von ihnen gesiezt zu werden. Nur ich duzte ihn ebenfalls, daran hat er schwer gekaut. Er fauchte mich an: „Haben wir mit einander Sau gehalten?" Ich: „Nicht dass ich wüsste, aber vielleicht warst du vor deinem jetzigen Job Schweinehirt." Er verbat sich zornig das vertrauliche Du. „Kein Problem, Herr Fischlein, ich hab ja nicht damit angefangen, wir können uns ja wieder siezen." Er hat resigniert, ich gebe zu, so war ich damals schon, aber Ordnung muss sein. Ich war ein Bosnigl, aber irgendwie musste man sich gegen diese überhebliche Dummheit doch zur Wehr setzen.

Bei einer Betriebsversammlung wegen Habsburg habe ich mich zu Wort gemeldet, was mir nicht unbedingt gut getan hat.

Die Habsburgfrage war politisches Tagesthema, Streikdrohung, falls Otto von Habsburg einreisen würde. Deswegen wurde im gesamten Werksbereich eine Betriebsversammlung abgehalten. Man muss sich einmal vorstellen, alle Räder standen still nur wegen der Frage, ob Otto von Habsburg mit Familie, alle Inhaber eines österreichischen Passes, wieder in Österreich einreisen dürfen. Ich habe mich mit meinen 19 Jahren erkühnt, das Wort zu ergreifen, und die Frage gestellt, welche Begründung eine Streikdrohung rechtfertigt. Nun, die roten Brüder waren nicht gerade gut auf meinen Auftritt zu sprechen. Ich haderte mit der politischen Situation, Parteibuchwirtschaft, negative Auslese, wohin man sah. Eines konnte ich damals wie heute nicht wirklich nachvollziehen. Warum durfte Otto Habsburg oder besser gesagt von Habsburg nicht in Österreich einreisen? Abgesehen von der Frage der Kriegsschuld war Otto damals ein Kind. Was hatte er also nun wirklich mit all dem Schmarrn zu tun? Sippenhaftung? Das war eben das Demokratieverständnis der roten Bonzen.

Zum roten Bonzentum fällt mir noch eine Geschichte ein. Der Sepp R., Gott hab ihn selig, hat als gelernter Schmied in seiner blauen Montur noch Mitgliedsbeiträge für die SPÖ kassiert. Er wurde Nationalrat, in weiterer Folge AK-Präsident. Absolut beliebt bei der Belegschaft, da er immer als BIG SPENDER auftrat und sich volkstümlich gab, er war es auch. Das hat ihm schließlich aber das Genick gebrochen; man wollte ihm seinen unfreiwilligen Abgang versüßen, er war damit nicht einverstanden und weigerte sich standhaft. Das war es dann, man hat ihn auf eine unschöne Art eliminiert, fertiggemacht.

Bei den Menschen seiner Umgebung war er sehr beliebt, da er immer, wo er auch auftauchte, der Sepp war und so manche Runde spendierte. Er gründete eine Bürgerliste, mit der er bei der Gemeinderatswahl mit Erfolg antrat. Damit hat er seinen ehemaligen Parteigenossen eine ordentliche Retourkutsche gegeben. Seine letzten Jahre verbrachte er hoch verschuldet, krank und verbittert.

Auch so kann eine politische Karriere enden.

Dass die verstaatlichten Betriebe Milliarden verschlangen, war leicht nachvollziehbar und Ausdruck politischer Personalpolitik. Genosse Bruno Pittermann, damals Vizekanzler, kam zu einem Werksbesuch, standen ja Nationalratswahlen ins Haus. Die Auftragslage war zu diesem Zeitpunkt schlecht. Egal, die Frühschicht wurde zu Überstunden verpflichtet, damit der Herr Vizekanzler betriebsame Aktivitäten vorfinden sollte.

Alles musste blitzblank sauber sein. Wir warteten, spielten Karten, unterhielten uns. Super, keine Arbeit, aber Überstunden wurden bezahlt. Endlich gegen 16 Uhr kam er. Aggregate anwerfen und so tun, als ob wir voll in der Arbeit stünden. Einfach lächerlich, wie er durch die Halle ging, einigen die Hand schüttelte und nach fünf Minuten wieder entschwand. Gebracht hat es außer einem entsprechenden Verlust für das Stahlwerk nichts.

Ein weiteres bemerkenswertes Beispiel sozialistischer Wirtschaftspolitik gefällig? Ich war bereits wieder im heimatlichen Konzern, zurück aus Deutschland. Die Auftragslage war wieder einmal zyklisch miserabel. Bisher hatte man das Problem immer mit Durchtauchen bis zum nächsten Aufschwung geregelt. Das kostete zwar jede Menge Geld, weil die Mitarbeiter bei voller Bezahlung zum Nichtstun verurteilt waren. Nun setzte man dem Ganzen noch ein Sahnehäubchen auf. Man verabschiedete hoch qualifizierte Mitarbeiter mit dem sogenannten goldenen Handschlag. Frühpension mit einer Zusatzabfertigung. Dadurch konnte man auf eine geringe Arbeitslosenrate verweisen, man hatte sie ja in die Frühpension verabschiedet. Als circa nach einem Jahr die Konjunktur wieder ansprang, fehlten eben diese hoch spezialisierten Fachkräfte. Unwiederbringlich verloren, ein gewaltiger Schaden für die Firma, aber auch für den Staat. Sozialistische Augenauswischerei zum Schaden der Steuerzahler und die angeblich kompetente Wirtschaftspartei ÖVP hat diesen Irrsinn immer mitgetragen. Ich war hoch spezialisiert, dessen ungeachtet wurde ich nicht höher eingestuft und blieb hinter den angelernten Kräften zurück. Es war für mich klar, nicht die berufliche Qualifikation bringt einen auf der Karriereleiter weiter, auch nicht die Mitgliedschaft bei der roten Gewerkschaft, das war ja grundsätzliche Voraussetzung, nein, man musste Parteimitglied der SPÖ sein. Nicht genug damit, die eigene Meinung musste der Parteilinie angepasst sein. Also war für einen Freigeist wie mich ohnehin Hopfen und Malz verloren.

Bei jedem Versuch, mich zum Eintritt zu bringen, wurde selbstverständlich immer betont: „Nicht dass du meinst, wir wollen dich dazu zwingen." Nein, wirklich nicht? Warum landete ich dann im Versand beim Kistennageln? Das war mein neues Aufgabengebiet. Ich resignierte, gab nach, nicht aus Überzeugung, aber die Vernunft siegte und überwand meine Sturheit. So wurde ich, obwohl ohnehin schon Mitglied der Sozialistischen Gewerkschaft, auch noch Mitglied der SPÖ, freiwillig selbstverständlich, was sonst!

Siehe da, sofort bekam ich wieder zumindest die mir zustehende Arbeit, nur höher eingestuft wurde ich noch immer nicht, na klar, ich war eben nicht wirklich linientreu. So litt ich weiter unter dieser Parteiprotektion und Pression. Die gesamte

Struktur ähnelte sehr stark den ehemaligen sowjetischen USIA-Betrieben, die Partei war alles und dem hatte man sich unterzuordnen. Ich sah nur eine Möglichkeit, es gab keinen anderen Ausweg.

Es dauerte nicht lange, ich entschied mich zu kündigen. Ich warf dem Betriebsrat das Parteibuch vor die Füße und habe ihn angeschrien: „Hier hast du meine Mitgliedschaft, den Sozialismus habt ihr mir hier abgewöhnt, gründlich und endgültig", ich kündigte auf der Stelle. Die Lektion habe ich gelernt, rot mag gut für die Liebe sein, aber sicher nicht für die Politik!

Sie nennen sich „Sozialdemokraten". Solange es noch die „Sozialistische Partei" war, konnte ihr nicht abgesprochen werden, sich für den arbeitenden Menschen eingesetzt zu haben. Geendet hat es aber spätestens, als die Banker, die Nadelstreif-Sozis, das Sagen hatten. Ich denke, auch die „Deutsche Demokratische Republik" hatte es dringend notwendig, sich so zu bezeichnen. Der Verdacht ist nicht unbegründet, wer krampfhaft versucht, sich als sozial und demokratisch zu bezeichnen, hat es sicher notwendig, als Parteinamen sich dieses Mäntelchen umzuhängen, um den Menschen Sand in die Augen zu streuen.

Mit den „Christlich Sozialen" ist es nicht anders. Worthülsen, einlullende Lügensätze und sie leben gut auf Kosten der schwer arbeitenden Menschen.

Ein Paradebeispiel, wie Genossen und deren Gewerkschafter mit Hilfe der Schwarzen Wirtschaftspolitik praktisch umsetzten, möchte ich noch anbringen. Die Erfahrung mit den Schwarzen habe ich ein Jahrzehnt später, als ich von Deutschland wieder in das Mutterwerk nach Österreich kam, gemacht.

Ein Jahrzehnt später, wieder in der Heimat, lernte ich durch meine berufliche Tätigkeit den Inhaber der Hackwerke in Steyr kennen. Unsere geschäftliche Beziehung wurde durch eine echte Männerfreundschaft begleitet und abgelöst. Ing. Josef Joe Hack, ein Messerer vom alten Schrot und Korn, ein Leben für seine Familie und Firma, und nicht zu vergessen die Musik. Wertkonservativ, ein wandelndes Geschichtslexikon, hat mich bis zu seinem Ableben begleitet.

Plötzlich, schlagartig, brachen die Preise, ausgelöst durch Fernost-Importe, ein. Billige Massenware, schön anzusehen, aber qualitativer Schund. Vor allem die Schneidwerkzeuge (Messer) konnten nicht annähernd dem legendären Böhlerstahl K 70 das Wasser reichen. Josef verlor in kurzer Zeit seine Großkunden, über Nacht stand er vor dem Zusperren und mehr als 160 seiner Beschäftigten vor der Kündigung.

In einer beispiellosen Aktion hat er es mit seinen Mitarbeitern geschafft, die Arbeitsvorgänge zu rationalisieren. Die „Eiserne Hand" ersetzte den Messerschmied am Schmiedehammer. Ein ausgeklügeltes System mit Zwischenpuffern in der Fertigungsstraße. Sein Problem war nun, er musste gut die Hälfte der Belegschaft freisetzen. In seiner menschlichen Not fuhr er nach Linz und erbat beim Bischof de facto den Ablass für diese schreckliche „Sozialsünde". Freudestrahlend verkündete er mir: „Wir fahren wieder die dritte Schicht an. Wir haben es geschafft" (er bezog seine Mitarbeiter immer mit ein). Da jeder im Betrieb daran mitgearbeitet hat, konnte auch jede auftretende Störung in Eigenregie behoben werden.

Bei meiner Firma hatte sich sein Schuldenstand auf damals nicht unerhebliche 7 Mio. Schillinge angehäuft und er musste Vormaterial für seine Messerschmiede bestellen. Es gelang mir, meine Firmenleitung zu überzeugen, dass die Hackwerke wieder auf festem Fundament standen. So wurde die Lieferfreigabe wieder erteilt. Der offene Saldo wurde vereinbarungsgemäß bedient und Josef war glücklich. Leider dauerte es nur zwei Jahre und das Unglück brach endgültig über dieses Traditionswerk herein. Seine Hausbank stellte völlig grundlos alle Kredite fällig. Joe fuhr zum schwarzen Landeshauptmann, um eine Landeshaftung zu bekommen, umsonst. Er pilgerte nach Wien zu Kreisky und Benya, vergeblich. Wir saßen in seinem Büro. „Schau aus dem Fenster", forderte er mich auf. „Siehst du den Kastanienbaum? Als ich mit Kreisky und Benya redete, war es genauso, als ob ich es mit diesem Baum getan hätte."

Eine einzige Frage wurde ihm gestellt: „Wie viele Leute haben Sie beschäftigt?" 65. Das war es dann schon. Wegen einer Handvoll Menschen lehnt sich ein Gewerkschafts-Präsident nicht aus dem Fenster und Bruno hatte Wichtigeres zu tun.

Nicht genug damit, in dieser ohnehin so schweren Zeit verlor er durch einen Autounfall seine innig geliebte Frau. Er selbst landete schwer verletzt im Krankenhaus. Zusperren, aus, vorbei, Villa und alles private Vermögen verpfändet, und das knapp nach der 100-Jahrfeier seines Werkes.

Die besondere Tragik bestand aber darin, es war sein Bruder, der den Betrieb abfackeln ließ, er war die treibende Kraft, dass die Bank sämtliche Kredite fällig stellte.

Joe hatte eine interessante Sammlung alter Waffen und nun wurde ein Museum installiert mit drei Mitarbeitern. Wenn ich diese Zeilen schreibe, überkommt mich die blanke Wut über die Geißel „Politiker", und dieser Zustand wird sich bis zum Ende meiner Geschichte noch steigern!

Wie hatte er mich immer genannt, „mein alter Freund", obwohl ich der Jüngere war. Es war eine Auszeichnung für mich, denn unsere Beziehung verdiente das Wort „Freundschaft"!

Meine „Deutschland-Zeit"

Ich habe der Verstaatlichten den Rücken gekehrt, aber ich sollte wiederkommen, nicht als Loser, sondern als Gewinner, davon später.

Meiner Mutter habe ich lange nichts davon gesagt. Sie hat mich wie immer in der Früh geweckt, mir die Jause hergerichtet und ich bin, statt in die Arbeit zu fahren, zu meinem Freund Herbert.

Herbert hatte einen Gartenbaubetrieb und hat mich bei Problemen immer als seinen Gartenbau-Ingenieur vorgestellt, mich, der ich keine Ahnung vom Gartenbau hatte. Machte aber nichts, Herbert war der Fachmann und ich diente der Dekoration. Dass diese Situation kein Dauerzustand bleiben konnte, war mir klar, es musste etwas geschehen. Nach einigen Monaten war es so weit.

Ich habe es durchgezogen und es geschafft, in München beruflich neue Wege zu gehen. Ich wurde bei einer schweißtechnischen Firma technischer Assistent der Verkaufsleitung. Meine Arbeit bestand in der technischen Vertreterschulung und Kundenberatung. Ich war in Deutschland, Italien, Spanien sowie Belgien und Holland unterwegs.

Gleich zum Beginn meiner Tätigkeit wurde ich nach Barcelona zu einer Fachmesse geschickt.

In Straßburg machte ich Zwischenstation in einem Hotel im Zentrum. Als ich am Abend im Restaurant saß, bemühte sich der Ober auffällig um mich. Er sprach perfekt Deutsch. Immer wieder kam er zu mir und fragte, ob alles okay sei. Als ich zahlen wollte, meinte er: „Alles okay, ich habe Sie eingeladen." Gleichzeitig fragte er mich, ob er mir nach seinem Dienstschluss die Stadt zeigen dürfe.

Mir war sehr mulmig zumute, da ich auch merkte, wie einige junge Burschen am Nebentisch tuschelten und immer zu mir hersahen. Ich blickte auf die Uhr, es war noch taghell und in zwei Stunden hatte mein Mann im schwarzen Frack Dienstschluss.

Ich nützte die Zeit und machte noch einen kleinen Rundgang. Dann ging ich auf mein Zimmer, sperrte die Tür zu, verdrehte den Schlüssel und harrte der Dinge. Er kam, zuerst ein leises Klopfen, die Türklinke wurde nach unten gedrückt. Das Klopfen wurde energischer und ich lag da mit pochendem Herzen; ein Schwuler, wie ich es mir gedacht hatte. Endlich gab er auf und entfernte sich wieder, um eine Hoffnung ärmer.

Am nächsten Tag ging es weiter durch die sonnendurchglühte Provence. Die weiten Lavendelfelder mit ihrem betäubenden Duft. Eine verzauberte Landschaft und der Sommer sang sein Lied. Perpignan an der Grenze zu Spanien, zu Füßen der Pyrenäen liegend mit seinen mehr als 100 000 Einwohnern, war mein nächstes Ziel. Ein lohnendes Reiseziel während der ganzen Jahreszeit, es war nicht mehr weit zum Mittelmeer. Ein Traum für viele Sommerurlauber, leider nicht für mich, ich musste eilig nach Barcelona.

Endlich war ich am Ziel meiner Reise, Barcelona, eine der bedeutendsten kulturellen Metropolen Spaniens, Hauptstadt Kataloniens. Nun begann eine drei Tage dauernde aufreibende Tag- und Nachschicht. Der Messestand musste fertig werden, und wer die Mentalität der Spanier kennt, weiß, was sich da so alles abspielte. Aber punktgenau 2 Uhr morgens war es geschafft.

Erschöpft setzte ich mich ins Auto und fuhr zur Herberge. Ich parkte mein Auto und ging zur Unterkunft. Das große Eichentor war verschlossen, ich hatte meinen Schlüssel vergessen. Verdammt, es war 3 Uhr morgens. Ich pochte, lauschte, pochte nochmals, nichts rührte sich. Um 9 Uhr wurde die Messe eröffnet, ich war erschöpft, benötigte unbedingt einige Stunden Schlaf, wie sollte ich sonst diesen langen vor mir liegenden Arbeitstag bewältigen? Ich ging einige Schritte zurück und sah hoch. Die Hausfassade war im barocken Stil erbaut. Da konnte man hochklettern, gedacht, getan. Es ging leicht und rasch, nur lag in den Fugen dick der Staub. Dritter Stock, endlich vor meinem Zimmer. Da kam der nächste Schock, die Fenster waren verschlossen. Vorsichtig stieg ich ein Stockwerk tiefer. Das Zimmer unter dem meinen hatte die Fensterflügel weit offen. Vorsichtig stieg ich über das Fensterbrett. Zum Glück war meine Fassadenkletterei nicht aufgefallen. Mein Herz pochte bis zum Hals. Ich glitt auf den Zimmerboden. Ich hörte ein gleichmäßiges leichtes Schnarchen und sah ein breites Doppelbett. Die Schuhe in der Hand, bewegte ich mich vorsichtig zur Tür. Die Dielen knarrten, Schweiß perlte von meiner Stirn. Da hörte das monotone Schnarchen plötzlich auf. Gebannt sah ich auf die im Bett liegende Person, eine Frau, auch das noch, blitzte es durch mein Gehirn. Die Tür war nur noch einige Meter von mir entfernt. Ein Gähnen, ein Seufzen, unverständlich gemurmelte Worte. Meine Nerven waren zum Zerreißen angespannt. Ich wartete einige Minuten, bis ich mich wieder bewegte. Endlich stand ich vor der Tür, vorsichtig drückte ich die Klinke, zugesperrt. Ich ertastete den Schlüssel und drehte ihn um, geschafft, nichts wie raus. Ich stolperte runter in die Rezeption, holte meinen Zimmerschlüssel vom Haken, ab ins Zimmer. Die Nacht war traumlos und zu kurz.

Es ging los, die Messe wurde eröffnet und ich schüttete Unmengen schwarzen Kaffee in mich hinein. Ein Vertreter unserer spanischen Niederlassung war Wiener. Er war während des Zweiten Weltkrieges bei der Spezialabteilung der Brandenburger gewesen. Der Mann sprach fünf Sprachen perfekt und musste nach dem verlorenen Krieg Deutschland bzw. Österreich schleunigst verlassen. Er hatte eine Spanierin geheiratet und sechs Kinder mit ihr gezeugt. Wir waren uns sympathisch und ich war fasziniert von seinen abenteuerlichen Kriegserlebnissen, die er mir erzählte.

Am Nachbarstand war eine mittelgroße, schwarzhaarige, rassige, süße Spanierin. Maria, sie sah mich so freundlich an und ich nützte die Chance. Franz, mein neuer Freund, dolmetschte für mich. Maria bot mir eine Gauloise, diese entsetzlich starke Zigarette, an. Ich rauchte damals meist meine Smart Export, nahm aber das Angebot an, es wurde mir sauschlecht. Unfassbar, dass dieses zierliche Wesen dieses Kraut ohne einen Huster genussvoll vertrug.

Nun gut, dachte ich, ich werde sie zum Abendessen einladen, nicht heute, ich war einfach zu müde. Ich erklärte Franz mein Vorhaben und er gab mir mild lächelnd zur Antwort: „Lass das lieber sein, mein Freund." Ja, warum denn, die steht doch offensichtlich auf mich? Ich musste mich aufklären lassen. Klar, für eine Spanierin wäre ich eine gute Partie, raus aus der Armut. Klar, sie hatte es auf mich abgesehen. Aber eine Spanierin aus guter Familie darf mit einem Fremden niemals allein ausgehen. Franz klärte mich auf, wenn sie meine Einladung annehmen sollte, könne ich mit Sicherheit davon ausgehen, dass sie mit ihrem Vater oder, falls vorhanden, einem ihrer Brüder antanzen würde. Er sagte mir auch dazu, die Gefahr sei groß, dass man dann davon ausginge, den zukünftigen Schwiegersohn vor sich zu haben. Denn ein deutscher Schwiegersohn (als Österreicher wurde man von den Spaniern mit den Germanen in einen Topf geworfen) war sicher willkommen. So war es dann auch. Maria willigte nur unter dieser Bedingung ein und ich ruderte irritiert zurück.

Vier Wochen Spanien, viel Arbeit, viel Sonne und Abende voll maritimer Schönheit. Ich fuhr nach Messeschluss in Richtung Innenstadt. Barcelona im Abendverkehr ist reine Nervensache. An einer Kreuzung stand ein weiß behelmter Polizist und regelte den Verkehr, und wie er regelte. Es ging weder vor noch zurück. Schweißperlen auf meiner Stirn. Er fuchtelte mit den Armen und beschimpfte mich wild. Ich kochte vor ohnmächtiger Wut, entkam endlich dem Stau und landete nicht weit von der Kreuzung entfernt in einem Lokal, welches sinnigerweise „Alt Heidelberg" hieß. Ich nahm Platz und studierte die Speisekarte, leider alles in Spanisch, nicht einmal Englisch war angeschrieben. Am Nebentisch eine rassige Blonde, parlierte lässig mit dem Ober und bestellte dann im akzentfreien Österreichisch „Bratwurst mit Sauerkraut". Das war die Chance, ich stand auf und ging zu ihrem Tisch. „Verzeihung, aber wie ich höre, sprechen Sie Deutsch, können Sie mir bitte bei der Bestellung helfen?" Berührungsängste hatte ich ja nie und das Anbandeln fiel mir nie schwer. Es war die Gelegenheit, die man nutzen musste, und ich nutzte sie.

Mit einem bezaubernden Lächeln deutete sie auf den leeren Stuhl: „Bitte nehmen Sie Platz." Sie war eine Landsmännin aus Linz und arbeitete bei einer Madrider Firma als Dolmetsch. So begann eine kleine Liebesgeschichte mit traurigem Ausgang. Ich kann nichts dafür, auch sie hieß Ingrid.

Wir unterhielten uns großartig, da kam der kleine Polizist zur Tür herein. Er stellte sich an die Theke und bestellte ein Bier. Ich erzählte Ingrid mein Erlebnis mit dem Kerl und sagte: „Jetzt werde ich ihm meine Meinung sagen." Sie musste mir dolmetschen. Der Polizist drehte sich zu mir. Jetzt fiel mir sein dünner Oberlippenbart auf, er lächelte und ließ mir ausrichten, ich solle ihm nicht böse sein, bei diesem Stress müsse man sich einfach abreagieren, aber er habe es nicht persönlich gemeint und entschuldigte sich für seinen Auftritt. Ob er mich auf ein Bier einladen dürfe. Ich war platt wie ein gestochener Autoreifen. So etwas wäre in Deutschland oder in Österreich nicht möglich, das war eben Spanien.

Nach Dienstschluss war ich mit meiner neuen Eroberung oft unterwegs. Einfach unglaublich angenehm in jeder Beziehung. Ein hübsches junges Mädel, Landsmännin, sprach meinen Dialekt, kannte sich aus mit Land und Leuten. Ehrlich, ich war doch ein Glückspilz, nur die Sache bekam einen Haken, Ingrid war im heiratsfähigen Alter. Spanische Männer waren für eine Mitteleuropäerin oder besser für eine Österreicherin nicht gerade erstrebenswert. Sie hat mir einige Geschichten über spanischen Männerstolz erzählt. Machte sie sich Hoffnung?

Vollmondnacht, wir fuhren mit dem Auto los, landeten an einem traumhaften Aussichtspunkt, rauchten uns eine an und gaben uns träumend diesem unglaublichen Anblick hin. Ein immer heller werdendes phosphoreszierendes Mondlicht warf seinen Strahl auf das ruhig liegende Meer. Wie eine silberne Lanze, sich glitzernd in brillantene Splitter zerteilend, tanzte sie auf der Wasseroberfläche.

Die Mondnacht war so klar, dass die Landschaft in allen Einzelheiten erkennbar war. Mächtige Bäume, die auf der vom Mond beschienenen Seite ganz weiß, auf der Rückseite aber tintenschwarz erschienen. Der schluchzende, flötende Gesang einer Nachtigall, laut schmetternd, dann wieder leise, wohltönend, klagend, voller Gemüt in gewaltiges Crescendo übergehend, voll hinreißender Harmonie. Kleiner, unscheinbarer Vogel, wer hat dich gelehrt so zu singen? Nie wieder habe ich eine Nachtigall singen gehört.

Da tauchte im Rückspiegel der Lichtkegel eines Autos auf, Polizei, Guardia Civil. Das Polizeiauto drehte taktvoll zwei Runden, dann öffnete sich die Tür und ein Polizist kam auf uns zu. In Spanien war es damals streng verboten, sich öffentlich im Auto der Liebe hinzugeben. Nun, wir mussten uns nicht mal anziehen, wir hatten es gar nicht notwendig, im Auto Sex zu machen, aber was half es? Ich trug Ingrid auf, dass sie kein Wort Spanisch versteht und ich sowieso nicht. Der Polist versuchte zu erklären, dass wir wegfahren müssen. Ich widersprach heftig und versuchte ihm klarzumachen, wir bewundern das Meer, genießen den Abend, was ja auch stimmte. Er ließ nicht locker, der jüngere Polizist rief ihm immer wieder etwas zu, was ich natürlich nicht verstehen konnte. Nur meine Begleiterin schüttelte sich jedes Mal vor Lachen. Denken konnte ich es mir, nur ich wollte es schon genau wissen, was das Zwiegespräch in Spanisch bedeutete. Endlich gab der Polizist seine Bemühungen auf und die beiden überließen uns dieser traumhaften Nacht.

Jetzt wollte ich unbedingt wissen, was der Junge dem Alten zugerufen hatte. Sie, meine liebe Freundin, hat jede Übersetzung verweigert mit dem Hinweis, sie könne all das unmöglich übersetzen, und dabei blieb sie.

Eine Woche bevor ich nach München zurück musste, flog Ingrid nach Madrid. Ich brachte sie zum Flughafen, die Stimmung war gedrückt. Sie wollte ihrem Arbeitgeber in Madrid kündigen und nach München nachkommen. Bei ihrer Qualifikation war es sicher kein Problem, eine gut bezahlte Arbeit zu finden. Ich war verliebt in sie, aber ich stand vor meiner Heirat und das musste mir gerade jetzt passieren. Verrückt, aber es hat seine Richtigkeit, ich liebte auch meine damals Verlobte, meine Bärbel, bei allen Zweifeln und Bedenken gegen eine Heirat. Also blieb mir nichts anderes übrig, ich musste ein Geständnis ablegen. Wie sollte ich auch glaubhaft machen, dass ich weder brieflich noch telefonisch zu erreichen wäre? Warum sollte ich ihr verwehren nach München zu kommen? Es war entsetzlich. Da stand sie vor mir, ihre großen hellblauen Augen füllten sich mit Tränen, mir war schrecklich zumute, ein gewaltiger Frosch im Hals, ein hilfloses

Gestammel, kraftlos, mutlos und feige, eine Entscheidung aus dem Bauch zu treffen. Eine letzte Umarmung, wie ich sie spürte, die weichen Konturen ihres Körpers, sie klammerte sich an mir fest, zitterte am ganzen Leib. Ich fand mich unheimlich schlecht. Das war das Ende einer schönen, viel zu kurzen Beziehung, war es Liebe oder nur ihre Schönheit und meine Einsamkeit?

Wieder in München

Es ist eine verdammt lange Strecke zurück nach München. Eine Klimaanlage im Auto war zur damaligen Zeit purer Luxus, wenn es sie überhaupt gab. Sonnendurchglühtes Südfrankreich, eine Landschaft, der Hitze ausgesetzt, die das reifende Korn vergoldete und einen Duft verbreitete, der schon an das frisch gebackene Brot erinnerte. Endlich wieder deutsche Grenze, Deutschland, München. Wir hatten in der Schweiger Straße ein Zimmer im vierten Stock gemietet. Einen schönen großen Tonkrug für meine Verlobte hatte ich glücklich bis ans Ziel gebracht. Stieg aus dem Auto, holte mein Gepäck und auch den schönen Krug, schleppte alles hoch, holte den Zimmerschlüssel aus der Tasche. Patsch, der Krug fiel zu Boden, da lag er, in tausend Scherben verstreut.

Das erste Jahr war spannend, neu und fremd und leider viel, sehr viel Außendienst. Nach dem ersten Jahr kam es knüppeldick, genau zu dem Zeitpunkt, wo ich der Meinung war, das Ärgste sei ausgestanden.

Da Österreich damals kein Mitglied der EU war, musste ich um eine Aufenthalts- und Arbeitsgenehmigung ansuchen. Die Aufenthaltsgenehmigung hatte ich erledigt. Die Arbeitsgenehmigung allerdings sollte von meiner neuen Firma eingereicht werden, und die hatte es verabsäumt. Jetzt hatte ich ein Problem. Ich musste die Arbeitsgenehmigung verlängern lassen. Am Amt wurde mir mitgeteilt, dass ich ein Jahr unerlaubt in der Bundesrepublik gearbeitet hatte, also de facto schwarz gearbeitet hatte.

Die Frist versäumt, so wurde mir der Bescheid erteilt, München innerhalb von vier Wochen zu verlassen. Na dann, die Frau schwanger, Sohnemann auf dem Weg, das Licht der Welt zu erblicken, eine neue Wohnung eingerichtet, alles umsonst. Ich war verzweifelt, es musste etwas geschehen, aber was?

Der Sachbearbeiter, ein junger Schnösel, hat mich eiskalt abgewimmelt. Ich war wütend, ratlos, das Letztere aber nicht allzu lange. Ich machte mich schlau, wer nun der Oberste dieses

Amtes ist, und marschierte los. Eine bildhübsche blonde Sekretärin hörte meinen melodramatischen Vortrag und es war ja auch was dran. Sie war gerührt, Frau schwanger, Existenz bedroht, Ausweisung innerhalb von vier Wochen und ich schien ihr nicht unsympathisch zu sein. Sie verschwand im Chefbüro und kam nach einiger Zeit zurück: „Kummans mit und dazölns dem Chef olles genauso wia mia."

Da saß er nun vor mir, Wagner war sein Name, klein, mit einem Buckel, hinter einem riesigen Schreibtisch. Ich legte los, jeder Italiener, Franzose kann ohne Genehmigung in Deutschland arbeiten. Ich aber, dessen Vater für Führer, Volk und Vaterland gefallen ist (ich verkniff mir nicht den Hinweis, dass ich die ersten fünf Jahre deutscher Staatsbürger war), werde einfach ausgewiesen, nur weil meine Firma diesen Fehler begangen hat. Bin ich in Bayern als Österreicher mit bajuwarischem Ursprung ein Mensch zweiter Ordnung? Jeder nicht Deutsch Sprechende wird bevorzugt. Meine Frau, das Kind unterwegs, die neue Wohnung. Es hat gewirkt, der Kleine mit dem Buckel legte in original Münchnerisch los. „Mit den Esterreichern hot ma nix ois Schereien." Was er sonst noch alles gesagt hat, weiß ich nicht mehr, aber er ließ den Sachbearbeiter kommen und ich hatte meine Arbeitsgenehmigung.

Die hübsche blonde Sekretärin hat mir sehr lange die Hand geschüttelt und mir zu tief in die Augen geschaut. Ich habe sie auf einen Kaffee eingeladen. Sie aber hat gemeint: „Herr Leitner, wenn Sie scho so liab san, daun gema auf a Hoibi (Bier natürlich)."

Im Pschorr-Gastgarten haben wir uns einige Tage später getroffen. Da saßen wir uns gegenüber. Verdammt noch mal, was für eine Frau. Ich 26, verheiratet, Nachwuchs unterwegs und diese Versuchung. Das war wieder so ein Meeting, wo ich mir gedacht habe: „Du hast doch zu früh geheiratet!" Es war nur ein Gedanke, nicht mehr, der Geist hat das Fleisch besiegt. Das Leben ist eine einzige Versuchung, und wie heißt es so schön: „Der Geist ist willig, aber das Fleisch ist schwach." Wenn der Hintergrund harmonisch ist, tut sich der Geist leichter, aber wehe …

Unser erstes Domizil lag nicht weit von der Isar und dem Deutschen Museum entfernt. Mein erster Sommer in München, was für ein Sommer, verregnet, kühl, wie ich ihn zum Glück nie mehr erleben sollte. Carrell sang im Radio: „Wann wird es endlich wieder Sommer …"

Was für eine Zeit, ein Zimmer, Bad und Toilette am Gang, und gekocht haben wir mit einem kleinen EKocher am Boden. D-Mark um D-Mark haben wir zur Seite gelegt, bis wir nach mehr als einem Jahr endlich zu einer Wohnung kamen. Wir zogen nach Garching bei München, richteten nach und nach alles ein und waren zufrieden, aber nur teilweise, denn meine Firma war Stress pur. Meine junge Frau hatte einen Job in meiner Firma bekommen, was zusätzlich erschwerend und nicht unbedingt gut für uns beide war. Ich war berufsbedingt 70 % im Außendienst, sie allein in einer fremden Umgebung. Wenn ich meine Abende irgendwo in Deutschland, Belgien, Holland oder Frankreich in einem Hotelzimmer verbrachte, beneidete ich sie. Bei ihr war es umgekehrt. „Du hast es schön, immer mit Leuten zu tun, Abwechslung usw.", war ihr Vorwurf und ich sah, wie sie unter dem vielen Alleinsein litt. Mir ging es auch nicht gut, wenn ich jeden Abend irgendwo in Deutschland in einem Hotelzimmer saß, am Abend in irgendeiner Kneipe lümmelte und an zu Hause dachte.

Meine Arbeit stand unter keinem guten Stern, und dann noch meine kleine Familie. Ich war ein Zerrissener, wollte beruflich weiterkommen, und meine Familie? Wir hätten eine wirklich glückliche Familie sein können, aber es sollte einfach nicht sein.

Zu meiner Schwiegermutter hatte ich ein sehr gespanntes Verhältnis. Sie lebte noch immer im Wahn, aus besserem Hause zu sein. Ihre Eltern waren eine der begütertsten Familien in der Steiermark. Sägewerk, Wirtshaus, Landwirtschaft und Wald. Zwei Brüder und meine damalige Schwiegermama erbten den Besitz und bis auf einen Erben haben die beiden anderen Geschwister alles verloren. Sie heiratete nach Kärnten, brachte ihren Erbanteil an, und als sie geschieden war, blieb außer zwei Eigentumswohnungen nichts mehr übrig. Ich als Schwiegersohn war nicht die Erfüllung ihrer Hoffnungen. Offensichtlich war ich ihr aus zu einfachen Verhältnissen, was sie mir auch oft genug zu verstehen gab. Sie kam meist unangemeldet auf Besuch. Während ihrer Anwesenheit war die Atmosphäre spannungsgeladen. Klar, das beeinflusste zusätzlich unsere nicht einfache Ehe. Meine Reaktion war einfach ausweichen, nicht zu Hause sein, Auswärtstermine einplanen. Babs nervös, sauer, was zu verstehen war, sie war in diesem Spannungsfeld eingeklemmt.

Wenn Markus in seinem Gitterbettchen schlief, stand ich oft davor und liebkoste mit meinen Blicken sein pausbäckiges, weiches, dicht behaartes Köpfchen. Mein Sohn, wie stolz und hingebungsvoll verliebt ich doch in ihn war. Da hörte ich die Stimme meiner Schwiegermama: „Du ärgerst dich doch nur, weil er dir nicht ähnlich schaut." Wie verklemmt muss ein Mensch sein, der eine solche Aussage von sich gibt? So wurde ich aus meinen Träumen gerissen, meine Schwiegermuter war eben so. Im Grund ein armes, bedauernswertes Wesen, vom Schicksal geschlagen, keine Freunde, aber sie war eben schwierig, sehr schwierig und der Preis war hoch, ihre Einsamkeit.

Der absolute Horror für mich war aber, wenn wir nach Hause in die Steiermark fuhren. Eifersucht pur seitens meiner Schwiegerma, was ihren Enkel betraf. Sie bestand darauf, dass ich bei ihr in Kapfenberg wohnte und vor allem auch das Mittagessen dort einnahm. Wenn ich nach Bruck zu meiner Familie, Mutter und Schwester fuhr, gab es heftige Auseinandersetzungen zwischen Babs und mir: Markus fährt nicht mit. In Bruck ist es zu laut, es zieht, er hat einfach keine Ruhe und einiges mehr. Ich wollte vermeiden, dass die ohnehin angespannte unangenehme Situation eskaliert, und bin allein nach Bruck gefahren. Ich ging den Weg des geringsten Widerstandes und war der Meinung, nur kein zusätzlicher Stress. Falsch gedacht, bei meinen Bruckern war man von mir enttäuscht.

Dort musste ich mir von meiner Schwester anhören, dass unsere Mutter sehr betroffen und traurig sei, dass ich immer ohne ihren Enkel kam. Das Ergebnis, ich musste reagieren und mich einfach durchsetzen. Das brachte es mit sich, dass es bei jeden Besuch immer wiederkehrend Auseinandersetzungen, Tränen und Vorwürfe gab.

Ein unglaublich zwiespältiges Gefühl für mich. Wie gerne fuhr ich in die Heimat, zu meinen Wurzeln. Aber schon bei der

Hinfahrt dieses flaue, unangenehme Gefühl in der Magengegend. Bei der Rückfahrt nach München war die Beziehung zwischen Babs und mir entsprechend gestört.

So hatte ich mir mein Eheleben trotz warnender Vorzeichen nun wirklich nicht vorgestellt. Dazu kam noch mein Brötchengeber, meine Firma, „Gussolit", ein Albtraum. Ein Intrigantenstadel pur, ein Inhaber, komplexbehaftet, Kollegen, welche diese Bezeichnung bis auf wenige Ausnahmen nicht verdienten. Schleimer, Bücklinge und eifrige Zuträger hinauf zum Boss. Nichts blieb ihm verborgen und er war genau der Typ, der es auf diesen Führungsstil angelegt hatte.

Der Chef, Alleininhaber des Betriebes, war Wiener. Wolfgang H., sein rechter Arm, war verstümmelt, er war mittelgroß, unterspickt und hatte eine Fastglatze. War das der Grund seiner komplexhaften, seltsamen Art seinen Angestellten gegenüber?

Normalerweise kam er nie vor 10 Uhr ins Büro. Einzige Ausnahme war der Tag nach einer Firmenfeier oder nach dem gemeinsamen Besuch des Oktoberfestes. Naturgemäß wurde es da immer sehr spät und justament dann war er um Punkt 8 Uhr im Haus, nur um zu sehen, wer heute wohl zu spät zur Arbeit kommt.

Als Verkaufsleiter war ein Norddeutscher aus Bremen eingestellt, der im Hitlerkrieg der Marine gedient hatte. Nicht unsympathisch, groß, graue Schläfen, durchaus ein Frauentyp. Er hatte es auf meine Angetraute, die im Verkauf beschäftigt war, abgesehen. Das war dann auch der Grund, dass er immer mehr dafür sorgte, mich möglichst nur mehr mit Außendienstarbeiten zu betrauen. Er schickte mich auf die Reise, je weiter weg, umso besser. So kam es verstärkt zu verlängerten Wochenenden an der Waterkant oder in Belgien, Holland und Frankreich.

Ungeniert lud er meine Frau ein, ihn auf seiner Dienstreise nach Berlin zu begleiten. Klar hat sie mir das alles erzählt und von diesem Zeitpunkt an war die Beziehung zwischen Brüning und mir eine 500.000-Volt-Hochspannungsleitung.

Ich stellte dem Chef ein Ultimatum, ich kündige oder ich werde ihm persönlich unterstellt. Er stimmte zu, konnte diese

Zusage aber nur einige Monate halten, da die praktische Umsetzung durch seine oft wochenlange Abwesenheit immer mehr in Frage gestellt wurde. Brüning setzte der ganzen Situation noch ein Sahnehäubchen auf, er stellte einen Ungarn namens Nagy ein. Dieser Mann konnte nur sehr schlecht Deutsch, machte sich unglaublich wichtig und schmückte sich fortwährend mit fremden Federn, mit denen seiner Frau, einer Ingenieurin in der schweißtechnischen Anstalt München, und auch mit meinen Ideen und Vorleistungen. Ganz ungeniert, er war fachlich gesehen ein Trottel. Genau diesen Mann hat man mit der Schulung unserer Außendienstmitarbeiter und Kunden betraut, was immer mein Job war. Eine schlichte Katastrophe, er, der nicht einmal die deutsche Sprache halbwegs beherrschte und beruflich auch nicht wirklich das Gelbe vom Ei vorweisen konnte.

Die Mitarbeiter beschwerten sich, vor allem aber die Außendienstmitarbeiter. Seine Schulungen waren ein Desaster, sein Vortrag ein seltsames deutsch-ungarisches Kauderwelsch. Die Situation wurde immer unerträglicher, da kam mir der Zufall zu Hilfe. Der Verkaufsleiter war auf Urlaub und in Italien gab es technische Probleme mit einem Gussolit-Produkt. Die Zentrale in Mailand lehnte N. vehement ab und verlangte, dass ich nach Mailand kommen sollte.

Der Boss und ich fuhren in seinem Porsche Carrera nach Mailand. Bei dieser Gelegenheit konnte endlich die Situation seit Einstellung des N. geklärt werden. Das Endergebnis war dann, dass N. sofort nach unserer Rückkehr gekündigt wurde, er war es nämlich, der die Sache mit Italien technisch verbockt hatte.

B. kam zurück und unsere Beziehung verschlechterte sich dramatisch, da er mich für den Rauswurf seines Günstlings verantwortlich machte, was nicht ganz von der Hand zu weisen war. Aber genau genommen war es gerechte Notwehr.

Dass die Zusammenarbeit mit dem Norddeutschen B. nicht besser wurde, lag auf der Hand. Der Druck gegen mich wurde immer stärker und so musste ich einsehen, es war nur eine Frage der Zeit, wie lange ich unter diesen Umständen durchhalten konnte. Mobbing pur, Falschheiten, Lügen und immer die versteckten Minen.

Markus

Ja, du, mein Erstgeborener. Die Zeit verging mir zu langsam, der Sommer kam und mit ihm der 31. Juli. Ein brütend heißer Tag. Ich war bestens vorbereitet mit behirnter Schwangerschaftsgymnastik. Es war zwei Stunden nach Mitternacht, die ersten Wehen und Bärbel wollte es nicht wahrhaben. Ich rief ihren Arzt an, erklärte die Situation. Der aber blieb cool: „Ihr erstes Kind? Na ja, warten Sie noch ab." Von wegen Abwarten, los, ab zur Klinik nach Schwabing. Da standen wir vor einem großen, verschlossenen Eichentor. Ich läutete ungeduldig. Endlich wurde aufgemacht und wir gingen steril riechende Gänge entlang zur Geburtenabteilung. Als ich der Schwester erklärte, dass ich nicht bei der Geburt dabei sein wolle, erntete ich einen bösen Blick: „Na wenns moanan, daun forns holt wieda hoam", ich fuhr.

Um acht war ich im Büro und rief sofort in der Klink an. Gegen zehn Uhr war es endlich so weit, ein Junge. Ein epochales Erlebnis, zumindest für mich. Wahrscheinlich geht es jedem normalen Vater so. Ich fuhr aufgeregt in die Klinik und sah dich, ja dich, Markus, mein Sohn. Als die Schwester dich am Arm haltend durch das Fenster zeigte, traf mich fast der Schlag. Mein Gott, was war los, das kann doch nicht normal sein? Deine Äuglein verschwollen, der Kopf wie ein Trichter, mit dichten schwarzen Haarlocken bedeckt. Das Gesicht krebsrot. Meine einzige Sorge während der Zeit des Wartens war, egal, ob Bub oder Mädchen, nur gesund sollte es sein und nun dieser Anblick. Also doch nicht perfekt vorbereitet, sonst hätte ich wissen müssen, dass sich der weiche Schädel im Geburtskanal deformiert. Am nächsten Tag war alles wieder gut. Ein schöner, dicht schwarz behaarter Junge mit großen, dunklen Augen. Sollte deine Geburt die Hängebrücke unserer Ehe sein? Die Schwangerschaft, die Geburt die Vertiefung unserer ehelichen Beziehung?

Wir hatten es geschafft, glückliche junge Eltern. Als ich am nächsten Tag wieder in die Klinik kam, deine Mama noch blass und mitgenommen, du an ihrer Seite, habe ich mir vorgenommen: Niemals werde ich euch im Stich lassen, niemals. Mein Herz, meine Seele, alles war so offen im unbeschreibbaren Glücksgefühl. Ich versuchte der jungen Mama durch Taten zu signalisieren, dass ich sie liebe. Vergeblich, krankhaft ihre Eifersucht, ihre andauernden Vorwürfe. „Die Firma ist dir wichtiger als ich, ich bin immer allein mit Markus und du führst ein angenehmes Leben, such dir einen anderen Job!" Sie brauchte mich, was sollte ich tun? Als Alleinverdiener hatte ich die Verantwortung für die Meinen. Klammern, Verdächtigungen und andauernde Vorwürfe trieben mich immer weiter von ihr weg.

In ihrem verzweifelten, verbissenen Kampf, mich zu halten, hat sie ständig fast alles kaputt gemacht, bereits verschorfte Wunden aufgerissen. Wir haben nie in dieselbe Richtung geschaut.

Ich bin, wie ich geschaffen wurde, lebensfroh, optimistisch, auch „Bruder Leichtsinn", der aber nie die Beziehung zur Realität verloren hat. Mein Leben ist vom Augenzwinkern begleitet, der Schalk saß mir oft im Nacken. Aber so war ich schon immer, so hat sie mich kennengelernt und nun wollte sie ständig einen anderen.

Ich denke manchmal zurück, es macht mich traurig. Mit meinen Gedanken bin ich eingeschlafen, habe sie in meinen Träumen gelebt, um mit ihnen wieder aufzuwachen. Sie haben den Horizont gestreift, einen Weg gesucht und sind oft in der Hölle gelandet. Sie sind nie gereift, immer neu erstanden, nie versandet, angebunden an der Last der Gegenwart, ich kann sie im Traum sehen und hören, diese stille Kraft, eingebettet in der Vergangenheit und Gegenwart, aber nicht immer verstehen. Ich habe mein Versprechen zumindest so lange gehalten, bis meine beiden Kinder erwachsen waren.

Jetzt wurde meine psychische Belastung durch die Geburt von Markus schier unerträglich. Die Abwesenheit von zu Hause wurde immer belastender. Vor allem die Wochenenden irgendwo in Norddeutschland, Belgien oder Holland setzten meiner Belastungsfähigkeit immer engere Grenzen. Wenn mein Erstgeborener mir entgegenstrampelte, die Arme ausgebreitet „a Papa" stammelte, steigerte sich meine Zwiespältigkeit ins Unerträgliche.

Dann kam die nächste Überraschung, Babs war wieder in der Hoffnung. Meine Freude fand in ihr kein Echo. Sie war verzweifelt, ich in Hochstimmung, versuchte alles, um sie zu überzeugen, es ist unser Glück. Wir wollten immer zwei Kinder, und nun? Endlose Diskussionen, die ich nie verstehen und nachvollziehen konnte, aber eines war mir nun klar, es musste sich einiges ändern, mehr Zeit für meine Familie, vor allem, wenn wir dann zu viert waren.

Mein Noch-Brötchengeber war ein guter Kunde der Firma, wo ich mit der Lehre begonnen hatte. So kam es wieder zu Kontakten, vor allem mit dem Direktor Dr. M., der für den Bereich Süddeutschland zuständig war.

Er suchte für den schleppenden Umsatz im Segment Schweißzusatzwerkstoffe einen Produktmanager. Ich war technisch und kaufmännisch für ihn der gesuchte Mitarbeiter. So machte er mir ein Angebot, genau zur richtigen Zeit. Nach langen Jahren der Trennung „back to the roots", zurück zu den Wurzeln!

Das war es dann auch. Ich bekam einen Vertrag und auf einen Schlag sogleich um 800 DM mehr Gehalt, das war damals eine Menge Geld, ein Quantensprung!

Hurra, ich habe ein Töchterlein

Dann kamst du, meine süße Tochter Andrea. Ein verwaschener Februartag, wolkenschwer, kühl. Jetzt waren wir zu viert. Ein Pärchen, mein Traum war Realität geworden, wie sehr hatte ich mir ein Mädchen gewünscht, nun war es da.

Nur die kleine Prinzessin machte uns das Leben wahrlich nicht leicht. Wenn Markus sein Bett nur sah, schlief er schon ein. Bei Andrea war es genau umgekehrt. Machte man nur den Versuch, sie vorsichtig hineinzulegen, schon ging es los. Am Arm wiegend in der Wohnung die Runden drehend, bis ihr die Äuglein zufielen. Vorsichtig hin zum Gitterbett, langsam, unendlich langsam hinein mit ihr. Pautz, Augen auf und das Geschrei ging wieder los.

Wir haben uns lange Zeit schwergetan, du und ich, war es nicht so, meine Kleine? Ein talentiertes, sportliches Mädel, Schi fahren, Tennis, aber mit begrenztem Ehrgeiz. Wenn es nicht gleich so lief, wurde alles sofort hingeschmissen.

Was wünscht sich ein Vater denn mehr als eine Tochter, aber irgendetwas war lange Zeit zwischen uns. Immer wenn ich dich in meine Arme nehmen wollte, hast du mich abgelehnt. Dein erster Urlaub, allein mit einer Freundin. Griechenland, erste große Liebe?! Im letzten Jahr deiner Ausbildung. Du wolltest alles hinschmeißen und wir haben geredet und geredet. Ich denke, so hat es dann begonnen, „langsam wochs ma zaumm", war es nicht so?

Wenn ich zu Hause war, habe ich meine Kinder mit Begeisterung umsorgt. Ich denke, ich war ihnen kein schlechter Vater, abgesehen davon, dass ich beruflich nicht immer da war. Ich habe sie gebadet und ins Bett gebracht, Märchen vorgelesen oder erzählt, die Geschichte vom Schrumpelhut und Eierpatz zusammengedichtet. Ich war nicht immer mit voller Konzentration bei der Vorlesung, es kam oft vor, dass ich immer leiser wurde. Ich machte Schluss an einer wenig spannenden Stelle. „Bitte, Papa, weiterlesen", kam es unmissverständlich. Meist ließ ich mich noch zu einer Leseverlängerung überreden. Man soll nicht immer konsequent und unnachgiebig sein, Kinder brauchen es so sehr am Ende eines Tages. Warum nicht den Kindern manchmal auch beibringen, dass sie mit ihrem Wunsch und guten Argumenten die Unnachgiebigkeit des Vaters aufbrechen können?

Es kam immer öfter vor, nach der Geschichte bei ihnen liegen bleiben zu müssen, bis sie eingeschlafen waren. Also Augen zu und tief atmen, aus, ein und hoffend, dass die beiden bald eingeschlafen sind. Ich horchte auf die Atemzüge meiner beiden, sie atmeten schon tiefer und gleichmäßig. Vorsichtig versuchte ich mich langsam aus dem Bett zu rollen. Ich hielt den Atem an, schlich auf Zehenspitzen zur Tür. Kinder scheinen eine eigene Alarmanlage zu haben, wenn man versucht abzuhauen. Vor allem mein Töchterlein war darauf spezialisiert. Sie öffnete die Augen: „Papa, bleib noch ein bisschen." „Ja, aber sei leise, sonst weckst du noch Markus auf." Ich lege mich wieder zu ihr, diesmal ohne Körperkontakt, weit genug weg. Es dauert, endlich war es auch bei ihr so weit, sie war eingeschlafen. Wieder ein Versuch. Vorsichtig ohne Schwung den Oberkörper hochziehend, runter von der Bettkante, auf leisen Sohlen rausgeschlichen. Ich verfeinerte die Methode insofern, als ich einfach langsam von der Bettkante abrollte und mich erst am Boden aufrichtete. Geschafft, jetzt hatten wir Zeit für uns.

Schlafende Kinder haben etwas Engelhaftes an sich, ihre unschuldige Schönheit hat mich immer wieder zum nachdenklichen Betrachten gebracht. Diese friedlichen, sanften, unendlich weichen Gesichter. Wie ein schöner Morgen, der die Wolken vertreibt und Hoffnung erweckt, dessen Liebkosung die Tränen versiegen lässt und Lebenskraft gibt. Schwach und unwissend, warum ist ihnen diese Macht gegeben? Diesen kleinen, unschuldigen, einfachen, reinen, liebevollen, aufrichtigen Geschöpfen. Weil in diesen so unverdorbenen Seelen Gott noch wohnt?

Man ist ohnehin immer der Meinung, die eigenen Kinder sind die schönsten. Man wünscht sich Kinder so sehr, sind sie dann da, ist man froh, wenn sie schlafen. Als sie getrennte Zimmer hatten, musste ich immer die Tür einen Spalt offen lassen, damit das Licht vom Gang hereinfiel. Kinder haben Angst vor der Finsternis, oft auch Alpträume. Vor allem bei Markus haben wir es erlebt, dass er plötzlich heftig zu zucken begann, hochfuhr und entsetzlich zu schreien begann. Licht auf, ihn auf den Arm nehmen, beruhigen. Seine großen dunklen Augen waren weit aufgerissen, er war aber einige Zeit noch irgendwo und reagierte nicht auf seine Umgebung. Ich kann mich erinnern, dass ich als Kind oft Fallträume hatte. Bin abgestürzt, habe körperlich den freien Fall gespürt und bin immer entsetzt aufgewacht. Diese Fallträume haben sich in den Jahren nach und nach gelegt. Angeblich ist das bei Kindern häufig der Fall. Warum macht unser Hirn das mit uns, ist es schon einmal Erlebtes?

Ich erfuhr die Gnade, all das nochmals mit David zu erleben. Dieselben Prozeduren und Abläufe. Reifer, älter und ausgeglichener hatte ich auch mehr Zeit als bei meinen ersten Kindern, sie mögen es mir verzeihen.

Mein neuer Job

Nun war ich näher bei den Meinigen, nicht mehr den Schikanen eines B. ausgeliefert. Leider baute auch dieser Wechsel die steigenden Spannungen zu meiner Angetrauten nicht wirklich ab. Es ging mir aber in allen Belangen besser, vor allem bezogen auf meine wirtschaftliche Situation als Alleinverdiener.

Meine Arbeit war eben keine Büroarbeit, da ich die meiste Zeit bei Kunden, mit den Vertretern oder Technikern verbrachte. Besprechungen im Werk, na ja, und ich war ja nie ein Kind von Traurigkeit. Jetzt konnte ich meinen Beruf zu meiner Lieblingsbeschäftigung machen und ich tat es.

Vor allem aber der gewaltige Stress wie bei meiner vorangegangenen Firma war weg und ich war mehr zu Hause. Früher bin ich in Spitzenzeiten in einer Woche oft an die 7000 Kilometer mit dem Auto gefahren. Haarsträubende Situationen auf der Autobahn erlebt, Sekundenschlaf, und das nicht einmal, aber das Schicksal hatte andere Pläne mit mir.

Es war nach Mitternacht, auf der Heimfahrt nach München. Immer wieder fielen mir die Augen zu. Radio auf volle Lautstärke gedreht, laut singend und johlend, um ja nicht einzuschlafen … Fenster immer wieder runtergekurbelt, den Kopf hinaushaltend in den eisigen Fahrtwind. Die Müdigkeit war stärker, eine Sekunde, zwei Sekunden, einige Zehntel, keine Ahnung. Aber da war auf einmal die Leitschiene, haarscharf vorbeigeschrammt, blitzschnell reagiert. Der Puls schnellt hoch, das Herz rast und für einige Zeit war ich wieder hellwach. Bevor der Morgen sein erstes Wintergrau zaghaft spendete, war ich zu Hause.

Nach einer oder zwei langen, aufreibenden Wochen war mein Gedanke, heim, nichts als heim und dann die Enttäuschung, die bekannten Klagen. Es gibt Stimmungsbilder, die man einfach nicht beschreiben kann.

Das war nun vorbei, alles sollte anders werden, besser, alles wird wieder gut, so dachte ich, das wollte ich. Nicht mehr so lange weg von meiner Familie, mehr Geld, mehr Zeit. Ich habe es nicht geschafft, aber es sollte nicht sein.

Ich war mein eigener Organisator, ich konnte selbstständig arbeiten. Es war meine Entscheidung, ob ich den Flieger oder das Auto benutzte, wohin ich fuhr und wie lange ich blieb, und ich teilte es mir am Anfang immer so ein, dass ich viel Zeit im Großraum München verbringen konnte. Es war eine schöne Zeit, eine Arbeit, die mir echt Freude bereitete. Macht die Arbeit Spaß, dann ist man auch erfolgreich. Es war eine spannende Tätigkeit mit wechselnden Höhepunkten.

Oktoberfest, der Altweibersommer spann seine Fäden, München im September, alles kam, was Rang und Namen hatte, zur Wiesn, zum großen Bierfestival. Die Firma hatte während der ganzen Woche einen Tisch für Geschäftsfreunde reserviert. Es war für normale Besucher unglaublich schwer, in den Bierzelten einen Platz zu finden. Die Woche war ereignisreich, aber auch sehr anstrengend. Ging es doch nach Schließung auf der Wiesn meist noch nach Schwabing in diverse Lokale. Geschäftsfreunde wollten etwas erleben und mussten entsprechend betreut werden.

Ich hatte mir bei einem freundschaftlichen Fußballspiel gegen die BMW-Crew den Knöchel gebrochen, und das mitten im Trubel des Oktoberfestes. So bekam ich einen Gips, setzte mich ins Auto und fuhr auf die Wiesn. Mit einem Gips bis zum Knie ging es relativ gut. Im Zelt war es drückend schwül und somit ein Vorteil für mein frisch gegipstes Bein. Gips trocknen beim Oktoberfest, warum nicht, das Nützliche mit dem Angenehmen verbinden. Da saß ich, Brathendl, Brezel und eine Maß und no oane und no oane. Ich habe es zum Schluss auf sage und schreibe sieben Maß gebracht.

Meine Bärbel, sie machte sich Sorgen, ich war einfach abgetaucht. Die Ärmste telefonierte herum und suchte mich. Beim Arzt bekam sie die Auskunft: „Ja, Ihr Mann ist um 14 Uhr fertig gewesen." Sie machte sich echt Sorgen um mich, ich in meinem jugendlichen Leichtsinn dachte keine Minute daran, dass man sich auch mal über seinen Partner Sorgen machen sollte. Es war Abend geworden, ich fuhr durch die Stadt in Richtung Garching, da tauchte hinter mir eine Polizeistreife auf. Mir wurde heiß und kalt zugleich. Nur nicht auffallen, sonst war der Führerschein passé. Nicht zu schnell, nicht zu langsam, aufpassen auf den Verkehr, nicht über-, aber auch nicht untertreiben. Endlich bog der Polizeiwagen ab. Ich kam zu Hause an, fertig, erschöpft, einfach fett wie eine Ölsardine. Läutete an der Wohnungstür, sie öffnete. Mir ging es wirklich nicht gut. Ich vorbei an ihr, ins Wohnzimmer, warf mich auf die Sitzbank, mir war sauschlecht.

Da stand sie vor mir. Ich hörte sehr weit weg ihre Stimme: „Das geschieht dir recht, das ist die Strafe." Ich erwartete in meiner leidenden Situation Worte des Trostes, wenigstens ein wenig Mitleid, und nun diese Ansage. Es hat mich tief ins Herz getroffen, einmal echt am Boden, und dann noch die verbale Geißelung. Ich habe gelitten, schwer gelitten, benötigte Zuspruch, Trost, und nun das! Was, wenn sie mich liebevoll in die Arme genommen hätte, dem Tauzbenz Zuwendung entgegengebracht und einfach den dummen Jungen gesehen hätte? Mein Schuldgefühl wäre auf- und nicht zugedeckt worden. So habe ich, obwohl eine Krätze, Wut empfunden und keine Reue.

Wie heißt es so schön: „Im Verzeihen des Unverzeihlichen ist der Mensch der göttlichen Liebe am nächsten." Das, was ich an diesem Nachmittag aufgeführt hatte, war durchaus mit liebevoller Nachsicht zu behandeln. Gut, es war nicht in Ordnung, wie ich mich benommen hatte. Hier die Sorge einer Frau, dort Bruder Leichtsinn, aber was wäre daraus alles zu machen gewesen, es lag in ihrer Hand. Ich fett wie eine Ölsardine, mir ist so schlecht, und dort meine Angetraute, „es geschieht dir recht". Ein Abgrund hat sich aufgetan. So unverzeihlich war meine Aktion doch auch wieder nicht. Warum nur können die meisten Frauen sich diesen Spruch nicht zu Herzen nehmen? Ja, ich habe es tatsächlich so empfunden, in diesem Zustand, überlaufend vor Selbstmitleid.

Mit Abstand betrachtet wäre vieles anders gelaufen, wenn nicht immer das Misstrauen, Nachspionieren, Verletztsein Mittelpunkt unserer Beziehung gewesen wäre.

Wie arm wir doch waren.

1970 auf da Wiesn, links vorne ich und Bärbel.

Ja, das waren Feste, Wiesengaudi jeden Tag. Der im Hintergrund mit dem Schnauzbärtchen, Egon M., war Stadtvertreter in München. Für ihn war es eine brutale Zeit, da er jeden Tag anwesend sein musste. Der Feiste mit den Augengläsern, Werner P., Verkaufsbüro-Leiter in München, mit einer Maß in der Hand, na dann prost!

Um zehn war Schluss, die Festzelte leerten sich und wir zogen in Richtung Schwabing. Oft dauerte es, bis der Morgen sein zaghaftes, immer lichter werdendes Grau über München ausbreitete.

Münchner Biergärten, ihre Anziehungskraft war vor allem bei schönem Wetter bekannt und gehörte zu München wie die Frauenkirche und das Deutsche Museum.

Was haben wir alles erlebt unter schattigen Kastanienbäumen, der Josef Peppi F., der Egon M., meine Münchner Kollegen. Einmal fuhren wir mit dem Chef, Dr. M., im Dienstwagen von Düsseldorf nach München. Wir kehrten in ein Wiesnfest ein, jeder bestellte sich eine Maß, nur der Chauffeur, na klar, verlangte ein Seidl Bier. Die Kellnerin sah ihn entsetzt an und sagte: „Schamst di gor nit?" Das kann einem nur in Bayern passieren.

Wir lernten Mädels kennen, ich hatte mir bei allem Leichtsinn fest vorgenommen, niemals eine feste Freundin, das bringt unglaublichen Kummer für alle Seiten. Da gab es einige Beispiele im Dunstkreis der Mitarbeiter, nein, das wollte ich mir niemals antun. Ich dachte richtig, wie es sich später herausstellen sollte. Noch habe ich mich daran gehalten, trotzdem, es war eine starke, wilde Zeit, ich habe fast nichts ausgelassen.

Herr über den eigenen Dienstplan zu sein machte es möglich, auch tagsüber mal Tennis zu spielen oder in die Sauna zu gehen, vorher Tennis und dann ab in die Sauna. Die Inhaberin, ein fesche, nicht zu verachtende Frau knapp an die 30 Jahre, war immer erfreut, wenn wir aufkreuzten. Mit wir meine ich den Schweißtechniker Peppi F., ein Endlos-Witzerzähler. Mein Josef Peppi Feiertag, der mir in meiner Lehrzeit gedroht hat, zum Chef zu gehen. Wie sich die Zeit geändert hat. Waren wir da, gab es immer eine echte Gaudi und der Peppi ließ den Schmäh rennen.

Er nicht sehr groß, kleiner, runder Kopf, sehr hohe Stirn und die rechte Kopfseite mit überlangen Haaren kühn über die kahle Seite gescheitelt. Überhaupt erinnerte er an ein Fröschlein, was den Kopf anbelangte. Seine Augen, die Stupsnase und der etwas breite Mund. Konträr sein übriger Körper, der mit einer starken Behaarung aufzeigte, und so gar nicht dazu passend die stark proportionierten Oberschenkel.

Die Lady ließ es sich nicht nehmen, uns hin und wieder im Schwitzkasten zu besuchen. Da saßen wir, nackt, schweißtriefend, und sie vor uns. Ungeniert stellte sie einen Fuß auf die unterste Bank, der Rock, ohnehin nicht sehr lang, rutschte hoch. Das Dreieck, Ziel jeglicher männlicher Begierde, weiß, rot, pink, auch mal schwarz oder zart transparent beslipt, sorgte jedes Mal für einen starken Testosteronschub bei uns Saunisten. Trotz der Hitze kam Bewegung zwischen den Oberschenkeln auf. Ja, es stimmt, sie hatte sicher ihren Spaß daran, sie wusste genau, was da abging. Allerdings war ihr Auftritt temperaturabhängig zeitlich stark eingeschränkt. Wäre sie nackt unter uns gesessen, hätte es kaum jemand wirklich erregt, so aber ist es in der geheimnisvollen Welt der Sexualhormone. Ein wirkliches Auskennen gibt es nicht, wie auch?

Eines Tages bot sie uns einen Zusatzservice für eine Ganzkörpermassage um 10 DM an. „Meine Herren, das dürft ihr euch nicht entgehen lassen." Na dann. Sie hatte eine junge Asiatin angestellt, die sich um die verspannten Männerkörper kümmerte. Ich habe mich nur auf Drängen vom Peppi entschlossen, diese Serviceleistung in Anspruch zu nehmen, aber nur ein einziges Mal und das kam so.

Nach der abkühlenden Ruhepause marschierte ich in den kleinen, blitzsauberen, ganz in Weiß gehaltenen Massagesalon. Eine zierliche, kleine, ebenfalls ganz in Weiß gekleidete Maid empfing mich sehr freundlich. Ich mit umgebundenem Handtuch wollte mich in dieser Adjustierung auf die Liege werfen: „Nikt so, Herr, danz ausin sons nickt gut Massage", flötete die Kleine. Na bumm, also dann, ist eh egal, wenn schon, denn schon. Da lag ich nun, ausgeliefert, meine Kehrseite den zarten knetenden Händen hingebend. Konzentriert starrte ich auf den grauen Fliesenboden, es half allerdings nur bedingt.

So weit, so gut, das Problem wurde virulenter, als sie mich aufforderte, meine Frontseite zu offerieren. Sie massierte, streichelte und knetete und ich spürte, wie meine Hormone verrückt zu spielen begannen. Verdammt, nur das nicht, alle Konzentration auf die verrücktesten Dinge, nur nicht auf das die Menschheit am meisten Bewegende. Von wegen entspannende Massage, meine Muskeln, mein ganzer Corpus begann sich zu spannen, besser gesagt zu verspannen. Meine Gedanken rotierten wie ein Brummkreisel. Mein Familienschmuck kam in Bewegung. Nein danke, nie wieder werde ich mich unter dieser Voraussetzung weiblichen Händen ausliefern. Ich schleppte mich verzogen, gebeugt in den Umkleideraum, dort wartete schon der Peppi. Ihm hatte es gefallen, „saugeil", war sein grinsender Kommentar. Bei jedem Saunabesuch war für Josef die anschließende Behandlung inkludiert.

Es kam auch mal vor, dass er im Büro angerufen wurde. Er meldete sich mit seinem Namen und seiner nicht unbedingt männlichen Stimme: „Kann ich bitte Ihren Mann sprechen?", „Ist am Apparat", seine Antwort. „Nein, Frau F., Ihren Mann bitte!" Stark erregt Peppi F.: „Am Apparat spricht ja …" Solche allerdings seltenen Vorfälle waren Anlass größter Heiterkeit im Büro.

Der Büroleiter, ein Zwei-Meter-Kerl von einem Mann, hatte ein Problem, er vertrug keinen Alk, unglaublich, aber wahr. Nach einigen Maß des edlen Gebräus war seine Persönlichkeitsstruktur zerstört, er hatte sich nicht mehr unter Kontrolle. Das war vor allem zur Zeit des Oktoberfestes ein Problem für sämtliche Mitarbeiter. Abschirmungsbemühungen schlugen in der Regel fehl und so kam es, dass am nächsten Vormittag seine erste zaghafte Frage war: „Habe ich jemanden beleidigt?"

Er hatte, nun ging die Telefoniererei los, bei den Betroffenen wurden Entschuldigungen nachgereicht. Da es sich ausschließlich um Frauen handelte, war die Situation besonders peinlich. Seltsam, wie Alkohohl unterschiedlich auf die Persönlichkeitsstruktur von Menschen einwirkt. Einer wird aggressiv, der andere verblödet oder beweint sich oder weiß nicht, was er tut. Was für ein Glück für mich, ich neige mit zunehmendem Alkgenuss zur Schläfrigkeit.

Ein bisschen bi schadet nie?

Sehr oft hatte ich naturgemäß auch in der Verkaufsniederlassung Nürnberg zu tun.

Peppi F. und ich durchstreiften häufig, zu häufig die diversen Lokale. Es war im „anno domini" an einem angenehmen Sommerabend.

Die halbkreisförmige Bar war voll besetzt. Alles interessante Leute, Vertreter, Geschäftsleute und vor allem auch Mädels, Verkäuferinnen vom nahen Hertie. Da stand sie neben mir, schlank, rassig, beste Proportionen, sie passte haarscharf in mein Beuteschema. Sie hieß Karen, ihre Mutter war Kroatin, der Vater Amerikaner. Wie es so geht, wir kamen ins Gespräch und fanden Gefallen aneinander. So landete ich in ihrem Appartement. Sie bewohnte es gemeinsam mit einer Freundin, die einige Tage nicht anwesend war. Ich übernachtete bei ihr, aber die rassige junge Lady entpuppte sich als unglaublich passive Bettgefährtin. Eine seltsame Liebesnacht, absolut kein Licht. Um es auf den Punkt zu bringen, sie ließ sich bedienen und genoss es. Nicht einmal mein Familienschmuck weckte ihr Interesse. Einfach nur Mittel zum Zweck, wenn sie nur nicht so rassig und hübsch gewesen wäre.

Eine neue Erfahrung, okay, dachte ich, das wird sich schon noch in die richtige Bahn lenken lassen. Falsch gedacht, wie sich bald herausstellen würde.

Einmal nahm ich sie auf eine kurze Dienstreise mit. Da platzte mir dann doch der Kragen. Verdammt noch mal, warum lag sie da und ließ sich bedienen, ohne auch nur den Finger zu rühren? Sie blieb aber nicht kalt. Ich wurde wütend und unangenehm. Da gestand sie weinend, dass sie ein Verhältnis mit ihrer Freundin hatte. Eine Lesbe, na großartig, aber warum machte sie dann dieses Spiel mit mir? Sie erklärte, ein nackter Mann interessiere sie nicht und angreifen, aktiv werden, nein, sie konnte es nicht. Aber hin und wieder auch einen „Echten" zu spüren ist eine andere Sache.

Ich verstand mich mit ihr ausgezeichnet und, wie schon gesagt, sie war umwerfend hübsch, eine Schönheit. So entschied ich, die Flinte nicht so rasch ins Korn zu werfen, und damit meine ich schon die richtige. Vielleicht gelang es mir doch noch, sie zumindest teilweise umzudrehen. Wie falsch gedacht und unsere Beziehung dauerte nicht mehr lange.

Ich kreuzte wieder einmal bei ihr auf, läutete und läutete, endlich hörte ich Schritte. Die Tür ging auf, vor mir stand eine schöne Blonde. „Karen ist noch nicht zu Hause", meinte sie, „aber wenn Sie wollen, können Sie gerne bei mir auf sie warten." Wenn das kein Vorschlag war, einfach kein Grund ihn abzulehnen. Sie bot mir einen Drink an und noch einen und noch einen. Dann kam ihre Frage, ob ich denn nicht wüsste, dass Karen mit ihrer Freundin intim zusammenlebt. Ich stellte mich ein wenig doof, na ja, seltsam fand ich ihr Verhalten schon, log ich, aber Lesbe, nein, das war mir neu. „Na, dann ist sie halt bi", sagte meine neue Bekanntschaft und lachte.

Der Alk, die Stimmung, langer Rede kurzer Sinn, wir kamen uns näher und näher. Die scheinbar kühle Blonde aus Hamburg war keine Kühle aus dem Norden, sie übernahm die Initiative. Ich war am Anfang zu nervös, um so richtig aktiv zu werden. Ich dachte an Karen, es war zu erwarten, dass sie jeden Augenblick heimkommen würde. Mein PKW stand vor dem Haus und sie konnte sich denken, wo ich war.

Ich ließ mich fallen, verlor die Übersicht, endlich wieder einmal eine junge Lady, die hetero war. Es ging nicht unbedingt leise zu, was meine nordische Palme und mich betraf, das Unheil nahte.

Es klopfte an der Tür, Kerstin warf sich etwas über und öffnete. Ich wollte es verhindern, aber sie war schneller, und das mit Absicht. Typisch Frau, meine Neue legte es auf eine Konfrontation mit meiner Lesbe an. Karen erfasste die Situation blitzschnell und das Theater war programmiert. Drei Laiendarsteller, zwei Frauen und meine „Wenigkeit". Prädikat „nicht hörens- und sehenswert" und so endete mein erster und einziger Versuch, eine Lesbe wieder der Männerwelt näher zu bringen, mit einem negativen Befund. Allerdings wollte Karen unsere Beziehung dessen ungeachtet aufrechterhalten. Mir war aber die Lust vergangen, ich blieb bei blond, zumindest für einige Zeit.

Dummheit
der anderen Dimension

Aber es gab auch andere, weit ernstere, ja lebensbedrohende Dummheiten, die meine damalige Zeit begleiteten.

Noch heute erinnere ich mich an einen schönen Wintertag in Berchtesgaden. Das Verkaufsbüro hatte zu einem Schiausflug (heute würde man Schi opening sagen) geladen.

Ich hatte damals einfach zu viel getrunken, ich war eine Sardine in Öl, einfach fett, und setzte mich ins Auto. Die Straße bis zur Autobahn war teilweise schneeglatt bis eisig und ich bin tief geflogen. Noch heute bekomme ich Gänsehaut über meine damalige unglaubliche Blödheit. Meist bin ich aus den Kurven mit dem Heck herausgekommen. Ich kam heil nach Hause, alles ist wie in einem Film abgelaufen. Wäre es mein Schicksal gewesen, querschnittsgelähmt, tot? Einen Unschuldigen mitgerissen?

Oder Autobahn Düsseldorf-München. Freitagnachmittag, starker Verkehr. Ich fuhr volles Rohr auf der Überholspur. Rechts eine endlose Kolonne, dicht aufgeschlossen. Auf einmal wechselte ein dreiachsiger Militärlaster seine Spur. Er kommt immer näher, droht mich an die Leitschiene zu drücken, ich war in einer schrecklichen Lage. Da half weder Bremsen noch Gas geben. In meiner Verzweiflung drückte ich auf die Hupe. Meine Gedanken überschlugen sich, aus, vorbei. Ich empfand keine Angst, nur eine seltsame Traurigkeit und Resignation kam über mich. Meine Vergangenheit lief wie ein Film in Bruchteilen von Sekunden geistig vor mir ab. Es trennten mich nur noch einige Millimeter vom Dreiachser und der Leitschiene. Mein Stoßgebet: „Jesus, hilf!" Der Fahrer reagierte, das Leben hatte mich wieder.

Dieses Erlebnis hat mich nachdenklich gestimmt. Ich war so fern davon, „an einen Gott zu glauben", hatte schon lange keine Session mit der schweigenden Gottheit gehabt. Und jetzt das, in größter Bedrohung, in meiner Todesangst bin ich in die Knie gegangen. Was war ich doch für ein Feigling! Ich, der angebliche Atheist oder Agnostiker, so genau wusste ich es ja selbst nicht.

Ich hatte noch viele gefährliche Situationen auf meinen Fahrten durch die deutschen Lande erlebt. Sekundenschlaf, schleudernde Fahrzeuge auf schneebedeckten Straßen. Ein Ereignis sehe ich noch vor mir, der Absturz einer Linienmaschine, voll besetzt mit Urlaubern.

Der Tod auf der Autobahn

Endlich Freitag, ich freute mich schon auf meine Familie und fuhr mit hoher Geschwindigkeit von Augsburg nach München. Da sah ich von rechts kommend ein Flugzeug. Ich wunderte mich, dass die Maschine so tief flog. Eine lang gezogene Kurve, Sträucher und Bäume versperrten die Sicht. Als ich auf die Gerade kam, packte mich blankes Entsetzen. Brutal bremste ich mein Auto ab, rauchende Trümmer und Wrackteile lagen auf der Fahrbahn. Ich stoppte, stieg aus und ging die Leitschiene entlang. Grauenhaft, da lag ein abgetrennter Arm, ein Torso, der Kopf daneben. Neben der Autobahn ein Hopfenfeld, niedergemäht, mit Trümmern und Leichenteilen übersät. Da lagen offene Taschen, Geldbörsen, Geldscheine und diese entstellten Körper herum.

Hier war jede Hilfe umsonst, ich wusste, was nun folgen würde. Totalsperre der Autobahn, stundenlanges Warten und ich wollte nach Hause. Nichts wie weg, bevor die Polizei kam, runter von der Autobahn, über eine Wiese zu einem Feldweg.

Die Abendnachrichten brachten die ersten Aufnahmen vom Absturz der „British Eagle"! Mir ging es schlecht, sehr schlecht. Die erste und hoffentlich letzte Konfrontation mit entstellten Leichen. Wäre ich nur eine halbe Minute schneller gewesen, hätte mich das Flugzeug voll erwischt.

Es stellt sich wieder die Frage: Schicksal, alles vorgegeben? Ich denke schon, weil mir dazu eine traurige Geschichte einfällt.

Ein Bekannter hat in München bei einer Baufirma gearbeitet. Er fuhr einmal im Monat bei jedem Wetter nach Hause. Vier Jahre ist alles gut gegangen, dann war es so weit. Er war wieder einmal bei seiner Mutter zu Hause und lag schon im Bett. Auf einmal stand er auf, sagte zu ihr: „Ich hol mir noch schnell Zigaretten." Fünf Minuten später war er tot. Aus der Kurve geflogen, in einen Baum gerast und das war es dann. Stocknüchtern, nicht übermüdet, aber seine Zeit war aus.

Sind wir nur bedingt unseres Schicksals Schmied, sind wir das? Ich denke schon. Schule Leben, mit allen Nuancen, Höhen und Tiefen. Erfahrungen, Enttäuschungen, Selbstüberschätzung. Mit dreißig Jahren fühlt man sich fast unsterblich, was sollte einem schon passieren, sind ja genug andere da, warum gerade ich. Ich hatte immer Glück gehabt, ist es wirklich Glück? Determination und Freiheit. Kausalität, Zufall, Vorsehung …

Kann man eine Verbrennung meiden, ohne sich je verbrannt zu haben!

Wieder der Gedanke, hier Schicksal und da eigener Wille und alles geschieht so, wie es geschehen muss?! Dein Wille geschehe …

Die Heimat ruft

Ich bekam das Angebot, innerhalb des Konzerns wieder nach Österreich zu wechseln. Meine Angetraute war sogleich Feuer und Flamme, mein Chef, Dr. M., war sauer auf mich, als ich zustimmte. Aber es war einfach zu verlockend, wieder in der Heimat tätig zu sein. Da war auch noch meine gesegnete Mutter, meine Schwester mit Familie.

Meinen Abschied feierte ich mit dem Verkaufsteam München im Schwabinger Gaslight.

Der Abend war schon fortgeschritten, die Stimmung am Höhepunkt. Ich bemerkte einige Tische weiter zwei Damen mit einem Herrn. Der Mann, eigentlich ein Männchen, mit Glatze, dicken Brillen und einer Hakennase, passte so gar nicht zu seinen Begleiterinnen. Die eine leicht mollig, schwarze, schulterlange Haare, roter Mini, rote, enge Bluse, die von üppigen Brüsten auf ihre Gewebefestigkeit geprüft wurde. Die andere zierlich, fast zu schmal, blass, semmelblonde Haare.

Auf einmal stand die Schwarze vor unserem Tisch und forderte mich zum Tanzen auf. Ich war schmähstad, trottete mit ihr auf die Tanzfläche. Ich spürte ihren Körper, ihren Schritt, ihre mächtigen Brüste. Die Mädels an meinem Tisch steckten die Köpfe zusammen, die Männer machten eindeutige Handbewegungen in unsere Richtung. Dann kam es, die schwarze Lady machte mir ungeniert das Angebot: „Was ist, junger Mann, möchtest du nicht mal mit zwei Mädels?" Mir verschlug es die Sprache. Wo sind die Männer, die nicht schon solche Gedanken geträumt haben? Ich war fassungslos, stotterte offensichtlich blöd herum, so genau weiß ich nicht mehr, was ich alles gesagt habe. Auf meine Frage, was sie mit ihrem männlichen Begleiter machen wird, meinte sie geringschätzig: „Den, den schicken wir heim, was soll es!"

Ich war dermaßen ratlos, das Wollen rang mit der Unmöglichkeit, vor meinen Kolleginnen und Kollegen als Gastgeber einfach abzutauchen. Ich war Gastgeber, mein Abschied aus München.

Das Ende der Geschichte klingt mir heute noch im Ohr. Die Schwarze holte mich noch einmal zum Tanz. „Nun, was ist?" Ich sagte mit heiserer Stimme: „Es geht nicht, leider, bin schon vergeben." Jetzt kam es im breiten Münchnerisch mit rauchigem Tonfall: „Du bist a echts Oarschloch", dann ließ sie mich einfach auf dem Tanzboden stehen.

Über die daraufhin einsetzende Diskussion mit meinen Freunden verweigerte ich jegliche Auskunft, sie wäre peinlich genug gewesen.

Es ging zurück in die Heimat, Übersiedlungsstress, Garching, München ade. Wer in dieser Stadt gelebt hat, kann sie nicht so leicht vergessen.

Die Firma hat die Kosten für den Umzug übernommen. Die Wohnung musste geräumt werden. Alles verpackt. Tapeten runter, neu geweißelt. Um die Kaution wiederzubekommen, musste der Einzugszustand wieder hergestellt werden, nur dann bekam man logischerweise die Kaution zurück, wir brauchten jede Mark.

Bevor ich meinen neuen Vertrag unterschrieb, gab es noch einigen Stress mit der Firmenleitung in Wien. Man wollte sich auf einmal nicht mehr an die mündlich getroffene Vereinbarung halten. Der damalige Generaldirektor war ÖVPler. Sein Stellvertreter und die Leitung der Personalabteilung mit Genossen besetzt. Der ehemalige rote Zentralbetriebsrat war Vorstandsdirektor und ich politisch ein unbeschriebenes Blatt.

Ich hatte mein Zelt in München abgebrochen, so musste ich wohl oder übel einem Kompromiss zustimmen. Ich bekam weniger Geld und wieder war es die Politik, waren es die Genossen in der Führungsetage, die mir in die Suppe gespuckt hatten.

Es wurde bekannt, dass ich der ÖVP nahestand. Das hat mir nichts genutzt, obwohl der Generaldirektor dieser Partei angehörte. Die Schwarzen rührten kein Ohrwaschl, mein Zähneknirschen hat nur den Zähnen geschadet. Egal, es war ein neuer, geiler Job, den ich sorgenfrei bis zu meiner Pension ausführen hätte können.

Mostviertel

Ich fuhr voraus nach Böhlerwerk, wo wir das neue Domizil bezogen. Wunderbare neue Heimat, Waidhofen/Ybbs, Statutarstadt. Das smaragdgrüne Wasser der Ybbs, das Mostviertel mit seiner sanften Hügellandschaft. Gegen das Steirische zu das Hochkar, der Ötscher, südwestlich die Gipfel der Kalkalpen. Eine Gegend wie im Bilderbuch.

Ich habe ein Haus gebaut, mit eigener Kraft, als Alleinverdiener, ein Haus am Berg in St. Georgen/Klaus, ich habe mir meinen Traum erfüllt. Ja, ich habe ein Haus gebaut, und da war es wieder. Ich habe es gebaut gegen den erbitterten Widerstand meiner Angetrauten. Das gemeinsam an einem Strang ziehen fehlte wieder einmal, es war aber mein Sturschädel, der mir diesen Traum erfüllte.

Ein hartes Stück Arbeit, wenig Geld, Kredite, Zwischendarlehen zu den Bausparverträgen. Ein absoluter Wahnsinn zu Beginn. Fast zwei Drittel meines Einkommens gingen für die Raten auf. Es war mein grenzenloser Optimismus, welcher mir Kraft und Ausdauer gab, das Projekt durchzuziehen.

Nach eineinhalb Jahren war es so weit, der Umzug nach St. Georgen konnte beginnen. Wieder diese Auseinandersetzung, das Nicht-Mitziehen meiner Angetrauten. Das Haus war natürlich nicht perfekt. Der Keller nicht verputzt, ebenso die Außenfassade lediglich mit grobem Putz versehen. Nein, die Meinige wollte erst einziehen, wenn alles fertig war. Ich musste aber rechnen, die laufende Miete der Wohnung konnte sofort eingespart werden. Ich war vor Ort und alle noch ausstehenden Arbeiten waren so leichter zu bewerkstelligen. Natürlich habe ich mich durchgesetzt, aber wie es so ist, solche Auseinandersetzungen kosten Substanz und hinterlassen neue Narben. Ich habe mein bestes Kampfgewicht erreicht mit 78 Kilogramm, da ich jede freie Stunde auf der Baustelle verbrachte. Ich, der absolute Baulaie, habe genügend Lehrgeld bezahlt. Der Keller wurde von einer privaten Maurerkolonne herausbetoniert, da konnte ich nur zusehen. Auch die Ziegelaußenwände waren noch Profiarbeit, aber dann ging es für mich richtig los.

Wir sind eingezogen, eingezogen in das neue Haus. Rundherum der fertige Zaun mit den Thujen. Ein schweres schmiedeeisernes Tor, von mir selbst hergestellt, als Einfahrt.

Nun waren wir dort, im Haus am Berg, und ich dachte, hier bin ich und hier bleib ich bis an mein Lebensende, ich war am Ziel meiner Wünsche.

Ein Grundstück mit 1.500 m², der Hang leicht nach Norden geneigt, wobei die Terrasse genau nach Süden ausgerichtet ist. Das Kind im Manne, ich habe ein Biotop am untersten Winkel gebaut, mit Seerosen, Teichrosen und Unterwasserpflanzen. Gelbgefleckte Bergunken haben sich angesiedelt. Libellen gaben sich ihr Stelldichein und siehe da, junge Ringelnattern mit ihren gelben Backen belebten das stille Wasser.

Schöne Erinnerungen an dieses Stück Heimat, wo ich glaubte endlich am Ziel zu sein, endlich zur Ruhe gekommen zu sein, vor meinem zweiten Lebensabschnitt.

Wie zu Roseggers Zeiten bin ich durch den Schnee gestapft und habe den Christbaum aus dem nahen Wald geholt. Ich habe in lauen Maiennächten die hohlen Rufe eines Uhus gehört, Nachtvögel mit lautlosem Flügelschlag auf der Jagd gesehen und das Jubilieren der Waldvögel im frischen Frühlingsmorgen gehört. „Hoamat", ich hatte mehr erreicht, als ich es mir je erträumt hatte, und doch? Am Ende der Geschichte weiß man, warum ich diese Frage stelle.

Mein Einkommen stieg rasch und in einigen Jahren waren wir bis auf das billige Landesbaudarlehen ohne Schulden.

Ich kann nicht anders, ich muss meine Erinnerungen an dieses Paradies in den Jahreszeiten festhalten, Jahreszeiten, wie ich sie so intensiv, so bewusst noch nie in meinem Leben als Gleichnis zur Schöpfung erlebt habe.

Ringsum Gehöfte, auf den Rücken und Flanken der Hügelketten verstreut. Im Tal glitzert das türkise Band der Ybbs. St. Georgen in der Klaus, inmitten der Schönheit von Streuobstwiesen und Wäldern und dem hellen Kalkgrau des entfernten Toten Gebirges.

Im Frühling, wenn die Blüten aus den aufgesprungenen Knospen quellen, in leuchtender Zartheit, so frisch und jungfräulich, kennen sie noch kein Gewitter, keinen Staub, keine Berührung. Luftige, weiche weißrosa Blütengebilde über dem hügeligen Voralpenland. Wenn die Sonnenstrahlen die Luft erwärmen und die frischen Blätter der Bäume, das junge Gras wie einen smaragdenen Teppich aufleuchten lassen. Blumenkelche in vielfarbigen Strahlenkränzen mit kristallklaren Tautropfen, glitzernde, funkelnde Juwelen. Ringsum das Dottergelb des Löwenzahns, eingebettet in den aufschießenden Halmen. Man muss es gesehen haben, um zu verstehen.

Der Sommer, die kurze Zeit der Vielfalt unzähliger Wiesenblumen, kurzlebig, dem Schnitt durch Mähbalken entgegensehend. Sonnenaufgang, noch sind alle Halme mit reinsten Tautropfen, einem Meer von Brillanten geschmückt. Das Lied des Sommers mit seinen zarten Harfenklängen hat diesen Zauber vollendet. Erinnerungen an meine Kinderzeit, Urgental und Kotzgraben.

Dieses Lied hat in dieser Gegend seinen eigenen Klang und Geruch, das Trällern der Meisen vermischt sich mit der Melodie des Dompfaffen, die Luft mit dem Duft von Heu, Harz und Kuhfladen geschwängert. Vor der Terrasse meines Hauses das melodische Gebimmel der Kuhglocken.

Der Herbst in seiner verschwenderischen Farbenpracht, im dunklen Grün der Fichten leuchtendes Orange, Gelb und Rot, die Mostobstbäume ernteschwer beladen mit Äpfeln und Birnen. Das Heu in die Tennen eingefahren, die Rinder auf den Weiden, das letzte saftige Grün abweidend. Die Mostpressen haben Saison und gaben dem Viertel den Namen. Die Bauern pressen den Saft der Früchte, um ihn zu vergären, brennen den Schnaps und man riecht es kilometerweit.

Ich habe Wintertage erlebt mit wechselnder, unbeschreiblicher Schönheit. Wenn der Tag anbricht, erzeugt das ruhige Licht des Wintermorgens eine Pracht von beinahe unwirklichen Farben. Nicht das grün-silberne Leuchten eines Sommermorgens, das vom blassen Gold schnell in ein flammendes Orangerot übergeht. Nein, es ist dieser grünliche Jade-Ton, der im zartesten Graublau zerfließt und im Osten am Horizont den neuen Tag ankündigt. Eine matt leuchtende Flamme, blass im Nebelschleier, bahnt sich mühsam als Licht des Tages den Weg in den noch grauen, wolkigen Himmelsdom. Mühsam verdrängt sie die Dunkelheit, um blassem Jade und reinem Kobalt zu weichen. Dann entzündet sich im Osten die Glutfarbe der Sonne wie das Feuer eines verborgenen glühenden Rubins. Schneelandschaften, atemberaubend, ein diamantbezogener Schleier bedeckt die Landschaft. Glitzernde Sternchen in den Zweigen schweigender Baumriesen, die ihre Wipfel in das Blau des Himmels tauchen.

Wenn die Dunkelheit hereinbrach, gingen wir zu unserem Milchbauern, Milch holen. Ein asphaltierter Güterweg führte ungefähr 500 Meter bergab, um dann flach auslaufend nach weiteren 500 Metern im Hof der Dorfers zu münden.

Vollmond, schneeige Wiesen, mit Raureif bedeckt, der Schnee knirscht unter den Schuhsohlen. Unglaublich dieses Meer von funkelnden, blitzenden Schneekristallen. Die Äste der Bäume bogen sich unter der Schneelast. Es war im Jänner, ein Fuchs zog einsam seine Spur über den sanft abfallenden Hügel. Atemberaubende Stille, ein Sternenhimmel, wie man ihn nur im Winter erleben kann. Mein Heimweh, meine Sehnsucht nach dieser Landschaft ist mir geblieben. Schneegestöber, meterhohe Verwehungen, die Straße wurde zur weißen Rinne. Dann kamen die milden Wintersonnentage. Es war wieder so weit, die Vögel begannen zaghaft ihren Gesang anzustimmen. Der Jahreskreis hatte sich geschlossen.

Wir lebten am Berg. Zum Ortsmittelpunkt bergauf waren es nur einige Minuten. Die Kirche immer gut besucht, da die Menschen am Land religiöse Bräuche ernster nehmen als die in den Städten. Nach dem Sonntagsgottesdienst war so ziemlich alles im Wirtshaus versammelt.

Die autochthone Bevölkerung, liebenswerte Menschen, Landwirte und Nebenerwerbslandwirte, Arbeiter und in geringer Anzahl Angestellte, der Pfarrer und die Wirtsleute. Ich hatte mit fast allen ein gutes Auskommen, nur bei einigen spießte es sich, wie es eben so ist im Leben. Ich brachte eine nachhaltige Bewegung in den Ort. Es wurde ein Sportverein gegründet, eine Eisstockbahn gleich hinter der Volksschule gebaut. Als man aber an mich herantrat, den Bau einer Tennisanlage zu organisieren, war für Konfliktstoff gesorgt.

Dumm, wie manche Menschen eben sind, wurde sofort ein Politikum daraus gemacht. Es wurde intrigiert, sabotiert, ja, und es kam sogar zu einer Schlägerei im Wirtshaus. Was hatte ich mir da wieder einmal aufgeladen, konnte ich doch in Böhlerwerk meinem Hobby nachgehen. Aber ich habe zugesagt und setzte meine ganze Energie und Kraft ein, um dieses Projekt durchzusetzen.

Zwei Jahre später stand eine wunderbare Anlage mit zwei Plätzen und einem Blockhaus in dieser schönen Landschaft, ohne diese zu stören.

Eine Bank und ein großer Industriebetrieb (der GD. Direktor war ein guter Freund von mir) haben den Bau gesponsert. Nur die schwarze Mehrheitspartei der Stadt leistete erbitterten Widerstand, um dieses Projekt zu Fall zu bringen. Die Landesschwarzen unterstützten mich dank des damaligen Bezirkssekretärs Harry M. nachhaltig in diesem für die Gegend wohl einmaligen Projekt. So kam es, dass die damalige zuständige Landesrätin der feierlichen Eröffnung beiwohnte. Sie saß neben mir und fragte, warum die schwarze Stadtpartei nicht anwesend war. Weder der Bürgermeister, kein Stadt- oder Gemeinderat, niemand. Eine peinliche Angelegenheit, aber nicht für mich.

Es war eine spannende Geschichte und, ja, ich gestehe es, ein wenig stolz war und bin ich noch immer, dass ich dieses Projekt zum guten Ende gebracht habe. Aber auch hier fand ich ein negatives Paradebeispiel der Gattung „Mensch", man findet sie überall.

Ein armseliger Bauer, von tiefer Religiosität geprägt, vier Töchter, eine leidende Frau, er selbst angeschlagen, gab mir die Lektion, es gibt doch Menschen, die unbestechlich sind, und das kam so.

Franz Z. lebte mit seiner Familie in einer halbverfallenen Hütte (Haus konnte man ja nicht sagen). Undichte Fenster, Risse im Mauerwerk, alles so unendlich armselig, zum Sterben zu viel, zum Leben verdammt wenig.

Über einen Bekannten, Hans Peter L., er war bei einer großen österreichischen Tageszeitung beschäftigt, erfuhr ich, dass es eine Hausbauaktion für solche Fälle gab. Franz T., er hat bereits das Zeitliche gesegnet, leitete diese Aktion. Er erbettelte sich im Sinn des Wortes bei den verschiedensten Firmen Baustoff, Mörtellieferungen, Fenster und alles, was halt zum Hausbauen notwendig war. Wir wurden ein Team und ich kam zu einem unbezahlten Zusatzjob wie eine Jungfrau zum Kind.

Auch hier gelang es mir wieder, eine Bank als zusätzlicher Sponsor zu gewinnen. Franz T., ich nannte ihn immer „Meitscher", war im Krieg Major gewesen und so war auch seine Arbeitsweise. Militärisch ausgerichtet und orientiert, ein großartiger Mann, der seine Aufgabe primär darin sah, Menschen zu helfen.

Als er bei den diversen Besprechungen öfter die Bemerkung einwarf, „der Führer ist mein Zeuge", war mir das mehr als peinlich. Irgendwie passte diese Aussage nicht zu ihm, er war alles, nur kein Nazi. Es ließ mir keine Ruhe und so fragte ich Franz, als wir einmal allein waren, warum er immer den Führer als Zeugen anrief. Da meinte er: „Warum denn nicht, der Führer ist doch mein Stellvertreter, meine rechte Hand bei dieser schwierigen Arbeit." So war es und das kommt davon, wenn man sich nicht ordentlich mit Menschen bekannt macht, mit denen man zu tun hat. Ich kannte ja nur den Vornamen des Herrn Führer. Es darf gelacht werden.

Wir stellten freiwillige Bautrupps zusammen. Allerdings mussten die Arbeiten vorrangig an den Wochenenden, also auch an Sonntagen durchgeführt werden. Das wurde zu einem ausgewachsenen Problem, da sich Franz absolut dagegen wehrte, dass an einem Sonntag gearbeitet wird. Ich war fassungslos, das gesamte Projekt stand auf der Kippe, nur weil dieser Sturschädel aus seiner religiösen Überzeugung nein sagte.

Da konnte ich auf ihn einreden, wie ich wollte, es blieb dabei. So fuhr ich nach Wien zum Meitscher und erklärte die Situation. „Okay", meinte dieser, „brechen wir die Arbeit ab, soll er in seiner Hütte bleiben, denn unter diesen Umständen ist es wohl nicht machbar, dieses Projekt durchzuziehen." Ich war geschockt, betroffen, was nun? Da kam mir der Einfall. „Meitscher", sagte ich, „bisher war ich immer der Meinung, jeder Mensch ist käuflich, jetzt habe ich aber einen Menschen kennengelernt, der es nicht ist, den Franz Z.! Um seines Glaubens willen verzichtet er auf dieses großartige Geschenk." Meitscher sah mich an, fast verklärt (auch er war ein sehr religiöser Mensch): „Okay, Helmut, wir machen weiter." Ein Stein fiel mir polternd vom Herzen. Um aber die Arbeiten doch zu erleichtern, brachte ich Franz dazu, zum Bischof nach Linz zu fahren, um eine Dispens für die Sonntagseinsätze zu bekommen; er bekam sie.

Innerhalb von zwei Jahren war die Arbeit vollendet. Neid und Missgunst waren die Folge, da es nur wenige Leute dieser armen Familie gönnten, eine menschenwürdige Heimstatt zu haben. Bei dieser Gelegenheit hatte ich einmal mehr Einblick in die Abgründe menschlicher Seelen.

Ich hatte bereits ein weiteres Projekt im Fokus, das aber nicht mehr zur Durchführung gelangte. Es wurde gehetzt und intrigiert, da machte es wenig Sinn weiterzumachen. Schade, es tat mir unendlich leid, es wäre so leicht gewesen, noch weiteren Menschen zu helfen. Bei diesem Projekt gab es von der Meinigen hartnäckigen Widerstand. Verständlich, war unser Haus noch lange nicht fertig und ich ging allein aus Solidarität immer wieder zum Z., um persönlich Hand anzulegen. Natürlich habe ich sie verstanden, aber es musste einfach sein, es ist mir nicht leicht gefallen.

Meine Kinder wuchsen heran und die Schulsorgen kamen. Mein Ältester, Markus, hat ein halbjähriges Gastspiel im Gymnasium Waidhofen absolviert. Markus war sprachlich nicht unbegabt und daher wunderte es mich, als die erste Deutsch-Schularbeit mit einem Nicht genügend und dem Hinweis „Thema verfehlt" zur Unterschrift vorlag. Als sich diese Situation in der Folge nicht änderte und sein zuständiger Professor (ein junger, bärtiger Schnösel) nicht bereit war, sachlich auf meine Fragen einzugehen, habe ich die Arbeiten einem mir bekannten Deutschlehrer zur

Beurteilung gegeben. Auf meine Frage, was er zu dem Nicht genügend für eine Meinung habe, war seine Gegenfrage: „Fragst du mich als Lehrer oder als Privaten?" Na, als Lehrer natürlich. Seine Antwort: „Kein Kommentar." Damit war es mir klar. Ich veranlasste, dass Markus kurzerhand in die Hauptschule überstellt wurde. Was für ein Glück, auf einmal hatte er in Deutsch eine Eins. Er maturierte nach Abschluss der Handelsakademie in Deutsch und Englisch mit Sehr gut! Wenn das kein Beweis ist, welch weltfremden, ungerechten, ich gehe noch weiter, vertrotteltelten Lehrkräften junge Menschen ausgesetzt sind. Genau im selben Gymnasium hat sich Jahrzehnte später beim Zweitjüngsten meiner Tochter, allerdings in der siebten Klasse, alles wiederholt. Der Junge wollte den Abschluss schmeißen und konnte nur mit Mühe überredet werden, das Maturajahr in einer Privatschule abzuschließen.

Vor der Handelsakademie besuchte er die Schihandelsschule in Waidhofen/Ybbs. Ich bedauere es noch heute, dem Drängen seiner Mama nachgegeben zu haben, ihn gerade dann, als er sein Wachstum abgeschlossen hatte und daher recht erfolgreich bei den Schirennen wurde, aus der Schule zu nehmen. Rückblickend meine ich aber einschränkend, wer weiß, wie viel Ärger ich mir dabei erspart habe. Der ÖSV ist von seltsamen Möchtegern-Funktionären besetzt. Ich habe es erlebt, wie hoffnungsfrohe Talente abmontiert wurden.

Markus' Sohn Philipp hat die Schihauptschule und Schihandelsschule besucht. Er hat Cuprennen in Europa und Übersee gefahren und ist schlussendlich an seinem Trainer, einem simplen Charakter, tief angesiedelt, gescheitert.

Markus ist ebenfalls in seiner Ehe gescheitert. Ich denke, vielleicht versteht er mich jetzt ein wenig besser, da meine damalige Scheidung ganz offensichtlich Spuren bei ihm hinterlassen hat. Aus seiner zweiten Verbindung, Lebensgemeinschaft, wurde mir endlich die einzige Enkelin geschenkt, nur seine Lebensgefährtin hat es sich anders überlegt und so stehe ich wieder ohne mein kleines Mädchen da. Das tut weh, aber so ist das Leben.

Meine Andrea, eine Kämpfernatur, sturschädelig, aufmüpfig (von wem sie das wohl hat?), wollte dem Wunsch ihrer Mama einfach nicht entsprechen und hat dem Zwang, die HAK zu besuchen, hinhaltenden Widerstand entgegengesetzt. Es ging so weit, dass sie ihre Schulsachen einmal wütend aus dem Fenster geworfen hat und davongelaufen ist.

Man soll Richtungen vorgeben, aber keinen Zwang ausüben, das hat mich meine Tochter gelehrt. So wurde sie Industriekauffrau, war tüchtig und erfolgreich. Eines war meine Kleine aber nie, besonders ehrgeizig, was die berufliche Karriere anbelangte, und, wie schon beschrieben, im Sport.

Mit zwanzig wurde sie Chefsekretärin des Generaldirektors eines Industriebetriebes. Das war ihr aber ziemlich egal. Ja, Miss Niederösterreich und Miss Austria Fitness war sie auch, aber das ist eine andere Geschichte.

Heute ist sie Mutter von vier strammen Söhnen. Elias, der Älteste, ist Schispringer und erlernt den Beruf eines PC-Technikers. Jonas hat seine Ambitionen, Schirennen zu fahren, an den Nagel gehängt und besucht das Gymnasium. Bis zum Abschluss meiner Lebensgeschichte wird er sicher die Matura hinter sich haben.

Xaver steht vor dem Volksschulabschluss und der Jüngste, Viktor, ist noch im Kindergarten.

Mein Schwiegersohn ist Jungunternehmer in der Computerbranche, hat es zu etwas gebracht und ist ein guter Vater und Ehemann. Warum ich das schreibe? In Zeiten wie diesen ist es nicht mehr so selbstverständlich, eine gut funktionierende Familie beschreiben zu können, wenn es nur so bleibt!

Mütter, Väter, also Eltern, leben und erleben die Familien ihrer Kinder ja mit und es ist ein Segen, wenn alles seinen guten Weg geht.

Meine kleine Blonde, wie froh ich bin, dass es sie gibt. Meine Ulla (ich rufe sie gerne so) inmitten der Bubenschar. Mein ganz großes Sorgenkind ist einen Weg gegangen, ihren Weg, der nicht einfach war. Was sollen all die Sorgen und Gedanken? Jedem seine Straße, mit Abzweigungen, dunklen, engen Gassen, bergauf und hoffentlich nie bergab.

Sie hält die Familie zusammen und bemüht sich, dass wir uns nicht aus den Augen verlieren.

Lebensbilder, Landschaftsbilder, sonnenbeschienen, regenschwer und die Zeit vergeht. Warum sorgt man sich so sehr um seine Kinder, liegt doch alles in der Hand des Einen, und wenn man vertraut, wird alles gut.

Zugegeben, zu kurz scheint die Zeit, die ich mit meinen beiden Kindern Markus und Andrea verbracht habe. Wie schnell sind die Jahre vergangen, auf einmal waren sie erwachsen. Was würde man alles anders, gerne besser machen, rückblickend gesehen stellt sich vieles anders dar.

Wie wertvoll ist die Zeit, die man mit den Seinen verbringt. Trotzdem, ich danke dem Schicksal, es hatte lange Zeit ein Lächeln für mich.

Wenn man bedenkt, wie sich seit Jahrzehnten eine regelrechte „Auswanderung" vieler Jugendlicher aus der Familie vollzogen hat, um in völliger Unabhängigkeit in ihren jugendstrukturierten Gemeinschaften zu leben. Gefährlich die Verbindung Jugendsezession mit Drogengenuss, um sich in die Scheinwelten der Freiheit, des Wunderbaren und der Lüste zu versetzen, aus der Realität in die Irrealität zu flüchten. Meine Kinder haben Kraft und Einsicht aufgebracht, die zur Überwindung von Konflikten erforderlich sind, sie haben das Selbstverständnis nicht verloren, haben ihr eigenes Ich nicht der soziologischen Manipulation preisgegeben und das macht mich ruhig, ja es macht mich glücklich. Haben wir, Mutter und Vater, ihnen doch so viel mitgegeben, dass sie den Blick für das Wesentliche nicht verloren haben?

Wir sind Familie und werden Familie bleiben, auch wenn ich meine erste Ehe aufgegeben habe.

So richtig froh werden konnte ich in meinem erfüllten Lebenstraum leider nicht. Meine eheliche Beziehung wurde immer verspannter. Ich hatte geträumt, hier, wo ich mein Haus gebaut habe, zu bleiben. Einfach das Leben, die Natur, meine Familie genießen. So war ich meiner Umstände Schmied. Ein Zerrissener,

Markus und Andrea zur Münchner Zeit
knapp vor der Übersiedlung nach Österreich.

wieder einmal unstet, unzufrieden und immer unterwegs. Ich hatte mehr erreicht, als ich es mir je hätte träumen lassen. Heute stelle ich mir oft noch die Frage, warum war ich damit nicht zufrieden? Habe ich den Hals nicht vollgekriegt?

Wie heißt es doch so schön, geht es dem Esel zu gut, geht er aufs Eis tanzen. Oder ist es doch der vom Schicksal vorgezeichnete Weg? Ist es vorgezeichnet, muss man Dinge tun, um unbewusst unbekannte Wege zu gehen, zu lernen, zu erfahren? Der Mensch braucht einen starken Halt, muss sich geliebt wissen von einer Liebe, von der ihn keine Macht der Welt mehr trennen kann. Ist es der Mangel an Liebe zu sich selbst, der einen treibt und nicht zur Ruhe kommen lässt? Wie viel Kraft braucht man, um die Tagesfragen zu lösen, um seine körperlichen Leiden und die Tagessorgen zu überwinden?

Ich habe St. Georgen aus dem ländlichen Schlummer geholt. Wie schon beschrieben, Hausbau für Familie Z., eine Tennisanlage mit zwei Plätzen wurde gegen den erbitterten Widerstand schwarzer Dorfhäuptlinge aus dem Boden gestampft. Sportverein St. Georgen, ich als Obmann. Jedes Jahr im Februar fand der St. Georgner Abfahrtslauf statt. Eisstockbahn hinter der Schule, all das war in meiner Zeit dort oben entstanden. Nicht zu vergessen meine Bürgerinitiative gegen die Aufschließungskosten beim Hausbau. Das war der Beginn, mein Einstieg in die Politik.

Amateurhaft, ohne ernstes Bestreben, in einer Partei aktiv zu werden, habe ich das alles wirklich gebraucht? Ich denke, ja, der Rebell in mir gegen die Wichtigmacher und die Mächtigen, die Krämerseelen, Falschmünzer und Judasse nach dem Motto „vom Säugling zum Bückling". Nach oben devot und nach unten treten, dem ist absolut nichts hinzuzufügen, wie es sich später noch deutlicher zeigen wird.

Mein Haus, Nordseite.

Vitus und Boss

Wir waren vier, ich die Eins, sie die Zwei und unsere beiden, Markus und Andrea, die Drei und Vier. Die Reihung hatte, zumindest was die Eins und Zwei betrifft, nichts mit Priorität zu tun, da zwischen den Erstgenannten ohnehin ein permanentes Spannungsfeld herrschte und diese je nach Wichtigkeit immer wieder wechselten.

Ich ließ die Zwei schalten und walten und wanderte einfach aus, damit zumindest zum großen Teil Ruhe und Ausgeglichenheit in der Familie herrschte. Nur in für mich und nach meiner Ansicht für die Familie entscheidenden Dingen setzte ich auf Reihung, die Eins entschied!

Ein Haus gebaut, übersiedelt gegen die Überzeugung und den Willen der Zwei, um ein Beispiel zu nennen, und es war gut so.

Zu Vier kam dann noch Fünf und Sechs dazu, Vitus und Boss.

Kinder lieben Tiere, Kinder wollen Tiere und so haben wir uns einen Hund und eine Katze zugelegt.

Vitus, ein brauner Spaniel, der seine Welpenzeit oft mit mir am Bau verbrachte. Er wollte immer in meiner Nähe sein und verstand es nicht, dass der noch feuchte Beton am Terrassenboden nicht betreten werden durfte. Er latschte, immer wieder seine Pfotenabdrücke hinterlassend, hinein, ich musste ihn an die Birke binden. Da saß er und jaulte erbärmlich. Es dauerte lange, bis er sich an diesen Zustand gewöhnt hatte.

Vitus war ein Jäger, alles, was vor ihm die Flucht ergriff, in der Regel waren es meist Katzen oder Hühner, erweckte in ihm die Jagdlust. Jagte er hinter einem Objekt seiner Begierde her, war er gegen alle Rufe und Pfiffe taub. Mit seinen großen, Demut heischenden Augen setzte es nach jeder seiner Unfolgsamkeiten gegen Erziehungsmaßnahmen ein Null-Ergebnis.

Es war ein Sonntagnachmittag, als ich mit ihm nach St. Georgen zum Hausrohbau hochwanderte. Er, wie immer die Nase am Boden, vor mir unterwegs. Da wechselte ein Reh über die Straße. Vitus sah und hörte nichts, eben ein Fährtenhund. Als er die Stelle erreichte, wo das Reh die Straße querte, ein aufgeregtes Schnaufen und ab ging die Post. Ich pfiff, rief, vergebens, Vitus hetzte der noch frischen Spur nach. Ich wartete und wartete, die Zeit schlich dahin. Ich wurde immer wütender, was, wenn ein Jäger meinen Kleinen bei seiner Jagd sah und ihn erlegte? Es gab ja genug dieser schießwütigen Gesellen. Je länger ich warten musste, umso mehr steigerte sich meine Wut. Ich schnitt eine Rute ab, endlich kam der Ausreißer zurück. Schuldbewusst flach am Boden, kroch er heran. Seine großen braunen Augen sahen mich demütig an. Egal, dieses Mal kam er damit nicht mehr durch. Ich musste mich total überwinden, verdrosch ihn nach Strich und Faden gnadenlos. Zum Glück hat mich niemand dabei beobachtet, sonst wäre mir womöglich eine Anzeige wegen Tierquälerei ins Haus gestanden. Der Erfolg war ein durchschlagender, Vitus wurde niemals mehr in welcher Form auch immer von mir gemaßregelt, es war einfach nicht mehr notwendig. Machten wir eine Waldwanderung, Vitus immer hurtig mit tiefer Nase unterwegs. Eine Spur, ein Hase, ein Reh, Vitus startete und weg war er, ein Pfiff von mir und in kurzer Zeit tauchte er wieder auf.

Eine Frau wanderte eines Tages mit ihrem Pudel die Straße hoch. Das Gartentor stand offen. Vitus sah den Pudel und begleitete spielend die Hundelady. Bevor er aus meinem Blickfeld verschwand, ein Pfiff, blitzschnell drehte er ab und kam zurück. Das Pudelchen hinter ihm her, Frauchen rief und rief. Umsonst, sie lief verzweifelt ihrem Hund nach, packte ihn und nahm ihn mit sich. Ich musste schmunzeln, alles eine Frage der Erziehung. Mein kleiner Brauner hatte seine Lektion sein Leben lang intus.

Er war ein begeisterter Autofan. Manchmal saß er neben mir am Beifahrersitz, saß im wahrsten Sinn des Wortes mit einem Kapperl und einer Sonnenbrille. Neben uns haltende Fahrer wunderten sich immer wieder über Beifahrer „Spaniel Vitus".

Als eine Katze ins Haus kam, gab es anfänglich Probleme. Boss, ein Karthauser Angorakater, hatte den aufdringlichen Rüden bald im Griff. Alles, was auf vier Beinen war, erregte ihn. Er versuchte auch Boss zu besteigen: Der Kater legte sich auf den Rücken und pratzelte wild auf den hechelnden Hund ein. Nach und nach legte sich seine Gier auf den wolligen Hausgenossen und so dauerte es nicht lange, dass beide friedlich zusammen im Flur ihr Lager teilten.

Boss verschlief die Tage. Schlich die Dämmerung langsam ums Haus, erwachte sein Jagdtrieb, er wollte hinaus. Ärgerlich war sein Erscheinen, wenn er im Morgengrauen wieder ins Haus wollte und noch alles schlief. Boss sprang aufs Fenstersims des Schlafzimmers und versuchte immer wieder den Rollladen hochzuheben, um mich mit dem Geräusch zu wecken. Natürlich wurde ich durch den Lärm wach und machte nur einmal den Fehler, ihn hereinzulassen. Damit war seine Aktion prolongiert und er quälte mich jeden Morgen. Ich versuchte vergeblich einfach das Fenster nicht zu öffnen, Boss gewann.

Auch Vitus gewann, wenn eine Hündin läufig war. Er witterte eine heiße Lady über viele Kilometer, jaulte und winselte so lange, bis ich ihn aus dem Haus warf. Nach einigen Tagen kam er, dreckig, stinkend, abgemagert, wieder an. Zwei, drei Tage Kur im Hause Leitner und seinem Trieb folgend ging das Gejaule wieder los.

Eines Morgens fuhr ich ins Büro. Nach einem halben Kilometer bei einem Bauernhaus ein Misthaufen und oben mein Vitus in voller Aktion, eine Mischlingshündin bearbeitend.

Am Nachmittag fuhr ich heimwärts, was sah ich? Vitus noch immer oder schon wieder in voller Aktion, mit Hingabe seine Gene weiterzugeben, der Neid konnte einen fressen.

Als mein Schulfreund Werner mit seiner Boxerhündin Cora auf Besuch kam, wollte er unbedingt seine Lüste an ihr befriedigen. Cora, nicht läufig, wehrte sein stürmisches Werben heftig ab. Zu guter Letzt setzte sie sich einfach hin. Was tat Vitus (Viktus)? Legte sich neben Cora auf den Terrassenboden und begann diesen heftig zu bearbeiten. Werner lachte und meinte lakonisch: „Wie der Herr, so das Gscherr."

Alles, was sich auf vier Beinen bewegte, erweckte seinen Trieb. Selbst vor Kindern schreckte er nicht zurück. Am nahen Tennisplatz spielten Kinder. Der vierjährige Sohn der Wirtstochter krabbelte auf allen Vieren umher. Vitus besprang ihn nach einigen Umkreisungen von hinten und begann heftig zu kopulieren. Eine peinliche Situation. Ich verscheuchte meinen rüden Rüden, da sagte der Kleine: „Los eahm do Oaschbudern." Das ist Aufklärung am Land!

So gemein ich zu ihm war, als ich ihn züchtigte, er liebte nur mich mit einer Hingabe, die nervte. Saß ich, egal wo, kam er angewetzt, stupste mich mit seiner kalten, feuchten Nase so lange an, bis ich meine Hand auf sein Haupt legte. Zog ich sie ab, stupste er mich sofort wieder, sah mich voller Liebe an, mein Vitus. Manchmal echt nervig, diese fordernde Liebe. Vitus war eine Schlinger und ein Dieb. Man durfte niemals etwas Fressbares unbeaufsichtigt lassen, das war schließlich auch sein Untergang.

Es war im Februar, wir kauften Lebensmittel für unseren Hüttenurlaub in Saalbach ein. Vitus schnappte sich eine in Folie verpackte Wurst und verschlang sie. Am Vorabend der Abreise pinkelte er auf den Boden. Er bewegte sich wie ein Besoffener, schwankend. So konnte ich ihn nicht zu Hause lassen. Am kommenden Tag ging es um vier Uhr morgens ab nach Saalbach, also nahm ich ihn mit auf die Schihütte.

Es schneite den ganzen Tag, wirbelndes Flockenmeer. Wir blieben in der warmen Hütte und, wie es so ist, im Schiurlaub floss der Alk in Strömen. Vitus lag auf einer weichen Unterlage unter der Bank. Er rührte sich den ganzen Tag nicht. Es war gegen Mitternacht, als ich nach ihm sah. Da lag er, sah mich an. Mein Vitus, alt, taub und offensichtlich krank. Ich nahm ihn hoch, legte ihn auf meine Oberschenkel. „Vitus, alter Freund, was ist los mit dir?" Da pinkelte er mich voll an, ich schrie ihn an, was das sollte. Ein Zucken, Sich-Strecken, da lag er. Vitus war tot, ich habe geweint. Bis zu diesem Zeitpunkt habe ich Menschen, die wegen ihres toten Tieres Tränen vergossen, für nicht ganz voll genommen. Ab diesem Zeitpunkt habe ich verstanden.

Ich trug ihn auf die Terrasse und legte ihn auf den Bretterboden. Der nächste Tag, glitzerndes Weiß, dicke Schneehauben, wie ein Leichentuch über die Hänge gebreitet. Ich ging hinaus, da lag er, mein kleiner, alt gewordener Vitus, steif gefroren. Ich habe ihn auf den Arm genommen und seine erste und letzte Abfahrt in den tiefen, stäubenden Pulverschnee gezogen. In einem kleinen Waldstück habe ich ihn der Natur übergeben. Jetzt waren wir wieder fünf.

Direktorenrunde

Ja, es war eine spannende Zeit, und ich habe nichts ausgelassen. Gefährlich wurde es immer, wenn ich am frühen Vormittag zu meiner Hausbank am Stadtplatz ging. Der Direktor Dr. Ernst A. war, wie er sich selbst immer wieder beschrieb, nicht der Fleißigste.

„Was ist, Helmut, ein Schnapserl?", das war immer sein Begrüßungsritual in seinem Büro. Unter diesen Umständen war der Tag schon geschmissen. Des Öfteren war auch der Gen. Manager Dr. P. anwesend, den Dr. E. den kleinen Helmut nannte. Waren wir drei zusammen, bekam der Tag eine eigene Dynamik.

Es war ein berauschender Frühlingstag, im klaren Blau spannte sich die Himmelsscheibe über das Ybbstal. Wir hatten schon einige intus, als wir uns auf den Weg machten. Wir fuhren jeder mit eigenem Auto hinauf aufs Hochpöchl. Ein stattliches, für seine Küche bekanntes Gasthaus. Eine große Veranda, ringsherum das blühenden Land und wir ließen es uns gutgehen, zu gut. Was bei mir praktisch nie vorkam, geschah. Mir wurde schlecht, und zwar so schnell, dass ich es nur mehr zur Holzveranda schaffte. Ich kotzte mir die Seele aus dem Leib und meinen Kumpanen ging es nicht besser. So gegen 14 Uhr entschlossen wir uns, wieder zurückzufahren. Ich setzte mich ins Auto, wendete und wurde blass. Der kleine Helmut saß in seinem weißen Mercedes. Vor ihm eine Steinmauer, ca. dreißig Meter breit der asphaltierte Parkplatz. In seinem Dusel fuhr er vor, krachte in die Mauer. Er fuhr wieder zurück, schaffte den Radius nicht und wieder nach vor. Bums, wieder in die Mauer. Nach seinem dritten Versuch stellte ich meinen Wagen ab, setzte mich an das Lenkrad seines Mercedes, parkte ihn aus und übergab ihm wieder das Auto. Ich fuhr langsam die Bergstraße vor ihn hinab. Obwohl selbst fett wie eine Ölsardine, stieg mir beim Blick in den Rückspiegel die Grausbirne auf. Der kleine Helmut war bei jeder Kurve hin und her pendelnd nahe am Abgrund.

Ich weiß, eine wilde Geschichte, die keine Ruhmestat war, aber die Zeiten damals waren eben anders und ich bin auch jetzt noch der Meinung, mit dem Abcashen, wie es heute praktiziert wird, geht es nicht um die Sicherheit, es geht nur ums Kassieren.

Ich denke zurück, als ich einmal spätabends von einem Kundenessen nach Hause fuhr. Meine Babs am Beifahrersitz, mit einigen Achterl zu viel, wir wurden von der Polizei gestoppt. Ich gab zu, einiges getrunken zu haben, stieg aus dem Fahrzeug, stand Rede und Antwort. Der Polizist sah, ich war vernünftig gefahren, war im Vollbesitz meiner geistigen Kräfte und ließ mich mit der Bemerkung weiterfahren: „Lassen Sie sich Zeit und fahren Sie vorsichtig."

Kein Credo für Alkohol am Steuer, aber einiges muss doch zurechtgerückt werden. In einer Zeit, wo die Polizei im Stile moderner Wegelagerei agiert, darf festgestellt werden: Jeder Mensch reagiert auf Alkohol unterschiedlich. Die alten Tschecheranten fuhren nach einem Heurigen oft nur mit einem offenen Auge nach Hause, um die Straße nicht doppelt zu sehen. Gemütlich, langsam, mit dem maximalen Risiko in den Straßengraben zu rutschen.

Mir fallen in eigener Sache noch einige durchaus idiotische Alkaktionen auf vier Rädern ein. Ich erzähle sie durchaus beschämt, aber ich erzähle sie zu meiner Schande.

Es war Herbst, kühle Novembertage und ringsherum waren die Bauern rege daran, ihren Most zu keltern und Schnaps zu brennen. Ich war bei einem bekannten Bauern, gute fünf Kilometer von meinem Haus entfernt. Es gab, wie es am Land so Brauch ist, eine deftige Jause und süffigen heurigen Most, dazu noch Schnaps. Als ich endlich die Fahrt zu meinem Haus antrat, traf mich die kühle, frische Luft wie ein Faustschlag. Ich stieg ins Auto (ich sehe die Kopfschüttler) und fuhr los. Ja, ich fuhr, ein Auge zu, so konnte ich die Straße als eine Straße erkennen. Meine Verfassung war am absoluten Limit, unverantwortlich, aber ich fuhr die wenigen Kilometer, denn mehr hätte ich ohnehin nicht schaffen können. Parkte meinen BMW punktgenau in die Garage und das war es dann auch. Warum ich das auch noch zu meiner Schande erzähle, ganz einfach, ich kann mich, obwohl in diesem erbärmlichen Zustand befindlich, noch an fast jedes Detail erinnern.

Es gab aber auch mal einen Teilblackout und das kam so. Es war Winter, St. Georgen lag unter einer dicken Schneedecke und ich war nach einer langen Gasthaussitzung unterwegs zu meinem Haus.

Am nächsten Vormittag gegen zehn Uhr fuhr ich die schmale Straße talwärts und was sah ich da? Führte doch von der Straße weg eine Fahrzeugspur durch den tiefen Schnee über die Wiese, im eleganten Bogen die Serpentine abkürzend wieder zur Straße. Mein erster Gedanke, welcher Idiot ist denn da runtergefahren? Da schaltete sich blitzartig mein Erinnerungsvermögen ein, ich war der Idiot, und wie im Film lief das Geschehen vor meinem inneren Auge ab.

Ich fuhr stark eingefettet den Berg hoch. Stockdunkel die Nacht, ja, es war Neumond. Umso mehr sah man die glitzernden Brillanten des Sternenhimmels. Schneebedeckt die Fahrbahn, eine enge Kurve. Weil es mich unter diesen Verhältnissen immer reizte, im Powerslide aus der Kehre zu kommen, gab ich Gas und kam auf das rechte Bankett. Dort war tiefer Schnee und es gelang mir einfach nicht mehr, meinen BMW auf die Straße zu bringen. Was tat ich da? Retourgang, verkehrt die Wiese hinunter.

Der Schnee staubte, ich sah fast nichts, visierte den seichten Straßengraben an, aber so, dass der Wagen, sich um seine Achse drehend, mit Schwung wieder auf die Fahrbahn kam und bergwärts zeigte. Ich fuhr nach Hause, legte mich ins Bett und hatte diesen Vorfall vergessen. Niemals hätte ich nüchtern die Coolness besessen, die Situation auf diese Art zu meistern. Ohne Zweifel, es war eine fahrerische Meisterleistung.

Das auch noch, warum stelle ich mich freiwillig so ins schlechte Licht? Weil ich auch dazu stehen will, aber ich bin lernfähig. Heute habe ich es mir abgewöhnt, mit Alk im Blut mein Auto zu starten. Ich möchte mich nicht einem Führerscheinentzug oder gar einer total idiotischen Psychotortur unterwerfen. Abgesehen davon wäre es mir um mein Geld leid.

Heute wäre das undenkbar, aber damals hat man sehr wohl berücksichtigt, dass nicht jeder die gleichen Reaktionen nach Alkgenuss zeigte Ich weiß, ich kenne die Lügen und Lügner, einen Polizisten, der sich im Gasthaus, selbst feucht wie eine Morgenwiese, brüstete, wie oft er Alklenkern den Führerschein abgenommen hatte. Voll zu, lallend, wankte er zu seinem Auto und fuhr die enge Straße ins Tal.

Eine Meinung, zu der ich auch heute noch stehe, wissend, dafür verbal geprügelt zu werden. Trotz aller Maßnahmen hat sich an den Verkehrstoten und an der Unfallhäufigkeit nichts Wesentliches geändert. Zynisch könnte man noch hinzufügen, dass von allen Unfällen 6 bis 7 % auf Alkoholeinfluss zurückzuführen sind. Bedenkt man dabei noch, dass bei einem Unfall bereits 0,1 % in der Statistik berücksichtigt werden, sollte man meinen, es wäre besser … aber nein, das geht nun wirklich zu weit, es darf gelacht werden, wieder einmal …

Meine schwarzen Freunde, auch keine Erfolgsgeschichte

Meine neue Dienststelle war Wien, wieder im Konzern, wo ich meine Lehrjahre und einige Jahre im Betrieb verbracht hatte. Zu meiner Zeit in Deutschland wurde die Frage „Gewerkschaftsmitglied" nie gestellt, aber Österreich ist anders.

Die erste Frage daher war, warum ich nicht der Gewerkschaft beitrete. Ich sah keinen zwingenden Grund dazu, gab aber schlussendlich dem Drängen meiner Kollegen nach. Ich unterschrieb meinen Beitritt zur Gewerkschaft. Aber hoppla, da flatterte mir die Zeitung der Sozialistischen Gewerkschaft ins Haus. Wie das denn, fragte ich einen ÖAAB-Betriebsrat. „Ja, lieber Freund, du hast keine Fraktionserklärung abgegeben, daher bist du automatisch bei den Sozialisten. Es ist aber auch besser so, wenn irgendwas ist, können die dir ohnehin besser helfen, Hauptsache, du wählst uns." Da war sie wieder, diese Feigheit, die mich so ankotzte.

Dieser Mann, der aus heutiger Sicht dreimal das Parteibuch gewechselt hat. Zuerst schwarz, dann rot und dann wieder schwarz. Er wurde belohnt, war jüngster Abteilungsleiter (schwarz), wurde dann Direktor (rot), wurde eliminiert (möglicherweise wegen Unfähigkeit) und wurde wieder schwarz. Musste er wohl, da er bei einem ÖVP-dominierten Betrieb andockte. Die österreichische Politiklandschaft hatte mich wieder. Na bravo!

Meine Trotzreaktion, ich wurde Mitglied beim ÖAAB, aber nicht sehr lange, denn zwei Jahre später bin ich, und das war die Sensation, als Aktiver aus der Gewerkschaft ausgetreten. Leicht wurde mir der Austritt aus der Gewerkschaft nicht gemacht. Mich kotzte diese Diktatur der Kammern, Parteien und Gewerkschaften total an. Diese Einschränkung der persönlichen Freiheit, diese Unehrlichkeit, vor allem bei den Schwarzen. Die Genossen hatten zumindest im gewissen Sinne Handschlag-Qualität. Die sogenannten Bürgerlichen, also die Schwarzen, waren feig und anpassungsfähig, geübt in der Devoterie. Einfach „vom Säugling zum Bückling". Die ehrliche Reaktion war daher, raus aus dem Verein. Ich hatte, so glaubte ich zumindest, meine politischen Lektionen gelernt, aber das ist erst der vorletzte Teil meines politischen Lernprozesses; es sollte noch viel schlimmer kommen, aber dazu komme ich noch. Zuerst einmal die Geschichte meines Austrittes.

Die Beiträge für die Gewerkschaft wurden direkt durch das Personalbüro abgezogen. Ich habe meine Abmeldung bekanntgegeben und dachte mir, damit ist die Sache ausgestanden. Nach einem halben Jahr bekam ich trotz meiner schriftlichen Austrittserklärung eine Mahnung vom ÖGB. Ich habe mit einer Kopie und einem Begleitschreiben per Fax meinen Austritt nochmals klargestellt. Da kam nach einigen Monaten wieder eine Mahnung, die ich nun ignorierte. Eines Tages rief mich eine Dame an und wollte wissen, warum ich meine Beiträge nicht bezahlt habe. Das brachte meine Geduld zum Überlaufen. Ich hatte genug, Zwangsmitglied bei der Arbeiterkammer und da sollte ich auch noch die Gewerkschaft sponsern. Ich habe mir immer alles selbst erarbeitet und ausverhandelt. Nein, ich hatte endgültig genug von diesem Verein. Ich bin kein Sie-Mensch, als aber die Dame am Telefon mich mit „Herst, Kollege, warum wüst überhaupt austreten?" ansprach, verbat ich mir das vertrauliche Du. Ich habe sie richtig angeschnauzt, drohte die Öffentlichkeit damit zu befassen.

Freigestellte Betriebsräte, die in den Tag hineinlebten, keine Leistung, volle Bezüge, subtilen Druck auf Mitarbeiter ausübend, die noch nicht ihrer Partei angehörten. Das Sagen hatten die Roten. Die Schwarzen waren angepasst, nur bei den Beamten war es offensichtlich umgekehrt.

Mein berufliches Leben ging auch so weiter, reibungslos, na also. Wie viel Zustimmung habe ich erfahren, es war eine Sensation, bis zu diesem Zeitpunkt und auch später war kein derartiger Schritt bekannt. Austritt aus dem ÖGB als aktiver Mitarbeiter der Verstaatlichten. Viele haben mich beglückwünscht, nur keiner hat sich getraut, ebenfalls die logische Konsequenz gegen diesen undemokratischen Gewerkschaftsbund zu ziehen.

Die Spitze des Eisberges wurde im BAWAG-Debakel voll sichtbar und hat meine Ansicht bestätigt.

Ich hatte meine Verträge immer selbst verhandelt. Eine Bevormundung oder Unterstützung durch eine Gewerkschaft war für mich entbehrlich. Die Arbeiterkammer hat mich mit Anstecknadel und Urkunde für meine jahrzehntelange Beitragsleistung geehrt, gebraucht habe ich sie aber nie. Ein Abzeichen für meine abgelieferten Zwangsbeiträge, damit ein Präsident sein fettes Gehalt einstreifen konnte.

Voll erwischt

Der September hat es in sich. Einer jener traumhaften Altweibersommertage. Ich war mit dem Inhaber eines Großbetriebes Mittagessen, hatte etwas zu viel getrunken, also dachte ich, ab ins Schwimmbad und auskurieren.

Da lag ich auf der Pritsche, döste vor mich hin, eingehüllt in Zufriedenheit. Ich hörte Stimmen, öffnete blinzelnd die Augen. Eine Frau mit ihren zwei Mädels nahm neben mir Platz. Die Kleine war um die drei Jahre und die Ältere, eine zierliche, blond gelockte, wie ich später erfuhr, 16-Jährige absolvierte gerade die Handelsschule. Wir kamen ins Gespräch.

Die Kleine war von einer unglaublichen Natürlichkeit, wirkte noch so kindlich und war doch schon unglaublich reif. Ich lud sie in den Schwechater Biergarten ein. Da saß sie mir gegenüber, blond, diese Augen, diese Figur, zart und zerbrechlich. Zu diesem Zeitpunkt war mir noch nicht klar, das Schicksal stellte seine Weichen, der Beginn meiner Love Story.

Wir trafen uns, plauderten, hatten immer ein Thema. Wenn ich sie einige Zeit nicht sah, fehlte mir etwas und ich merkte einfach nicht, was mit mir geschehen war. Verdammt noch mal, ich war ja verheiratet, hatte zwei süße Kinder, der Mittelpunkt meines Lebens. Außerdem, niemals würde ich so blöd sein und eine feste Beziehung mit einer Freundin eingehen, dachte ich, nur das Leben spielt seine eigene Melodie.

Dann war die Kleine wie vom Erdboden verschluckt. Ich wollte sie telefonisch erreichen, ihr Vater wimmelte mich rüde ab. Ich brachte aber die Gedanken nicht aus meinem Kopf, Monika, wo bist du?

Monate vergingen, Frühling, April. Ich saß mit einem Techniker meiner Firma zu Tisch. Sonnentag, Frühlingserwachen, die Fenster zum Stadtplatz waren weit geöffnet, da sah ich sie. Sie schlenderte mit einer Freundin, eine Eistüte in der Hand, in Richtung Michaelerkirche. Wie von einer Tarantel gestochen, sprang ich auf, rannte auf die Straße, holte sie ein, ein Satz nur: „Wo warst du so lange?"

Eine unglaubliche Zeit brach über mich herein und ich höre heute noch das Lied „Ich habe die Liebe gesehen".

Wir trafen uns um 14 Uhr, wanderten die Steyr entlang, im sprießenden, zarten Grün des jungen Grases. Ich hatte keinen Blick für das Frühlingserwachen, ich sah nur sie, spürte nur sie. Wir fuhren auf den Ulrichsberg, es begann dunkel zu werden. Die schmale Sichel des Mondes überließ dem Sternenheer die Herrschaft über den Nachthimmel.

Bei einer Mostjause redeten wir über Gott und die Welt, wieder einmal. Es war schon spät, wir wanderten langsam zum Parkplatz, ihre Nähe warm atmend, ich zog sie zu mir. Wir standen uns so nahe, spürten unseren Atem, dann ist es geschehen. Mein Gott, sie war erst siebzehn.

Drei Jahre hat diese entsetzlich schöne Beziehung gedauert. Himmel und Hölle der Gefühle. Eine Wolkenkratzer-Stadt der Lügen, widerstrebende Gefühle, Jauchzen und Weinen, wie könnte man das alles beschreiben.

Die Glocke schlägt, zuerst leise, dann immer lauter und wurde zum Grabgeläute meiner Ausgeglichenheit, meines seelischen Wohlergehens, zugleich der Hahnenschrei gegen meine Vernunft, die mich zu Recht in Furcht gehalten hatte. Alles Vorgenommene, alle Vorsätze beiseitegeschoben, ich war frei, frei für den Augenblick, und wurde sein Gefangener. Zerrissen zwischen der Liebe zu meinen Kindern und der Zuneigung zu meiner Angetrauten hier und dem machtlosen Ausgeliefertsein an die Gefühle dort. Hin- und hergerissen, ratlos, auf einem Wellental der Liebe, der Lügen schlechten Gewissen schwimmend, den Schmerz spürend, auseinanderzufallen. Niemals hätte ich daran gedacht, einmal in diese Situation zu kommen.

Nach meiner Rückkehr wurde ich zu einer Bundesheerübung einberufen. Ich fuhr los, Eisenbundesstraße, über den Präbichl nach Leoben. Eine Woche in einem Munitions- und Nachschublager. Anwesend war lediglich eine Wachmannschaft. Wir wurden unter dem Dachgeschoss einer Lagerhalle, umfunktioniert zu einem Massenlager, einquartiert. Noch nie hatte ich derart viele hohe Offiziere auf einem so engen Raum gesehen wie hier in Leoben. Das Höchste der Gefühle war während meiner Ausbildungszeit in Kärnten ein Brigadier. Beendet habe ich die Milizübung als Zugsführer der Reserve. Trotz meiner Probleme mit den Unteroffizieren, vor allem aber mit einem Oberstleutnant.

Nach dem Motto „Frechheit siegt" bin ich mit meinem knallroten BMW 520 resch am Torposten vorbeigefahren. Den Ärmsten blieb bei meiner zügigen Anfahrt nichts übrig, als den Schranken hochzureißen und zu salutieren. Offensichtlich dachte man, es handelt sich um einen Offizier, da nur diesen die Einfahrt mit PKW gestattet war. Da parkte ich nun die ganze Woche direkt vor der Kompaniekanzlei und niemandem ist es aufgefallen, dass das Auto einem einfachen Korporal gehört.

Zur damaligen Zeit war ein BMW 520 eher einem ranghohen Offizier anzurechnen. Alte Freunde trafen sich wieder, lange nicht gesehen. Eine erlebnisreiche Woche, viel Einsatz, Marschieren, Schießen, Gefechts- und Geländeübungen. Nach einer Schießübung war der Teufel los. Es fehlten drei Patronen. Wir wurden kaserniert, de facto eingesperrt. Es wurde recherchiert, gefragt und Druck gemacht. Eine hochnotpeinliche Angelegenheit und endlich stellte sich der Täter: Ein Fleischer-Geselle wollte ganz einfach die Patronen mitgehen lassen. Der hat dann auch sein Fett abbekommen, wir waren heilfroh, dass sich alles aufgeklärt hat. Bis dahin war jeder tatverdächtig und das tat der Stimmung nicht wirklich gut.

Es war der letzte Abend vor dem Tag der Abrüstung.

Wir feierten das Ende dieser Zwangsbeglückung, einige Kisten Bier ließen die Stimmung hoch gehen Die Tür ging auf, ein mehrfach Goldbesternter kam herein. Ich kann mich nicht mehr erinnern, wie viele Sterne es waren, es spielt auch keine Rolle. Das muntere Treiben ging lustig weiter und keiner dachte daran, Meldung zu machen. Der Goldstern machte sich unmissverständlich und lautstark bemerkbar. „Was ist los, meine Herren, will denn keiner Meldung machen?" Betroffenes Schweigen.

Der ist uns gerade noch abgegangen. Keiner rührte sich, wer war der Stubenälteste oder Ranghöchste? Wir sahen uns verstohlen um. Da kam es im O-Ton: „Fähnrich, was ist, wollen Sie nicht Meldung machen?" Ach ja, wir hatten auch einen Fähnrich in unseren Reihen, Fähnrich Laschitz. Dieser erhob sich langsam, stand bequem und sah den Goldstern an. „Na, was ist, Herr Fähnrich, wollen Sie nicht Haltung annehmen und Meldung machen?" L. blieb ganz locker. „Keine Ahnung, wie das geht", sagte er. Der Goldstern verlor die Fassung. „Sagen Sie, Herr Fähnrich, wie sind Sie denn zu diesem Dienstgrad gekommen? Das ist ja unglaublich." „Keine Ahnung", sagte Lasch und dann bequemte er sich doch, eine Meldung, wenn auch eine sehr unmilitärische, zu machen. „Das hat ein Nachspiel", schnaubte der Goldstern und drehte ab. Wir brüllten unser besoffenes Lachen hinter dem abgehenden Goldbesternten her.

Es war so weit, Samstag, früh am Morgen, Tag der Abrüstung, ich, mit Ausrüstungsgegenständen beladen, wanderte zu meinem Auto. Vorbei an einem Oberstleutnant. Ein laut vernehmliches „Guten Morgen, Herr Oberstleutnant" von mir. Ich bin ja kein unhöflicher Mensch, nur meine Gedanken waren schon auf Abrüsten fixiert.

„Korporal, bleiben Sie stehen", war sein schnarrender Befehl. Ich stoppte, drehte mich um. „Herr Oberstleutnant?" „Können Sie nicht ordentlich grüßen, Korporal?", schnauzte er mich an. Na ja, ich hatte es verabsäumt, eine zackige Kopfwendung in Richtung Oberstleutnant zu machen. Ein einfaches, lautes „Guten Morgen, Herr Oberstleutnant" war für diesen Hochrangigen offensichtlich ein Vergehen, das geahndet werden musste. Arschloch, fuhr es mir durch den Kopf, blöder Gockel, leck mich, ich fahr ohnehin nach Hause! Den Schnabel verbrannt, in meiner Rechtfertigung offensichtlich zu selbstbewusst aufgetreten, das kann doch nicht sein. Korporal gegen Oberstleutnant, wo käme man da hin?

Mein Abschied wurde mit einem „zum Rapport befohlen" garniert. Nun kam es auch ans Tageslicht, dass der rote BMW vor der Kanzlei mir gehörte.

Das war die Krone und hatte zur Folge, dass ich zum Rapport befohlen wurde. Das Vernünftigste war nun untertauchen, bis ich endgültig in meinen zivilen Klamotten aufscheinen konnte. So war ich nicht unbedingt militärischem Zwang unterworfen.

Die oberste Instanz, ein Oberst, erledigte meinen Rapport. Die ganze Sache war ihm sichtlich unangenehm und alles ging aus wie das Hornberger Schießen.

Der Spieß ließ mir zukommen, dass meine Beförderung zum Zugsführer auf dem Spiel stand, was mir aber schnurzegal war, da ich ohnehin weit davon entfernt war, meine Karriere beim Heer fortzusetzen. Offensichtlich war meine Beurteilung aber nicht so schlecht und zur allgemeinen Überraschung rüstete ich tatsächlich als ROA-Zugsführer ab. Das war aber auch endgültig mein letzter Karrieresprung beim Bundesheer, da ich nach einem Jahr meine gesamte Ausrüstung wieder abliefern musste. Miliz ade, ich war vom Militärdienst befreit. Aber noch war es nicht so weit.

Nichts wie weg, und in dieser Nacht geschah es. Meine „Love Story" hat mir glaubhaft versichert, ich brauche nicht aufpassen, es sind ihre sicheren Tage. Das war es dann auch, einige Wochen später stand ich vor der Tatsache, ein Kind ist unterwegs.

Lange habe ich überlegt, ob ich diesen dunklen Teil meines Lebens einbeziehen soll. Heute noch denke ich daran, es ist eine schwere Schuld, schlicht und einfach Mord, ein auf dem Weg ins Leben befindliches Wesen abzutreiben. Ja, ich habe es durchgesetzt, gegen den Willen meiner kleinen Freundin. Es war klar, sie hatte alles bewusst geplant, darauf hoffend, ein gemeinsames Kind würde mich veranlassen, meine Familie aufzugeben. Aber ich konnte es einfach nicht und ich habe so diese Schuld auf mich genommen. Ja, ich bereue es, bereue es zutiefst, aber diese Reue kann nichts daran ändern, es ist geschehen.

Es war ein schrecklicher Tag, als wir nach Wien zum Engelmacher fuhren. Ich werde es nie aus meinem Gedächtnis streichen können.

Bei der Rückfahrt regnete es in Strömen. Da bekam sie starke Blutungen. Panik erfasste mich. Ich steuerte zur ersten Raststätte, stürmte durch strömenden Wolkenbruch zur Telefonzelle und rief den Arzt an. Der war cool, ich solle mir keine unnötigen Sorgen machen und einfach zuwarten. Wenn die Blutungen nach einer Viertelstunde nicht aufhören, dann solle ich mich noch mal melden. Der hat leicht reden, dachte ich mir und fand es absolut nicht beruhigend. Zurück ins Auto und warten.

Es schüttete, dicke Tropfen trommelten aufs Autodach und die Scheiben. Angst, Verzweiflung und Selbstvorwürfe quälten mich. Was sollte ich nur machen? Ihr blonder Kopf lag an meiner Schulter, sie weinte. Endlich beruhigte sich die Situation, der Arzt hatte recht gehabt und wir setzten die Fahrt fort.

Das Wochenende haben wir gemeinsam verbracht. Ich konnte sie einfach nicht allein lassen und es kam, wie es kommen musste, meine Babs hat durch Telefonate mit der Firmenleitung herausbekommen, ich war nicht in Düsseldorf. Damals habe ich gegen sie eine tiefe Abneigung, ich würde sogar sagen, Hass empfunden.

Dieses Nachspionieren, was hat es ihr gebracht? Nur ein schlechtes Klima, das Misstrauen, betrogen zu werden, wurde wieder einmal bestärkt. Ich konnte ihr den Grund meiner Lüge nicht sagen, aber meine kleine Freundin in dieser so schweren Situation im Stich lassen, das konnte ich auch nicht. Die Beine der Lügen sind immer sehr kurz.

Wieder einmal stellte ich mir die Frage: Was ist Sünde, freier Wille, Determination? War es Bestimmung, dass sich unsere Wege kreuzten?

Oft ist man ein Getriebener, der wider besseres Wissen einen Weg geht, der Himmel und Hölle menschlicher Gefühle aufbrechen lässt. Man büßt für jede Sekunde, jede Stunde und jeden Tag des Glücks und alle daran Beteiligten bezahlen einen hohen Preis. Mehr kann und will ich über diese Tragödie meines Lebens nicht mehr schreiben, ja, ich weiß, es war die Story, meine Love Story. Sie soll versiegelt bleiben in meinem Herzen. Wenn ich zurückschaue, sehe ich noch, verschwommen, unklar, aber unauslöschlich den Makel der Schuld. Noch nie war ich in einer derartigen Situation, ich habe immer jeden für einen Idioten gehalten, der neben seiner Ehefrau eine feste Liebesbeziehung hat. Dann bin ich selbst mit meinen 33 Jahren einfach hineingeschlittert, einfach so, unabwendbares Schicksal? Ich hatte doch meinen freien Willen!

Wie kann man sich treu bleiben, wenn man sich nicht ändert? Nur wer sich ändert, bleibt sich treu, ja, man will sich treu bleiben, will Mensch bleiben, aber dazu braucht man Kraft und Mut. Man muss sich wandeln, wenn man es endlich besser weiß. Auch als ich es besser wusste, habe ich mich nicht geändert, ich hatte einfach nicht die Kraft dazu. Heute erkenne ich, es war gut so. Ich habe mich als schwach erkannt, ich habe die Schwäche anderer verstehen und die Stärke anderer bewundern gelernt.

Die Lüge wurde zur Daseinsform, sie ist ebenso wie Verrat eine nicht ungefährliche Form des Lebens, aber sicher eine schreckliche! Ich habe mich für meine Kinder entschieden, aber mein Traum lebte lange Zeit weiter.

Der Tod, die traurige Geschichte

Ich habe Belinda kennengelernt, eine Beziehung im Spannungsbereich meiner Erfahrungen. Ich habe mich nicht mehr aus dem Fenster gelehnt, aber es entstand doch eine Beziehung. Ich habe mit offenen Karten gespielt und so wurde ich Teil ihrer unglücklichen Liebe zu mir. War das Schicksal ihr gnädig, als sie nach kurzer Zeit unserer Bekanntschaft an akuter Leukämie erkrankte?

Ich habe ihr Sterben erlebt, bin mit ihrer Schwester nach Wien ins Krankenhaus gefahren. Da lag sie, jung, schön, zerbrechlich, fieberglänzende Augen. Sie sah mich an, ein Satz, kaum hörbar: „Helmut, jetzt geht's dahin."

Ich bin in die Toilette, habe mir die Tränen abgewaschen, in den Spiegel geschaut, ich habe geweint. Eine liebe Beziehung, 23 Jahre jung, urplötzlich aus dem Leben gerissen, eine heimtückische Krankheit hat innerhalb weniger Wochen ihr Leben ausgelöscht. Eine höhere Macht hat dieses liebenswerte Wesen aus ihren nicht zu erfüllenden Sehnsüchten gerissen.

Es hat mich traurig gestimmt, ich habe mich ihr gegenüber nie ganz geöffnet, blieb immer etwas reserviert. Sie hat darunter gelitten, aber es hätte einfach keinen Sinn gemacht, Hoffnungen zu erwecken, wo es keine gab. Es war so und niemand ist wirklich schuld daran. Selbstvorwürfe habe ich mir genug gemacht. Der Geist ist willig, aber das Fleisch ist schwach, gut und schön. Die Machtlosigkeit gegen sich selbst offenbart sich, wenn der willige Geist keine Kraft hat.

Das Begräbnis fand in der ersten Februarwoche statt, ich war nicht dabei. Alle Straßen wegen Nassschneelawinen gesperrt. Ich saß im Auto, wendete und fuhr nach Hause.

Wie habe sie gespürt, meine Belinda. Unglaublich nahe, tagelang, monatelang, immer wieder. Ich bin mitten in der Nacht aufgewacht, da war dein Gesicht vor mir, waagrecht, scharf und farbig. Ich habe deine blauen Augen gesehen, es ist die Wahrheit.

Dazu ist noch festzuhalten, dass ich mit ihr und ihren Berufskolleginnen oft parapsychologische Übungen abgehalten habe, Geistschreiben. Sie hat ihren Großvater angerufen, er hat sich gemeldet. Fragen, Antworten, Staunen, echt gruselig für manchen. Dann hat sie die Frage gestellt, wie alt sie wird, wie lange sie noch zu leben hat. Die Antwort war eine Schnecke. Ein Kreis von innen nach außen, was immer dann kam, wenn die Antwort verweigert wurde.

Ich erinnere mich auch noch an das Handlesen, ihre Lebenslinien waren so kurz und ich habe damals lachend zu ihr gesagt: „Mädel, eigentlich solltest du schon tot sein." Ein Dreivierteljahr später war es so weit.

Handlesen, Wahrsagen war einfach interessant. Langsam, aber sicher ist mein Interesse an dieser Herumdeutelei erloschen. Interessant ist es allemal, nur bringt es einen im Leben nicht wirklich weiter. Das Leben nach dem Leben? Das andere Leben? Damit soll man nicht spielen!

Eine Lebensphilosophie der dauernden Selbsttäuschung widersprach meinem wahren Menschen- und Weltverständnis. Warum das Leid, der Tod? Religion war für mich nie ein nützliches, elegantes Objekt traumatischer Gemütsbewegung. Ich fragte mich schon, soll die Welt für mich für immer eine Traumwelt bleiben, dass der Schöpfung tiefstes Geheimnis unserer Existenz auf das niedrige Niveau Evolution oder Natur herabgezogen wird? Nein, mit funktionalem Denken ist dieser Frage nicht beizukommen. Nicht nach dem Wie, sondern nach dem Warum fragen, weil das Warum der Wegweiser ist. Mit parapsychologischen Spielereien kommt man einer Lösung auch nicht näher.

Leben vor dem Leben

Mit 20 war ich der Meinung, Atheist, zumindest Agnostiker zu sein. Ohne recht zu wissen, was ein Agnostiker ist. Heute weiß ich mehr. Dazu fällt mir folgende Aussage ein: Ein Atheist weiß, dass er nichts glaubt, und ein Agnostiker glaubt, dass er nichts weiß! Das trifft zumindest für meinen Begriff den Nagel auf den Kopf.

Mit dem Glauben hatte ich damals keine Probleme mehr. Gehen doch die meisten Gläubigen in die Kirche wie in ein Konzert, mit Vornehmheit und Befriedigung. Sie gehen zur Beichte wie zum Bad. Ja, die Beichte, wie tief ist meine Abneigung gegen diese katholische Erfindung noch immer. In meiner pubertierenden Zeit, als ich bei der Jungschar war, wurde es immer zu einer unglaublichen Peinlichkeit, dem Priester die intimsten Gefühle und Geheimnisse preiszugeben. In diesem finsteren, engen Kasten zu knien, ausgehorcht zu werden von einem Menschen, der sicher mit sich selbst genug zu tun hat. Wenn er auch noch vom anderen Ufer ist, na dann! Für mich ist die Beichte geistiger Voyeurismus. Wenn der Priester intensiv forschend das sechste Gebot, Gebot der Unkeuschheit subtil hinterfragt, jedes Detail genau zerlegt und dabei mit seinem Arbeitslosen spielt? Wenn es nur ein einziger wäre, ist es einer zu viel.

Es gab immer wieder Anlässe, sich neu zu orientieren, nicht Erledigtes wurde wieder aktuell. So geschah es mir krankheitsbedingt, dass meine Gedanken, meine Suche nach Antworten auf die ungelösten Fragen des Lebens wieder zum Mittelpunkt meiner Gedanken wurden.

Mein Kreuz mit dem Kreuz war für mich zu einem echten Problem geworden. Ich war im besten Alter und wurde in immer kürzeren Abständen von starken Schmerzen im unteren Wirbelsäulenbereich gequält. Ich bekam Tabletten, Spritzen, ging zum Chiropraktiker, mein Leiden wurde immer schlimmer. Krankenhaus, Untersuchungen, alles keine Erfolgsgeschichte. Meine Verzweiflung war so groß, dass es Augenblicke gab, wo ich einfach Schluss machen wollte. Schmerzen beim Liegen und Sitzen, ich konnte nicht mehr gerade stehen oder gehen. Trotz meiner Schmerzen ging ich meiner Arbeit nach. Schon das Ein- und Aussteigen bei meinem PKW war eine Tortur. Mühsam hievte ich mich an der Dachreling meines Autos heraus, zog mich daran langsam hoch.

Jeden Morgen nach einer qualvollen Nacht lag ich im Bett und stellte mir die Frage, warum soll ich überhaupt noch aufstehen? Da der Schmerz auch beim Liegen unerträglich war, wählte ich die Alternative: „Los, steh auf!"

Vorsichtiges Strecken, langsames Seitlich-Drehen und Aus-dem-Bett-Rutschen. Auf Händen und Knien bewegte ich mich in das Badezimmer, stemmte mich mühsam am Becken hoch und erledigte meine Morgentoilette. Das linke Bein im Bereich des Sprunggelenkes wurde langsam gefühllos, ich begann zu hinken. Meine Lebenskraft wurde immer schwächer, ich war nervlich am Ende. Der behandelnde Arzt stellte mir in Aussicht: „Der Rollstuhl wartet auf dich." Was mich aber total fertigmachte, es gab keine wirklich nachvollziehbare Diagnose. Die Bandscheiben waren okay, der Ischiasnerv offensichtlich geschädigt. Die Frage nach der Ursache blieb unbeantwortet.

Ein Bekannter frage mich, warum ich nicht zum „Wender" gehe. Mit dieser Frage konnte ich absolut nichts anfangen. Man klärte mich auf, in Göstling gab es einen Mann, der wenden kann, also einen Geistheiler. Großartig, das hat mir gerade noch gefehlt, „Geistheiler", so ein Schwachsinn! Da ich alle möglichen Therapien ohne den geringsten Erfolg versucht hatte, entschloss ich mich dann, ohne daran zu glauben, diesen Mann aufzusuchen. Es war ohnehin alles egal, mein Tablettenkonsum hatte bereits einen Umfang angenommen, der eine Leberschädigung immer wahrscheinlicher machte.

Dieser Mann, ein gelernter Tapezierer, sollte mich also heilen. Einfach verrückt, wie heißt es aber: „In der Not frisst der Teufel Fliegen."

Seltsam, das Wartezimmer war voll besetzt. Wie ich so mithören konnte, waren alle Patienten vorher in ärztlicher Behandlung gewesen, offensichtlich ohne Erfolg. Hier beim Wender, dem Tapeziermeister, wurden die verschiedenen Leiden auskuriert. Da saß ich nun und wartete. Endlich war es so weit, meine erste Frage an den Zauberer: „Muss ich daran glauben, damit mir geholfen wird?" Nein, brauchte ich nicht, es konnte losgehen. Zuerst schilderte ich meine Leiden und die bisher durchgeführten Therapien. Mit seiner rechten Hand streifte er meinen Körper in allen Richtungen ab. Dann musste ich auf einem Blatt den Grundriss meiner Wohnung aufzeichnen. Der Wender nahm einen Stift in die Hand, mit seiner Linken trommelte er auf der Tischkante und begann mit dem Stift durch das Badezimmer und Schlafzimmer eine unterschiedlich breite Bahn zu fummeln.

Fazit, ich lag auf einer Wasserader, war vor allem im unteren Körperbereich voll eingestrahlt. Ich war skeptisch, fast zynisch, so ein Quatsch, wie konnte dieser Mann auf mehr als sechzig Kilometer feststellen, dass ich auf einem Störfeld lag? Er riet mir, meine Schlafstelle sofort zu ändern, die Medikamente aber weiterhin zu nehmen. Enttäuscht fuhr ich nach Hause. Sollte ich den Rat dieses Mannes befolgen? Einen Versuch war es wert.

So entschloss ich mich, das Schlafzimmer mit dem Kinderzimmer zu tauschen. Der Erfolg war in kurzer Zeit durchschlagend. Mein Zustand besserte sich sehr rasch. Ich konnte nach kurzer Zeit die Tabletten aussetzen. Jetzt aber hatten meine Kinder ein Problem. Sie wurden von Schlaflosigkeit und Übelkeit mitten in der Nacht aufgeweckt.

Ich musste etwas dagegen tun, mein Interesse war geweckt. Also holte ich mir einen Rutengänger. Helmut K., immerhin ein HTL-Absolvent, ein ehemaliger Klassenkamerad von Bruder Manfred. Er kam auf genau dasselbe Ergebnis wie der weit entfernte Wender. Jetzt war ich endgültig überzeugt, es gibt Dinge zwischen Himmel und Erde, die rational nicht einfach zu erklären sind, aber es gibt sie.

Meine Heilung wurde für mich zur Richtschnur, zum Wegweiser, mich wieder auf die Suche zu begeben. Meinen kindlichen Glauben hatte ich im jugendlichen Eifer meiner intellektuellen Expansion aufgegeben. Ich machte mich wieder auf den Weg, stellte meine Positionen wieder einmal in Frage, wurde wieder flexibel. „Esoterik", das war die Antwort, die richtige Antwort?

Natürlich habe ich meinen behandelnden Arzt angerufen und ihm die Sache erzählt. Sein Kommentar: „Schämst du dich nicht, an so einen Humbug zu glauben?", dann hat er einfach den Hörer aufgelegt.

Ironie des Schicksals, der Arzt hat nur noch wenige Jahre gelebt, er starb an Krebs. Ich lebe noch immer und erfreue mich bester Gesundheit, und das mit 71 Jahren.

Als ich mein Haus gebaut habe, wurde mit der Wünschelrute der gesamte Baubereich abgegangen und es war gut so.

Ich besorgte mir Bücher, hörte mir Referate an, lernte interessante Menschen, unter anderem auch einen Schamanen, kennen. „Schicksal als Chance" von Thorwald Dethlefsen war mein Einstieg. Das Beste, was ich je gelesen habe, eine Konfrontation mit dem Urwissen der Menschheit, klare Antworten über Astrologie, Homöopathie und Reinkarnation.

Wachträume

Es gibt Wachträume und ich habe bisher drei gehabt. Das sind erlebte Träume, die unauslöschlich sind!

Gibt es nur das sicht- und greifbare Leben? Was für ein Irrtum, man nimmt nur in der endlosen Leere des scheinbaren Nichts das dort existierende Leben nicht so klar wahr wie in der hellen, bunten Welt des Tageslichtes. Man gleitet ab in die Leere, man beginnt zu träumen, schöne Träume, schreckliche Träume, in denen man nicht immer nur Beobachter war. Träume, die Wirklichkeit waren, wo ich mein früheres Leben erlebte? Und Träume, die nur Träume waren. Farbenprächtige Bilder, Lebensbilder, wie in einem Kaleidoskop lösten sie einander ab. Ferne Tage einer vergangenen Zeit, Träume, die, sobald sie zu Ende waren, wieder aus meinem Gedächtnis verschwanden und neuen, anderen Träumen wichen. Nur die wirklich gelebten Träume bleiben im Gedächtnis eingebrannt, sie begleiten mich bis an das Ende meiner Wanderung.

Mein erster Wachtraum: Eine riesige Arena umgibt einen hell erleuchteten Boxring. Der schwarze Hintergrund lässt eine Menschenmasse erahnen. Ich stehe mitten im Ring und höre ein satanisches Lachen. Angst, gnadenlose Angst überkommt mich, Schweiß bricht aus allen meinen Poren. Es ist das Lachen des Teufels. Ich höre eine Stimme, sie spricht zu mir, sanft, liebevoll: „Sag gelobt sei Jesus Christus." Ich weigere mich, schreie es hinaus: „Weiche von mir, Leviathan!" Das Grauen kommt spürbar näher. Dröhnend drohendes Lachen und wieder diese Stimme: „Sag es doch, gelobt sei Jesus Christus." Ich konnte, ich wollte es nicht sagen, mir so einfach eingestehen, einen zu rufen, an den ich nicht so recht glauben konnte. Das teuflische Lachen war nun in unmittelbarer Nähe, ich brach in die Knie und habe es hinausgeschrien: „Gelobt sei Jesus Christus!"

Stille, absolute Stille und da lag ich, schweißüberströmt, zitternd und bibbernd vor Angst, aber es war vorbei. Ja, ich hatte Angst, eine unglaubliche, lang andauernde Angst. Ich ließ das Licht brennen, bis sich durch das aufgeblähte Dunkel der Nacht langsam ein schwaches beginnendes Nebellicht fraß.

Meine Furcht war zum Magneten geworden und so wurde ich zum Gegenstand dieser Furcht. Dieser eine Satz hat die Furcht aufgelöst und die Anziehungskraft hat schlagartig aufgehört. Oh albtraumhafte Welt der Materie, wer kennt seinen Namen? Ich weiß, dass es ihn gibt, ich glaube es nicht, ich weiß es. Eine Welt ohne Licht, ohne Wahrheit, eine finstere, schreckliche Welt, aus der kein Weg herausführt. Damals habe ich ausgerufen, weiche, verschwinde, lass mich in Ruhe, jetzt und für immer, „gelobt sei Jesus Christus." Soll es mir peinlich sein? Nein, ist es nicht!

Aber er ist zäh und hinterlistig, er mit den vielen Namen, der Unruhestifter, das Unglück dieser Welt.
    Ich habe wieder begonnen nachzudenken, zu wühlen, zu fragen, zu hinterfragen. Ich habe mich wieder auf den Weg gemacht, wieder einmal. Ich denke, ich bin nicht zum ersten Mal auf diesem Planeten. Ich weiß, es gibt Pro- und Kontra-Argumente, aber meine Logik sagt es mir, vor allem aber als Gleichnis der Gerechtigkeit. Es gibt ja keine Chancengleichheit, Menschen kommen auf die Welt im Slum oder als Hochwohlgeborene, als reich oder arm, und das soll gerecht sein?

Wachtraum zwei: Ich stand zusammengepfercht auf einem Karren mit hohen Rädern. Ein schmutzig-verschwitztes grobes Leinenhemd, vorne zerrissen, ein rotes, verknotetes Halstuch. Braune, enge Kniehose, weiße Stutzen und Schuhe mit silbernen Schnallen. Die Menge tobte, Fäuste flogen. Ich stand da, stolz, unnahbar, sah das Schafott in den Himmel ragen, sah den Henker und seine Schergen. Ich nahm mir vor, wie ein Mann zu sterben. Dieses kreischende, tobende Gesindel sollte sich nicht an meiner Angst ergötzen.

Wir wurden vom Karren getrieben, ich spüre dieses wehe Gefühl in den Knien, kraftlos sinke ich zu Boden, werde hochgerissen und zur Mordstätte geschleift. Mein Herz, mein Hirn wollen stark sein, aber es nützt alles nichts, wenn der Körper versagt. Da kniete ich, blutverschmiert das Holz, auf dem mein Hals lag. Vor meinen entsetzten Augen blutige Köpfe in einem geflochtenen Weidenkorb. Ende, aus, da lag ich … ein Schrei, ich fuhr hoch, schweißnass, zitternd saß ich im Bett. Hat sich das in meinem möglichen früheren Leben abgespielt?

Ich denke dabei an meinen früheren Deutschlehrer Herbert Z., er konnte offensichtlich recht gut Französisch. Ich äffte ihn nach, wenn er einen Satz in dieser Sprache sagte. Er war erstaunt und wunderte sich über meine offensichtlich perfekte Aussprache. Lag oder liegt hier der Schlüssel dazu?

Wachtraum drei: Ich ging in einen Dom, es waren fast keine Menschen anwesend. Alles erinnerte an das Innere des Stephansdomes in Wien. Ich setzte mich in die letzte Bank, meine selige Mutter saß neben mir und vor mir saß allein ein behindertes kleines Mädchen. Es versuchte aufzustehen, ich streckte meine Hände über die Bank und wollte das kleine Mädchen zu mir auf die Bank heben. Meine Mutter neben mir sagte: „Lass mich das machen, ich kann es besser." Sie nahm die Kleine auf den Arm und wir verließen den Dom. Am Ausgangstor führte eine halb offene Tür links in einen kapellenartigen Raum. Ich ging hinein, wollte die Türe schließen, was mir aber nicht gelang. Da nahm ich eine Möhre, brach sie, schloss die Türe und schob den keilförmigen Wurzelteil unter den Bodenspalt. Ich blickte auf das dicke andere gebrochene Ende. Auf einmal entstanden spiralförmige Ringe, die in allen Spektralfarben zu leuchten begannen. Der Raum ist in ein diffuses Dämmerlicht gehüllt, langsam wird es heller und heller. Man sieht die Dinge im Raum immer deutlicher hervortreten, die vorher nur schwach zu unterscheiden waren. Das Licht wird immer stärker und erfüllt den Raum, bläuliches, phosphoreszierendes Licht flutet und leuchtet. Das schon vorhandene strahlende Licht wird immer gewaltiger, begleitet von einem seltsamen, raumfüllenden Harfenton, der zu einem mächtigen Akkord anschwillt. Es gibt kein menschliches Wort, kein gemaltes Kunstwerk, keine menschliche Schreibweise, die dieses Licht und diese Musik darstellen und beschreiben kann.

In der Ecke war eine Mönchsfigur in brauner Kutte, mit einem weißen Strick um die Lenden. Die Figur wurde lebendig, stieg herunter, lächelte mich an. Eine Welle gewaltigen Glückgefühls erfasste mich. Dieses Gefühl ist unbeschreiblich, ich kann es nicht ausdrücken und wirklich mitteilen. Es durchdrang mich pulsierend. Dieses Licht, kommt er, der Unaussprechliche, kommt er jetzt?

Der Mönch sah mich mit unendlich gütigen Augen an, der Klang seiner Stimme, weich, voller Güte und Liebe sagte er: „Du hast noch eine lange Zeit vor dir."

Ich begann hemmungslos zu weinen, überwältigt von einem Freiheitsgefühl, losgelöst von der Erdenschwere und allen Problemen dieser Welt, ich, ganz Glück und Freude. Dieses unfassbare, berauschende Glücksgefühl, wie ich es noch nie auch nur annähernd erlebt hatte, ich wollte es festhalten, mit all meinen Kräften, da spürte ich die mich schüttelnde Hand meiner Evi. Nein, nicht jetzt, ich wollte diesen lodernden, abhebenden Zustand nicht verlieren, fühlte aber, wie es langsam dunkel wurde, ich war wieder gelandet, gelandet in der Realität. Sie dachte, ich hätte einen Albtraum, und rüttelte mich, bis ich die Dunkelheit des Schlafzimmers wieder fühlte. Noch immer schüttelte ein wildes Schluchzen meinen Körper. Langsam, sehr langsam verlor sich alles und ich lag da, fassungslos, ratlos, was war mit mir geschehen?

Dieses Erleben ist so intensiv, dass es den ganzen Körper ergreift, die Atmung, die Herzfrequenz, alle Körperfunktionen signifikant verändernd. Ganz logisch und einfach mittendrin erlebt und nicht wirklich zu erklären. Ich kann nur sagen, es ist wahr, es ist die Wahrheit.

Ich hatte auch meine Zeit, wo ich mich intensiv mit der Wahrsagerei befasste. Ich kannte und kenne eine Frau, die sich professionell mit Geistschreiben, Kartenlegen etc. befasst. Diese Frau hat ein Buch geschrieben, tritt bzw. trat im Rundfunk und Fernsehen auf. Zur Zeit meiner grenzenlosen Neugierde nahm ich jede Gelegenheit wahr, um dahinterzukommen, was nun wirklich an diesen Geschichten dran ist. Nun, es gab so manche Fehlmeldung, aber zwei Aussagen sind mir in Erinnerung geblieben, da sie ein interessantes Licht auf diese Magie werfen.

Irrtum und trotzdem wahr, die Aussage einer Wahrsagerin, die mit Stimmen aus dem Jenseits Kontakt hat, so sagte sie es zumindest.

Meine damalige Schwiegermutter war gesundheitlich stark angegriffen. Meine Mutter war gut drauf und auch um einiges jünger und daher meine doch sehr provokative Frage an die Seherin, welche der beiden Frauen früher sterben wird? Ihre Antwort kam für mich völlig überraschend: Meine Mutter stirbt früher und es schneit, dicke, schwere Flocken, wie es im Frühjahr so schneit.

Diese Aussage habe ich nicht wirklich ernst genommen und geistig abgelegt. Nach einigen Jahren rief mich meine Schwester an, Mutter geht es sehr schlecht, man rechnet stündlich mit ihrem Ableben.

Wie mich diese Nachricht traf, kann man sich denken. Ich setzte mich am nächsten Tag mit Frau, Kind und Hund sofort ins Auto und fuhr los. Als wir am Präbichl waren, beugte sich meine kleine Tochter zu mir vor und sagte: „Papa, die Wahrsagerin. Du hast doch gesagt, sie hat dir mitgeteilt, die Brucker Oma stirbt vor der Kapfenberger Oma und es schneit in dichten, großen Flocken." Das war es nun, mir lief es kühl über den Rücken. Also doch, sie hatte recht gehabt.

Wir kamen im Krankenhaus an und Mutter saß aufrecht in ihrem Bett. Erschöpft, gezeichnet, aber erkennbar auf dem Weg der Besserung. Der Arzt bestätigte, dass es an ein Wunder grenzt, da man vor der vergangenen Nacht absolut davon ausging, sie liege in den letzten Zügen. Nun aber kam es, am frühen Morgen hat man sie unter dem Bett liegend gefunden, schlafend.

Sie erzählte uns dann die Geschichte, erlebte Geschichte der vergangenen letzten Nacht. Sie fühlte, es ging zu Ende mit ihr. Verzweifelt wehrte sie sich und stöhnte immer wieder: „Ich will nicht sterben." Da standen auf einmal Vater, Großmutter, Großvater und eine alte, liebe Freundin von Mutter am Bettende. Ganz in Weiß gekleidet, winkten sie ihr und sagten: „Komm, Liesl, komm doch, es ist so schön hier." Mutter wollte nicht, um keinen Preis, sie hat sich im Delirium unter das Bett geflüchtet.

Die Moral von der Geschichte? Nun, es hat fast, aber nur fast alles gestimmt, was die Wahrsagerin vorausgesagt hat, nur gestorben ist Mutter nicht. Hatte der Allmächtige Erbarmen mit dieser angstvollen Seele? Unsere Mutter verstarb Jahre später weit nach dem Tod meiner Schwiegermutter. Sie ist einfach eingeschlafen, am Morgen lag sie im Bett, friedlich, still. Sie hat es sich verdient, so aus ihrem arbeitsreichen, sorgenbelasteten Leben zu scheiden. Warum ich diese Geschichte auch noch erwähne? Einfach zum Nachdenken, mehr nicht. Soll sich jeder seinen eigenen Reim darauf machen!

Ach ja, die letzte Wahrsagung fehlt noch. Die Seherin sah mich aus meinem Haus gehen, weggehen aus meinem so geliebten St. Georgen, und ein Kind sah sie noch, ein kleines Kind, ein Baby.

Ich habe meine dritte Heimstatt verlassen (hier hätte ich jede Wette verloren), just zu dem Zeitpunkt, als mein zweiter Sohn David das Licht der Welt erblickte.

Glaube jeder, was er zu glauben meint, tue jeder, was er zu tun gedenkt, nur eines habe ich klar, sehr klar erkannt, Wahrsagen hilft einem in keiner Weise weiter. Es ist ein interessantes Thema, mehr aber auch nicht. Leider ist es ein Geschäft geworden; wohl dem, der daran glaubt, eine Krücke für den Lebensweg, die nicht wirklich etwas bringt.

Man soll nicht versuchen, sich auf diese Geschichten einen Reim zu machen. Ich habe mir nur die Freiheit genommen, sie so zu beschreiben, wie ich sie erlebt habe, wie sie sich eingebrannt haben in meinem Gehirn. Ich denke zurück, als ich zwischen meinem zwanzigsten und fünfundzwanzigsten Lebensjahr endlich klar sehen konnte. Ich war der Meinung, meine Suche ist zu Ende, dabei hat sie erst richtig begonnen.

Brain storming

Ja, es stimmt, das Gehirn sitzt zwar im Kopf und es ist immer bereit, dass man sich seiner bedient. Oft ist es scheinbar vergesslich, faul oder befasst sich mit Dingen, ohne dass man es will. Da liegen hunderttausende gespeicherte Daten im Kopf herum und warten darauf, abgerufen zu werden. Nie konfrontiert es einen mit seiner Vergesslichkeit, nein, die Lücken werden einfach mit anderen Erinnerungen gestopft und schon glaubt man, fast alles aus dem bisher vergangenen Leben zu wissen. Es suggeriert einem beste Befindlichkeit, indem es uns vorgaukelt, alles ist bestens, man ist erfolgreich, sieht blendend oder zumindest gut aus, auch wenn all das nicht wirklich den Tatsachen entsprechen sollte. Es ist immer bemüht, alles zu tun, damit man gut dasteht, zumindest vor sich selbst. Oh, beschützendes Gehirn, es macht traurig, organisiert das Lachen, baut einen auf oder ab, meist macht es aber alles, damit man sich gut fühlt. Manchmal redet es einem etwas ein, was absolut falsch ist. Tritt das Letztgenannte ein, geht trotz sonstiger Hinwendung der Schuss nach hinten los. So kann es geschehen, dass einem das Gehirn schon mal Informationen unterjubelt, welche das fürsorgliche Ziel umkehrt. Das reziproke Gehirn.

In der Regel versucht es immer vorherzusehen, was einen im nächsten Moment erwartet, was wir sehen werden, es will darauf vorbereiten. So geht unser Gehirn immer davon aus, Gespeichertes auch unbefohlen abzugeben, wir gehorchen und verlassen uns darauf. Dann kann Folgendes passieren!

Ich bilde mir ein, ein erfahrener, routinierter Autofahrer zu sein. Das tut ohnehin jeder, also warum nicht auch ich?

Mein Autohaus hat mich zu einer Probefahrt mit dem neuen Audi A 8 eingeladen. Ein schwüler, sonnenheißer Tag, ich fuhr los. Ein Wagen dieser Kategorie hat selbstverständlich auch ein Einparkwarnsystem. Dieses System warnt bekanntlich durch ein immer lauter werdendes akustisches Signal bei geringer werdenden Abständen. Dort, wo das Blickfeld durch die Spiegel verstellt ist.

Nach einer genussvollen Fahrt komme ich zurück, was für ein tolles Auto. Ich fahre zum Kundenparkplatz, sagt mir doch mein Gehirn: „Nein, nicht hier, viel zu heiß, warum nicht vor der Ausstellungshalle, dort ist Schatten?" Ich kurve wieder raus und schiebe den Audi langsam in Richtung Glaswand der Halle. Die Wand aus Glas kam immer näher, das Signal des Warnsystems wurde aktiv und immer lauter. Ich oder besser mein Gehirn im Zwiegespräch mit der Elektronik. Was soll's, ist doch noch genug Abstand zur Glaswand, also weiterrollen. Dann ein leichter Stoß, ein Knall, prasselnd ging die Wand aus Glas der Schwerkraft folgend nieder.

Warum versucht das Gehirn immer hartnäckig vorherzusehen, was gleich oder nicht kommen wird? Dieses Hochleistungsorgan verbraucht mehr als 20 % unserer Energie, und das bei nur 2 % des Körpergewichtes. Es wartet nur darauf, dass es benutzt wird, nur leider wartet es nicht immer und macht sich selbstständig, ruft ungefragt gespeicherte Daten ab und dann …

Mehr als ein Jahrzehnt fuhr ich Auto ohne Kofferraumausladung, VW Golf, Audi Avant. Mein Gehirn war darauf abgestimmt, die Daten waren gespeichert, neue Information nicht vorhanden. Also scheiß Elektronik, weiterfahren und ich gab diesem Befehl Vorrang. Das Ergebnis: ein blamables Chaos. Die gesamte Belegschaft lief zusammen, ungläubig das Auto umringend. Ich saß da wie ein begossener Pudel.

Offensichtlich hat unser Gehirn eine große Abneigung gegen Überraschungen. Deswegen fährt es seine Leistung ungefragt, wie in diesem Fall, hoch und genau das Gegenteil wurde erreicht. Danke, mein Brain, danke, mein Gehirn, für diese unglaubliche Peinlichkeit und Blamage.

Damit beende ich die unwissenschaftliche Art meiner Betrachtungen über unser Sein, über Zeit und Ewigkeit und alles, was sich da herumbewegt, mit einem Schuss Sarkasmus.

Wäust a Herz host
wia a Bergwerk

Wenn du mich fragst, was mir das Wichtigste ist, werde ich sagen: „mein Leben"! Dreh dich nicht weinend weg, geh nicht fort, ohne zu wissen, dass du mein Leben bist. Irgendwo habe ich diese Aussage gelesen, schade, sie ist nicht von mir. Aber es gibt mein Empfinden wieder, meine Gefühle, meine Liebe zu dir. Lassen wir nicht zu, dass die Quelle unserer Zuneigung versiegt, dass sie zugrunde geht an Lügen, dahinsiecht vor Müdigkeit, zerbricht an Missverständnissen, ertrinkt in einem Meer von Tränen. Lassen wir sie leben, jetzt, morgen, alle Tage, solange unser Atem weht, unser Herz schlägt.

Du warst in derselben Firma tätig und heftig umschwärmt. Eine Figur, gertenschlank, schwarzes, schulterlanges Haar und Augen von einem dunklen Braun. Ich habe dich zum Mittagsessen beim Schweden gleich ums Eck eingeladen. Kokett, spitzbübisch, nie um eine Antwort verlegen, nur ich war verheiratet und das war der Punkt. Nein, auf das wolltest du dich nicht einlassen. Aber da gab es unseren fast gemeinsamen Geburtstag, nur fünf Tage auseinander, und das war dann auch der Grund, warum sich unsere Wege wiedergefunden haben.

Ein Jahr war vergangen, ohne dass wir Kontakt miteinander hatten. Ich dachte zu oft an dich, Evi, meine geheime Zuneigung. Nach einem Jahr war es so weit, ich griff zum Hörer und lud dich wie versprochen zum Essen ein. Meine Bärbel hatte ganz offensichtlich die Konsequenzen gezogen (ich konnte es ihr nicht verdenken bei meinem Lebenswandel) und war in Afrika, Marokko oder Tunesien, und das nicht allein.

Es wurde ein langer Abend, wir redeten über Gott und die Welt, über meine Familie, meine Beziehung zu meiner Angetrauten. Sie hatte ein Verhältnis, ich wusste es schon lange. Meine Aufgeregtheit hielt sich in Grenzen. Das Gegenteil war der Fall. Jetzt ergab sich die Chance, unsere für beide so belastende Beziehung zu beenden. Meine Kinder waren fast erwachsen, warum sollten wir uns weiter quälen? Über all die Jahre war sie treu, nun hatte sie mit mir gebrochen. Ich wollte sichergehen und stellte sie zur Rede. Ihre Antwort war: „Jetzt weißt, wie es ist, wenn man betrogen wird!" Ich habe darauf hingewiesen, dass ihre Entscheidung, wenn sie dabei bleibt, irreversibel ist. Die Wirklichkeit war leider eine andere. Als sie über unsere Beziehung erfuhr, war die Hölle los. Mit aller Kraft versuchte sie zurückzurudern, zu spät. Wie konnte ich dir gegenüber mein Versprechen zurücknehmen? Eine Zeit mit entsetzlichen Ereignissen, aber auch unvergesslichen Erlebnissen lag vor uns. Fast schien es so, dass wir uns verlieren werden, lange Jahre, traurig-schön, lagen vor uns.

Insel im Atlantik

Unsere ersten zwei Wochen in Zweisamkeit, wir flogen nach Teneriffa. Mit dem Auto nach München, wo ich in meiner ehemaligen Dienststelle einen sicheren Abstellplatz hatte. Flughafen München-Riem, wir hoben ab und unser Abenteuer begann.

Der Anblick der Erde von oben war unerhört schön. Nach Westen, so weit der Blick reichte, die scheinbar unbegrenzte spiegelglatte Meeresfläche des Atlantiks, die von Augenblick zu Augenblick ein tieferes Blau annahm. Im Osten Gibraltar, das sich langsam zu einem winzigen Fleck verkleinerte, dahinter das dunkle Mediterrane Meer, das mit leuchtenden Inseln besprenkelt war.

Teneriffa mit dir, tintenblau der Atlantik, majestätisch das mit Schnee bestäubte Haupt des Teide. Unsere Fahrten über und um die Insel, durch Bananenplantagen, die schmalen grauen Windungen der Straße hinauf zu Enrico, der eine kleine, gemütliche Pinte bewirtschaftete.

Insel im Atlantik, wenn das Meer an der Küste aufleuchtet wie geschmolzenes Gold, Salzkristalle auf schwarzem Lavafels verwandelten das Gestein in eine diamantene Schönheit. Endliche Ferne, wo sich der Atlantik in einem immer tiefer werdenden Blau mit dem dunstblassen Indigo des Horizonts vermählt.

Im Gegensatz zum strahlenden, glitzernden Meer grüßt aus der Inselmitte das schneeeigene Haupt des Teide. Ein erloschener Vulkankegel. Eine schiefergraue Straße windet sich in Serpentinen hoch, Palmen, Kakteen und andere Bäume bieten einen faszinierenden Anblick. Eine Oase, ein Traumland inmitten der Weite des Ozeans.

Langsam geht die Vegetation zurück. Das üppige Grün der Bananenplantagen weicht dem staubigen Graubraun nackter Felsen. Staub, Hitze, Eidechsen huschen flink davon. Vor uns der mächtige Kegel des Teide in seiner traurigen, mahnenden Herrlichkeit, sich schroff abhebend vom Azur des Himmels.

Den staubigen Straßenrand säumten Kakteen, die mit herrlichen kleinen, gelben Früchten zum Verkosten einluden. Das Problem bestand dummerweise darin, dass die Früchte mit haarfeinen Stacheln besetzt waren und meine Gier nach der süßen Frucht unbeschreiblich war. Einfach mal darübergewischt und dann hinein in den Mund. Die Strafe folgte auf dem Fuß. Die kleinen, biestigen Härchen durchstachen die Lippen. Eine sehr unangenehme Angelegenheit, da diese haarigen Stacheln fast nicht auszumachen waren und mich entsprechend lange quälten. Eigentlich dürfte ich meinen zweiten Versuch nicht erwähnen, denn ich habe es nochmals versucht, wieder auf das Schälen der Frucht verzichtet, da es mir zu langwierig schien. Ergebnis siehe oben. Offensichtlich wird man erst beim zweiten Schaden klug, zumindest war es bei mir so.

Oft haben wir die kleine Pinte Enricos aufgesucht. Oben am Berg, schattige Palmen, beladen mit halbreifen Bananen, umsäumten seine winzige, aus Steinen zusammengesetzte Hütte.

Der rebenüberdachte Gastgarten, die würzige Höhenluft, süffiger Sangria, kühl im Krug serviert, mit einer mediterranen Jause. Der ewige Inselsommer sang sein Lied.

Wir zwei auf Teneriffa.

Kanarische Insel, Teneriffa, eine unvergessene Zeit, unsere erste Zeit. Meine Freiheit gab es nicht, ich war nicht frei für dich, für mich. Seinen Traum leben und hoffen, alles wird gut. Schuld und Sühne ganz eng beieinander, alles hat seinen Preis. Mein „Alter", Manfredo, hat es richtig formuliert, als ich bei ihm in Südafrika war. Seine Ansage: „Helmut, ich beneide dich um vieles, aber ich möchte nicht in deiner Haut stecken." Damit hat er den Nagel auf den Kopf getroffen.

Zwei Wochen waren schnell vorbei und wir flogen über München wieder zurück.

München, Oktoberfest. Unser Flieger tief über dem Festplatz, die Wiesn, die Lichter, das Menschengewimmel zum Greifen nahe. Es schien, als ob wir direkt auf dem Festplatz landen würden.

Ganz München war ausgebucht und so machten wir uns auf den Weg in Richtung Salzburg. Endlich fanden wir in einer kleinen Ortschaft nahe der Autobahn ein Wirtshaus, wo noch ein Zimmer frei war. Drinnen ging es hoch her, die Germanen feierten, Bier floss in Strömen. Wir warfen uns ins Saufgetümmel, wir feierten bis tief in die Nacht hinein und du warst sofort der Mittelpunkt. Seltsam, ich war nicht eine Sekunde eifersüchtig, und wie sie gebalzt haben. Ich war so überzeugt von uns, von dir.

Irgendwann sind wir in unser Zimmer gegangen, du lagst in meinen Armen und hast zu weinen begonnen. Schluchzen schüttelte deinen Körper, deine Tränen netzten meine nackte Schulter. Du hast mir nicht gesagt, warum du weinst, damals nicht und heute nicht, aber du hast geweint, warum?

Hast du geahnt, welch steiniger Weg noch vor uns lag? Hattest du Angst, dass unser Traum sich nicht erfüllen wird?

Fuerte Ventura. Gran Canaria, ja, und Bali. Wir haben eine traumhafte Zeit erlebt, neue Landschaften und Menschen kennengelernt. Ich wollte alles verändern, Neues schaffen, aber zwischen Wollen und Können liegen oft unüberwindbare Hindernisse. Herzen, die man zerbrechen kann, Menschen, die sich gedemütigt fühlen, und fließende Gedanken, sie bauen sich auf, drohend wie eine dunkle Wolke, die „Projektion Schuld".

Man sucht für alles, was nicht sein dürfte, Entschuldigungen bei den anderen. Beim Ehepartner, beim Beruf, den Zeit- und Lebensumständen gemeinhin, denen der Einzelne die Verantwortung für sein Schicksal aufbürden will.

Man gibt sich nicht zufrieden, man träumt weiter und sucht. Die schönste Zeit wird begleitet durch Zerrissenheit, Lügen, Selbstvorwürfe. Hin- und hergerissen zwischen Menschen, die man liebt, ehrlich und absolut, die einen hier, die anderen dort.

In der großen Drift, im Wellental Freude, Trauer, Glück und Selbstvorwürfe, eine Umkehr ist nicht gewollt. Unendliche Schuld lädt man auf seine Schultern und diese Schuld häuft sich zu einem unüberwindlichen Berg. Die alte Last noch nicht abgeworfen und neue Lasten aufgebürdet, wer kann es verstehen? Ich habe einfach dahingelebt, ohne eine Entscheidung zu treffen, konnte sie nicht treffen, auf ein Wunder hoffend, irgendwann. Menschenkind, welch seltsames Wesen du doch bist.

Wir haben unsere Hoffnungslosigkeit einfach zugedeckt. Uns beiden hat die Kraft gefehlt zu sagen: „Es hat keinen Sinn, lassen wir es!" Aus heutiger Sicht muss ich sagen, unsere Schwäche war unser Sieg. Zäh und ausdauernd haben wir unser Glück verteidigt. Jahre vergingen und wir wurden auf eine immer härtere Probe gestellt. Warum ich nicht von dir lassen konnte: „Weist a Herz host wia a Bergwerk", das ist die Wahrheit.

Als alles zu Ende schien, ich jede Hoffnung aufgegeben hatte, haben wir es doch geschafft, unser Glück bekam einen Namen: DAVID!

Seltsam, aber es ist wahr, du solltest keine Kinder bekommen und dann war es dessen ungeachtet so weit, unser Junior schlummerte der Welt entgegen, er war auf dem Weg zu diesem Planeten.

Wo es geschah? In Südafrika unter dem Kreuz des Südens, ich kann mich minutengenau erinnern, und schuld darin ist Philipp, unser Fips, aber das ist eine andere Geschichte.

Ein Geschenk, nochmals die eigene Kindheit erleben. Es ist wunderbar zu fühlen, sich wieder heranreifen zu sehen zur Welt, zum Leben, zu allen Freuden, hinter denen auch die Enttäuschungen schlummern wie die gefallenen Blätter des vergangenen Jahres unter einem blühenden Rosenstrauch. Als Kind sieht man nicht die dürren Blätter, man sieht den Frühling, den Sommer, die blühenden Rosen.

Auch bei der Geburt von David habe ich keine Ausnahme gemacht, ich war nicht dabei. Ja, ich weiß, so bin ich eben. Was hat man mir dazu schon alles gesagt. Was ist das für ein Mann, der seiner Frau in den schweren Stunden ihrer Geburt nicht beisteht. Ich schaffe es einfach nicht, will es einfach nicht, würde nicht aus den Schuhen kippen. Man behauptet, Männer, die bei der Geburt ihrer Kinder alles sehen, verkraften es nicht, eine blutende, womöglich noch zerfetzte gedehnte Scheide erleben zu müssen. Was da bei einer Geburt so alles rausgedrückt wird, ist für viele Männer nicht leicht zu verkraften. Wenn nun ein Mann mit alldem nicht klarkommt, wie soll es dann nachher mit dem Sex noch klappen? Wenn er das für ihn so erregende Bild des Geschlechtsorganes nicht mehr bewahren kann? Okay, dieser Gedanke mag durchaus auch in meinem Hinterkopf seinen Nistplatz haben, aber der wirkliche Grund meiner Verweigerung ist ein anderer.

Ich bekomme Panik, einen Menschen, den ich liebe, leiden zu sehen. Dabei sein, ohne helfen zu können. Ausgeliefert den Ärzten, der Hebamme. Wenn meine Liebe nun auch stundenlang kreißt und schreit und ich sitze da, tatenlos händchenhaltend. Das würde mich absolut überfordern.

Das Glück hat einen Namen: David.

Nachdem ich Evi ins „Goldene Kreuz" gebracht habe, vertschüsste ich mich zu einer Wahlveranstaltung der Freiheitlichen, Jörg Haider war angesagt. Nach dem dritten Bier kam die Nachricht, es ist so weit, mein Dritter hat den Planet Erde betreten. Ich raste los, da lagen sie, meine beiden, meine kleine Familie. Ich zückte den Fotoapparat. Ein Foto für die „Familien-Saga". Tausendmal fotografiert, wunderbare Bilder gehortet, nur dieses Mal hatte ich versagt. So ist das Leben. Aus irgendeinem Grund war der Film belichtet worden und das Bild war mit einem rosa Schleier überzogen.

Südafrika

Nun hatte ich die zeitliche als auch die finanzielle Möglichkeit, in die Ferne zu schweifen.

Ich begann neben meiner hauptamtlichen Tätigkeit bei Böhler mehr und mehr die Fühler nach anderen Möglichkeiten auszustrecken. So flog ich nach Bali, zu den Kanarischen Inseln und, ja, endlich auch nach Südafrika, zum Bruder.

Afrika, damals noch „Apartheid-Land", ein wunderschönes Land mit relativer Sicherheit, man konnte zur Nachtstunde noch in Johannesburg spazieren gehen. Wie sollte sich das alles ändern, als die Schwarzen die Macht übernahmen.

Krüger-Park, das Kreuz des Südens, Durban, Pretoria und unvergessliche schöne Tage in Johannesburg im Haus von Manfred. Ich kam wieder, am liebsten im Oktober oder November, wenn der Frühling sein Lied singt, der Jacaranda sich mit seinen blauvioletten Blüten schmückt. Der trostlosen Nebellandschaft zu Hause entflohen, Sonne, dieser blaue Himmel, der unnachahmliche Geruch dieses weiten Landes. Indischer Ozean, immer bewegt und unruhig, mit seinen endlosen, fast menschenleeren Stränden.

Sun City, eine Ferienanlage in der sonnendurchglühten Wildnis. Monumental und erhaben die in den Fels gehauenen Anlagen. Vor dem Hotelaufgang ein riesiger erzener Elefant mit vergoldeten Stoßzähnen. Künstliche Wasserfälle und Bäche, Wasserrutschen und ein großes Wellenbad. Im Inneren des Berges rumorte und grollte der künstliche Vulkan.

Wir waren süchtig nach diesem Land, nützten die Zeit, bis David in die Schule kam. Oktober, November, wenn Frühling ist im Süden Afrikas, sind wir immer hingeflogen. Einmal verbrachten wir Silvester in Gras Koop bei einem ehemaligen Kollegen von Manfred.

Die Landschaft verbrannt, immer wieder Streusiedlungen, wo die Einheimischen ihr Leben lebten, so wie ich es in meiner Kindheit lebte. Einfache Hütten und am Rande der Siedlung das Plumpsklo.

Meine Arbeit erlaubte mir bei guter Bezahlung große Freiheiten. Was habe ich damals zu meinem Manfred gesagt: „Ich müsste ein Narr sein, diesen Job aufzugeben", ich wurde dieser Narr.

Man soll nie mit Freunden Geschäfte machen, heute bin ich schlauer, aber hat es mir genutzt?

Ich sehe noch den Tag vor mir. Ich besuchte eine metallverarbeitende Firma, die sich mit der Herstellung von Buntmetallprodukten befasste. Da lag ein Schreiben der OST. auf dem Tisch des Einkaufsleiters, mit dem ich bestens bekannt war. Der OST. war früher ein Betrieb der verstaatlichten Firma Böhler gewesen und wurde von Gerold P., einem Gefährten meiner Kindheit, um sage und schreibe einen Schilling gekauft.

Ich rief Gerold an und teilte ihm mit, dass ich ihm gerne behilflich sein wolle und meine Geschäftskontakte sicher für seine neu erworbene Firma von Nutzen sein könnten. G. bat mich, sofort nach Kapfenberg zu kommen, und machte mir das Angebot, den Verkauf für Österreich zu übernehmen. Ein verlockendes Offert, ich konnte schwer absagen, hätte ich es doch getan. Er drängte mich zu einer raschen Entscheidung und ich entschied mich. Oh mein Gott, warum nur habe ich gegen alle Vernunft diesen Schritt getan. Welche Stimme war es, die mir ins Ohr gewispert hat: „Pfeif auf den verstaatlichten Protektions-Stadl, Helmut, mach dich frei", noch freier?

Ich habe gekündigt, mich voll in den neuen Job eingebracht, ehrgeizig wollte ich es mir beweisen und dem Gerold, nun, wir waren doch Freunde. Wie man sich täuschen kann.

Meine gute Mutter war entsetzt, als sie von meinem Entschluss erfuhr. „Helmut", sagte sie verzweifelt, „mit diesen Leuten macht man keine Geschäfte." Meine Mutter, eine einfache Frau, wie recht sie hatte.

Innerhalb von zwei Jahren bin ich gescheitert, ganz einfach abgesägt vom Geschäftsführer dieses Betriebes. Ein neidvoller, intriganter Mensch. Er hat alle Weichen so gestellt, dass ich keine Chance hatte, meine Erfahrung, mein Können umzusetzen. Die Aktionen, welche von diesen Typen gesetzt wurden, um mich in Misskredit zu bringen, würden ein separates Kapitel rechtfertigen.

Um eine Erfahrung reicher, enttäuscht, in der Wildbahn freie Marktwirtschaft, startete ich durch, so war ich, Gott sei es gedankt!

Das war nun die berufliche Freiheit, von der ich geträumt hatte. Nun war ich Gefangener der neuen Umstände, weil ich mich dieser dünkelhaften, kriecherischen Art der negativen Auslese in einem staatlichen Konzern nie wirklich unterordnen wollte und konnte. Ja, ich habe einen sicheren Job, gut bezahlt, eigentlich privilegiert, kurz und bündig aufgegeben, gekündigt. Es dauerte einige Zeit, bis mir diese Erkenntnis kam, ich hatte einen Fehler begangen.

Es schien anfänglich alles einfach und gut. Ich verdiente mehr als zuvor und alles, was ich unternahm, war erfolgreich. Wie leicht übersieht man aufkommende Wolken. Mein Himmel war wolkenlos am Tag und sternenübersät in der Nacht und dort oben war auch mein Stern. Mein Stern, der langsam sein Licht verlor.

Neben Firmenrepräsentanzen begann ich eine Schmiermittelproduktion aufzubauen. Ein gefährliches Unterfangen gegen die marktbeherrschenden Großkonzerne. Der Kampf begann, bei entsprechenden Mengen wurden wir preislich einfach überfahren, es war ein Krieg gegen Windmühlen. Als zweites Standbein gründete ich mit Freunden eine GmbH, welche sich mit der Herstellung von Nagelcoils befasste. Nach guten anfänglichen Erfolgen wurde der Markt immer mehr von Fernost-Importen geprägt und unsere aufstrebende Firma wurde nach und nach in einen hoffnungslosen Preiskampf verwickelt. Ich hatte einen 16-Stunden-Tag, keinen Urlaub mehr und schüttete literweise Kaffee in mich hinein.

Es ist mir noch gut in Erinnerung, wir hatten mit einer italienischen Firma gute Kontakte, bezogen coilierte Drahtstifte und lieferten in derselben Ausführung Dachpappennägel. Es war

Juli, Urlaubszeit. Da kam ein großer Auftrag (zumindest für unsere Kapazität) von den Italienern, zwölf Paletten Dachpappennägel innerhalb kurzer Zeit zu liefern. Was tun? Es war Urlaubszeit. Der italienische Geschäftsführer flehte mich an, die Bestellung unbedingt anzunehmen, der Preis sollte keine große Rolle spielen, und so setzte ich als Geschäftsführer alles in Bewegung, um diesen Auftrag über die Bühne zu bringen. Wir schafften es, aber der Preis war hoch, sehr hoch. Es vergingen Wochen, Monate, unser Geschäftspartner bezahlte einfach nicht. Dummerweise hatten wir Gegenrechnungen erledigt und nun stand ich mit der Firma im Sumpf. Nach einigem Hin und Her teilte man mit, die Lieferung wäre mangelhaft gewesen, eine Reklamation, welche durch nichts zu untermauern war. Einfach und schlicht Betrug, eiskalt kalkuliert und für eine kleine Firma eine Katastrophe.

Ich war als Geschäftsführer einem Zweifronten-Krieg ausgesetzt. Alleinverantwortlicher Geschäftsführer der Lecon GmbH und technischer Geschäftsführer der Ybbstal Prod. und Entwicklungs-GmbH.

War das meine neue Zukunft? Sie war es, ich arbeitete an der Grenze meiner Belastbarkeit und bedauerte mit jedem Jahr mehr meine damalige Entscheidung. Ich hatte den sicheren, gut bezahlten Job bei meiner früheren Firma gekündigt, aber was soll's, Augen zu und durch.

Meine beiden, Markus und Andrea, das große Glück und meine Liebe, waren großjährig.

Es war so weit, ich habe mich scheiden lassen, der Weg war frei für unsere legitime Verbindung, wir haben am 14. 06. 1997 geheiratet. Ich, der es sich immer geschworen hatte, nie mehr in den He(a)fen der Ehe zu segeln, habe mich wieder entschieden und es war gut so. Ich habe eine liebe und verständnisvolle Gefängniswärterin gefunden.

Ode an das Marchfeld

Ich habe zum dritten Mal die mir lieb gewordene Umgebung verlassen. Waidhofen ade, ade, St. Georgen, ade, mein Haus am Berg. Welch ein Kontrast das Marchfeld, Leopoldsdorf, eine Gemeinde mit nicht ganz 2.500 Einwohnern. Nur bei extremer Föhnlage kann man die Berge sehen, den Schneeberg im Süden von Wien, das ist aber auch alles.

Eine flache, am Horizont sich mit dem Himmel vereinigende Landschaft stimmt mich immer traurig, mir fehlen die Berge. Aber man muss die Augen öffnen, sich die Zeit nehmen, um auch hier im Marchfeld, in dieser Weite, unsagbar Schönes zu sehen und zu fühlen.

Sie bewässern den fruchtbaren Boden. Raps im satten Gelb des Frühjahrs, Zuckerrüben, Sonnenblumen, Getreide und Gemüse bringt die fruchtbare Scholle hervor. Die Fruchtbarkeit ist überwältigend. In den unbewirtschafteten Flächen blüht wilder Mohn, der mit seinen roten Blütenköpfen wie ein mit Blut besprenkeltes Feld erscheint.

So weit der Blick reicht, und er reicht weit in dieser Landschaft, sieht man wogende Kornfelder, gelbe, zackige Köpfe der Sonnenblumen, die sich der Sonne zuwenden, wo immer sie steht, langsam ihrer Bahn folgend. Dazwischen das saftige, dunkle Grün der Zuckerrüben.

Wenn sich das zarte Blaugrün der jungen Halme durch die Sonnenwärme langsam in ein zartes Strohgold reifer Ähren wandelt, die sich im Lied des Sommerwindes wiegen. Eine Sonne, die Leben und Wachsen vorbereitet hat, gibt auch die Zeit des Sterbens vor.

Mütterlich wärmend hat sie die Keime aus der schützenden braunen Scholle gerufen. Hat ihnen Kraft gegeben bis zum Ährengold, um sie dann dem Schnitter zu überlassen.

Die Felder, mit riesigen Erntemaschinen abgemäht, bieten einen müden Anblick. Hingestorben das Getreide, ihr Gold in großen Rollen auf dem Stoppelfeld verteilt, auf den Abtransport wartend. Wie hat sich doch alles verändert. Früher starben mit den Ähren auch die blauen Sterne der Kornblumen, die farbigen Löwenmäuler, blutroter Klatschmohn und die Strahlenkränze der Kamille. Es gibt sie nur noch an den Rändern der Monokulturen, dort blühen sie als Gegengewicht zu dieser Traurigkeit.

Hier singen die Jahreszeiten ein anderes Lied, leiser, ohne Dissonanzen, dahingleitend fast ohne erkennbaren Übergang. Nur der Himmel ist der gleiche geblieben mit seinen Wolken, dem Farbenspiel des Sonnenlichtes, dem Licht des Sternenhimmels.

Ich habe meine vierte Heimat gestaltet. Ein achtförmiges Schwimmbecken, im Hintergrund Rosen, links ein Mini-Biotop mit einer Bronzefigur (ein Hüterbübchen), die Flöte blasend, wenn die Sonne scheint, da die Pumpe über einen Sonnenkollektor betrieben wird. Er sitzt auf dem Herbertstein. Ein Schieferbrocken, den wir aus der Steiermark vom Frauenberg mitgenommen haben. Damals waren wir unterwegs mit meinem Blutsbruder Herbert. Herbert stand kurz vor seiner Operation, Diagnose Kehlkopfkrebs. Was soll ich noch schreiben, sein Kampf hat eineinhalb Jahre gedauert. Schrecklich, entsetzlich. An einem Ostersonntag hat er ihn verloren. Eine Stunde nach seinem letzten Atemzug war ich mit Evi bei ihm … Da lag er, im großen Schweigen für immer. Ich habe meine Tränen nicht verborgen, ein Lebenskünstler, ein großer Krieger ist in die ewigen Jagdgründe vorausgegangen. Er war Spartaner, Epikuräer und Stoiker, ja, das war er wirklich, unser, mein Herbert. Ich habe ihm ein Denkmal gesetzt, das kleine Biotop mit dem Herbertstein.

Das andere, das große Biotop hat er mit seiner Lebensfreundin Wilma (Willi) und mir gebaut. Was für ein Tag. Als er, von Bruck kommend, aus dem Auto stieg, dachte ich mir schon, endlich eine Ausrede, einen Tag auszuspannen. Falsch gedacht, Willi zog die Stiefel an und dann ging es los. Ich bin mit ihm den ganzen Tag gefahren. Wir haben Steine von den Donauauen geholt und Willi hat sie gesetzt. Es entstand ein kleines Wunder, ein Naturparadies, mein großes Biotop. Stille Wasser mit Wasserfall, Sumpfbecken, Seerosen, weiß und blassrot, öffnen ihre Blütenkelche, welch harmonisch beschauliches Bild, mein kleines Paradies. Azaleen und Rhododendron im farbigen Blütenrausch im Frühling. Man muss es gesehen haben, um zu verstehen.

Wir genießen hier so intensiv das Frühjahr, hinlauschend zum Erwachen neuen Lebens.

Wenn die Morgenröte die weichen Nebelschleier rosa färbt, da, ein leises, melodisches Flüstern. Eine Amsel richtet ihre zögernde Frage an die aufsteigende Sonne, oder ruft sie ihre Gefährtin? Der Wind säuselt leise in den Blättern des mächtigen Nussbaumes. Da, wieder dieses leise, verhaltene, schüchterne Gezwitscher, das nach und nach in eine jubilierende Arie übergeht. Die Schwarzdrossel begrüßt den Frühlingsmorgen.

Viel zu kurz scheint mir diese wundervolle Zeit. Wenn die Amsel leiser und leiser ihr Morgen- und Abendlied flötet und Anfang Juli sich konzertäres Schweigen einstellt, fühlt man nicht nur die kürzeren Tage, man sieht sie schon. Wenn es früher dunkelt, schalte ich gerne die Beleuchtung am Biotop und im Schwimmbecken ein. Der kleine Teich mit seinem plätschernden Wasserfall, im Lichtspiel gelb und grün. Der Teich mit seinen Felsbrocken orangerot, mit vordergründig rot bestrahltem Schilf. Türkis reflektiert ein dahinter liegender Baumstamm. Eine Märchenlandschaft. Entlang des Bachlaufes die frühen Dotterblumen, dann folgt die gelbe Sumpfiris, ufersäumend. Sibirische blaue Iris im Sumpfbeet mit den blutroten Lobelien.

Wir leben und genießen hier unsere Tage oft bis Mitte Oktober, jede Stunde, jeden Tag, jeden Abend. Hier schöpfe ich meine Kraft, mit meiner kleinen Familie in meinem kleinen Paradies.

Wenn ich zurückdenke, sehe ich das arme, unschuldige Kind von damals wieder, mich. Man kann nicht mehr Kind werden, um zur Reinheit und gläubigen Unwissenheit zurückzufinden. Man kann nicht mehr in die Zeit zurückgehen, die Zeit kehrt nicht wieder, man kann sie nicht wiederbringen. Aber beim Vorwärtsschreiten kann man den Zustand zumindest wieder ähnlich machen, man muss nur wollen.

Mitten ins Herz hinein

Die etwas längere Geschichte

Verdammt, aber ich komme nicht umhin und es ist der Beginn eines neuerlichen Paradigmen-Wechsels. Bis zu meinem 30. Lebensjahr war es wahrlich eine schwere und anstrengende Zeit mit stetiger Verbesserung meiner Lebensumstände. Es ging stetig aufwärts, der Preis war entsprechend, aber es hat sich rentiert, es hat sich gelohnt, und hier meine ich meinen beruflichen Werdegang. Wieder zurück zu meiner ersten Firma, begonnen in Kapfenberg, mit einem unangenehmen, aber lehrreichen Zwischenspiel bei G. in München. Dann B., Deutschland, nach dreijähriger Tätigkeit wieder nach Österreich, zurück zur Zentrale, die Heimat hatte mich wieder. Ade, mein geliebtes München.

Der schwerste Fehler in meinem Leben aber war, ich hatte mich selbstständig gemacht, und da hat nach gutem Beginn auf einmal jemand, der dort oben für meinen beruflichen Erfolg zuständig ist, nach und nach das Licht abzudrehen begonnen. Wie es sich weiter zeigte, betraf es auch meine politische Laufbahn und beinahe auch mein privates Glück. Am Ende meiner Geschichte wird es sich weisen, ob mein Stern noch einmal zu leuchten beginnt.

Ich hatte von der Politik die Nase voll. Beruflich hatte ich oft in Kärnten zu tun und so kam ich immer wieder mit Leuten in Kontakt, die mir von diesem Jörg Haider erzählten. Als Haider zum Landeshauptmann gewählt wurde, habe ich eine Wette verloren. Mein Interesse war geweckt und ich stehe auch aus heutiger Sicht dazu. Haider war ein politisches Talent, wie es eben nur selten vorkam. Er war die Hoffnung meiner 40er Jahre und leider, auch das muss gesagt werden, die Enttäuschung meiner 60er Jahre.

Ich habe erlebt, wie er wegen einer Äußerung zur „Arbeitspolitik im Dritten Reich" als Landeshauptmann abgesägt wurde.

Damals wurde ich hellhörig und begann mich immer intensiver mit Haider und seinem politischen Umfeld auseinanderzusetzen.

Nur eine Aussage. Ich fand und finde es immer noch als eine unglaubliche Seltsamkeit, wie man eine derartige Aussage so umdeuten konnte, nur um diesem Mann den Strick zu drehen. Die Aussage „die Arbeitspolitik (im Dritten Reich) war wenigstens in Ordnung" kann mehrdeutig interpretiert werden. Faktum ist, der Gröfaz (größte Feldherr aller Zeiten), und Zeitzeugen bestätigen das, hat Millionen Menschen Arbeit verschafft. Niemand, oder nur wenige, ahnten, wohin dieser Weg führen würde.

Als man Haider observierte, trat ich zum ersten Mal in meinem Leben freiwillig einer politischen Partei bei, freiwillig ist das Schlüsselwort.

Auf meine persönlichen Erlebnisse mit ihm will ich nicht eingehen. Ich habe mich aber ab diesem Zeitpunkt aktiv in die FPÖ eingebracht. Aus beruflichen Gründen nahm ich keine Funktion an, bis ich in Pension ging. Ich habe mich nicht nur physisch und psychisch eingesetzt, sondern auch finanziell einiges in die Reihe gebracht.

So spendierte ich einen überdachten Stand aus Aluminium und veranstaltete in meiner unmittelbaren Ortschaft nach der Sonntagsmesse mit dieser Ausrüstung eine Würstel-Bierjause. Um den Wirt nicht zu verärgern, wurde alles über das Gasthaus abgewickelt. Immerhin waren zum Beginn meiner Agitation in der Ortschaft genau drei FPÖ-Stimmen, und bei meinem Weggang haben siebenundvierzig freiheitlich gewählt. Das in einem ländlichen Gebiet mit einer erdrückenden schwarzen Mehrheit. Bei der letzten Wahl waren es wieder nur mehr sieben Personen, die für die Freiheitlichen gestimmt haben. Ich denke, dabei ist auch mein familiärer Anteil dazuzurechnen.

Leopoldsdorf im Marchfeld wurde mein neuer Lebensmittelpunkt. Die Ortsgruppe, eine desolate, dahinvegetierende Minderheit. Hier habe ich mein neues politisches Bestätigungsfeld gefunden, hier war jede Menge zu tun und ich tat es.

Dann ging es Schlag auf Schlag. Ich wurde Ortsobmann in Leopoldsdorf, Gemeinderat und fand Gefallen an dieser für mich neuen Tätigkeit.

Das Jahr 1999 brachte einen durchschlagenden Erfolg für die FPÖ und war gleichzeitig der Auslöser zum FastZusammenbruch dieser Partei. Die Koalition mit der ÖVP, das Desaster mit den freiheitlichen Regierungsmitgliedern zu kommentieren will ich mir ersparen, da man lediglich alte Zeitungsartikel reihenweise abschreiben müsste, nur so viel.

Wenn man schon mit aller Macht an die Macht will, kann es nicht sein, dass alle Grundsätze, all das, was man den Menschen jahrelang versprochen hat, am Altar einer Koalitionsvereinbarung geopfert wird, genau das ist geschehen. Die stärkere Kraft überlässt dazu noch den Schwächeren die Kanzlerschaft.

Am Sonderparteitag 2004 in Linz, wo ich mit meinem Parteikameraden Rudolf F. als Delegierter teilnahm, habe ich das erste Mal die Gelegenheit wahrgenommen, als Redner vor mehreren hundert Delegierten das Wort zu ergreifen. Ich bin zwar kein Ungeübter, aber diese Situation war neu für mich und machte schon nervös, wohl wissend, dass die angemeldeten Redner sich der gewohnten Psychodiktatur unterwerfen werden. Genau so war es dann auch.

Ursula Haubner, die Schwester vom Jörg, wurde als Kandidatin zur Wahl der Bundesparteiobfrau vorgeschlagen. Ich konnte und wollte es als Delegierter einfach nicht hinnehmen, dass die von Haiders Gnaden, also seine Schwester, die Geschicke der nun auf unter 5 % abgewirtschafteten Partei übernehmen sollte. Familienbetrieb also, und die Delegierten übten sich in ihren Wortmeldungen in unglaublichen Schmeicheleinheiten, keine einzige kritische Anmerkung. Ich hatte zwar meine Wortmeldung abgegeben, innerlich aber bereits resigniert, da die Stimmung wie so üblich für die Kandidatin aufbereitet war. Gegen den Strom schwimmen? Was soll's, warum soll gerade ich als Einziger meine Stimme gegen Haubner erheben?

Da lief mir Trixi J. über den Weg, sie war als Organisationskraft eingeteilt. Ihr teilte ich mit, dass ich mich gegen die Kandidatin entschieden habe und auch auf der Rednerliste aufscheine. „Wow", meinte Trixi, „das traust du dich sicher nicht!" Da hatte ich den Salat, jetzt gab es kein Zurück, hätte ich nur meine Klappe gehalten.

Fünf Minuten Redezeit, verdammt knapp, wenn ich daran denke, was mir so alles am Herzen lag. Da stand ich nun, vor mir das Rednerpult, ich im Scheinwerferlicht und auf der großen Projektionsleinwand. In der ersten Reihe, fußfrei, Jörg Haider, er, der die FPÖ zu ungeahntem Höhenflug gebracht hatte und schließlich auch zum Absturz. Dahinter die dunkle Masse der Delegierten, Presse, TV, Rundfunk.

Mein Beginn: „Liebe Ursula, ich werde dich nicht wählen", und ich begründete meine Entscheidung damit, dass ich einfach nicht überzeugt war, dass sie, diese durchaus sympathische Frau, die Strahlkraft, das Talent hatte, den Karren wieder flott zu machen! „Du wirst sicher gewählt werden. Ich werde das als Demokrat natürlich akzeptieren und ungeachtet meiner Ansicht loyal hinter dir stehen!" Das waren meine Worte.

Zu Jörg sagte ich: „Lieber Jörg, heute kündige ich dir meine Freundschaft auf. Du warst es, der die Freiheitlichen gegen die erbitterte Verleumdungskampagne der Jagdgesellschaft groß gemacht hat. Am Höhepunkt deines Erfolges 1999 hast du all die Inhalte, alle deine Versprechen am Altar der Koalitionsvereinbarung geopfert. Jetzt sind wir genau wieder am Anfang, wo du im sogenannten Putsch (es war eine demokratische Abwahl) Steger als Bundesparteiobmann abgelöst hast, nämlich bei weniger als fünf Prozent."

Zu guter Letzt nahm ich mir noch den gescheiterten EU-Kandidaten Franz Kronberger vor. Ich fragte ihn: „Stimmt es, dass du dich als liberalen Linken bezeichnest? Wenn nicht, dann steh auf und sag es mir!" Er ist sitzen geblieben. Kronberger wurde nicht gewählt, sondern Mölzer gewann die EU-Wahl durch Vorzugsstimmen.

Die FPÖ war Haider, er bestimmte, das Stimmvieh, die sogenannten Delegierten, folgten, wobei es bei den anderen Parteien nicht anders gehandhabt wird.

Es war die Sensation, ich wurde von allen Seiten bestürmt, viele gaben mir recht, aber zur Nichtwahl Haubners rangen sich doch nur wenige durch. Ihre Begründung: „Dann haben wir wieder ein Knittelfeld." Naturgemäß habe ich das anders gesehen. Auch Knittelfeld war eine demokratiepolitische Entscheidung, nur entsetzlich vorbereitet, und so kam es eben, wie es kommen musste. Diese Partei hat es bis heute verabsäumt, ein Krisenmanagement zu schaffen, um nicht unvorbereitet vor vollendeten Tatsachen zu stehen.

Es ging weiter bergab, und wie nicht anders zu erwarten, vergrößerten sich die Spannung innerhalb der Partei ins Unerträgliche. Bei der Heimfahrt war es Kamerad Rudolf F., der damalige Bezirksparteiobmann, der mir nahelegte, unbedingt bei den vor uns liegenden Wahlen zum Bezirksparteiobmann zu kandidieren. Meine Begeisterung hielt sich durchaus in Grenzen und ich leistete hinhaltenden Widerstand. Schlussendlich erklärte ich mich nach einigem Zögern aber doch bereit und ich wurde tatsächlich gewählt.

Mit einer körperlichen Verletzung begann sie, mit einer psychischen Delle sendete sie, meine politische Karriere. In den Osterferien war ich mit meiner Familie am Kitzsteinhorn Schilaufen. Bei einem banalen Sturz verletzte ich mich an meiner linken Schulter. Fast im Stehen hat es mich im Steilhang verdreht und mit voller Wucht auf die steile Eisplatte geknallt. Ein stechender Schmerz, mein linker Arm war fast bewegungslos. Wie ich eben bin, nur keinen Arzt, es wird schon wieder werden, und so versuchte ich Monat für Monat eine Verletzung auszukurieren, welche nicht auskurierbar war. Im Juli, die Schmerzen waren vor allem in der Nacht unangenehm, entschloss ich mich endlich, zum Arzt zu gehen. Ich unterzog mich einer Magnetresonanz mit dem Ergebnis, Sehnenriss.

Nach der Operation wollte ich so schnell als möglich wieder nach Hause. Am zweiten Tag, gegen jede Vernunft und gegen ärztlichen Rat, habe ich die Klinik verlassen.

Es war ein Freitag, eine Entlassung ohne Schmerztabletten, noch vollgepumpt mit Schmerz-Infusionen. Das Wochenende war ein Martyrium. Kein Schlaf, Fieber und qualvolles Ziehen und Stechen im Schultergelenk. Montag früh sofort wieder in die Klinik. Hohes Fieber, um die 40 Grad (wusste ich ja), aber meine Leberwerte waren die eines schweren Alkoholikers. Am dritten Tag kam der Chefarzt persönlich an mein Bett und verkündete mir, man stehe vor einem Rätsel, Blutwerte total versaut, aber man finde keine Ursache. Na bravo, dachte ich, jetzt hast du ein Problem. Man hat mich weiter am Tropf belassen. Nach einer Woche war ich fast schlagartig wieder gesund.

Nun lag ich da, man wollte mich nicht entlassen, um sicherzugehen, dass es keinen Rückfall gibt.

Krank oder besser gesagt nicht mehr krank ist für einen Bewegungsmenschen wie mich etwas Grauenhaftes. Das Virus war ich los und die Langeweile führte zu einem besorgniserregenden Konsum an Fernsehen. Früh am Morgen begann ich 48 Kanäle durchzustöbern Wann nur, wann kann ich endlich diesen Zustand verlassen?

Da erreicht mich der Anruf der amtierenden Landesobfrau der Freiheitlichen. Ich war beim Landesparteitag in den Landesparteivorstand gewählt worden. Nicht schlecht, war mein erster Gedanke, so wird es sicher leichter sein, mit den bekannten Berufsquerulanten im Bezirk fertigzuwerden. Leider hat das eine mit dem anderen wenig oder fast nichts zu tun und es kam, wie es nicht zu erwarten war.

Es war nicht einmal eine Handvoll dieser Typen, die es schaffen sollten, mit Hilfe einer Landesobfrau namens Rosenkranz nicht nur mich, sondern noch sechs der gewählten Mitglieder des Bezirkvorstandes zu eliminieren und den Bezirk an die Wand zu fahren. Absolut statutenwidrig, gegen jede Vernunft und Einsicht, aber ein Weib mit ihrer Seilschaft kann auch das bewältigen. Ihre Seilschaft, handverlesene Schleimer und Kriecher im Landespräsidium, und ein gutes Drittel des Landesparteivorstandes, dem auch ich angehörte, haben die Vorgaben dieser Frau kritiklos akzeptiert. Eines muss man diesen gekrümmten Reptilien zugestehen, auch sie besitzen eine Geradlinigkeit, wenn auch diese

Linie direkt in den Arsch der Rosenkranz führt. Wie hat es ein Kamerad herzerfrischend ausgedrückt: „Tritt man der R. in den Arsch, bricht man mit Sicherheit irgendeinem das Nasenbein!" Dem ist nichts mehr hinzufügen.

Aber der Reihe nach, jetzt folgt die seltsame, unfassbare Geschichte, die tiefste Erniedrigung einer Partei, die Freiheit, Anständigkeit und Treue auf ihre Fahnen geheftet hat. Aus welchen Gründen auch immer wurde man mit den Metastasen Rosenkranz und ihrer Klientel nicht fertig, das ist die Geschichte.

Weil aufrechter Gang nicht gefragt war!

Es war schon bemerkenswert, eine dreiköpfige Clique der nicht Intelligentesten hatte sofort gegen meine Kandidatur opponiert.

Warum die Rosenkranz unbedingt Wert darauf legte, dass ich mit 100 % zum Obmann gewählt werden sollte, habe ich nie verstanden. Im Gegenteil, ich war dafür, einen Gegenkandidaten aufzustellen, aber es gab keinen, eben nur drei bis vier Leute um Stefan N., den Häuptling der sattsam bekannten Typen.

Rosenkranz hat mich mit Stefan N. ins Parlament gerufen. Bei der stattfindenden Aussprache hat sie den Stefan dringend ersucht, für mich zu stimmen. Trotz seiner Zusage gab es vier Enthaltungen. Dabei hat sich vor allem eine ältere Frau namens Ludwig mit Schimpftiraden und seltsamen, nicht nachvollziehbaren Vorwürfen gegen mich gestellt, eine unheilbare Nazisse. Mir war es egal, was sollte das alles, es gab keinen Gegenkandidaten und so habe ich die Wahl angenommen.

Sehr schnell wurde mir klar, diese Frau und Stefan N., beide extreme Rechtsaußen, haben ein Demokratieverständnis wie ein Eskimo vom Äquator. Egal, damit konnte ich leben, ich habe meinen Gegnern beide Hände gereicht, habe sie in den Bezirksvorstand eingebunden, ich wollte ein Zeichen setzen.

Anfangs schien alles gut zu gehen, so habe ich mich entschlossen, nach einem Jahr einen Sonder-Bezirksparteitag einzuberufen. Ich wurde, wie es normal nur in den kommunistischen Diktaturen möglich war, mit 100 % der Stimmen gewählt, aha …

Die Landeschefin war happy, ich war zufrieden und krempelte nun meine Ärmel auf, um den Bezirk auf Vordermann zu bringen.

Ich war es gewohnt, mit funktionierenden Strukturen zu arbeiten. So begann ich den Zustand der Ortsgruppen zu durchleuchten, startete Mitglieder-Werbeaktionen, mit durchschlagendem Erfolg.

Obwohl die FPÖ bundes- und landesweit schwer angeschlagen war, gelang es mir innerhalb eines Jahres eine Jugendgruppe zu installieren. Zum Schluss waren es 43 Mitglieder.

Unvergessen der Einsatz von Sabine, mein erstes Jugendmitglied. Sie stand bei der Gründung der Jugend an vorderster Stelle. Unermüdlich war sie rund um ihren Freundeskreis um neue Mitglieder bemüht. Auch ihnen wurde es schlecht gedankt, wie so vielen, die an mir festgehalten haben und an die demokratische Struktur der Landespartei geglaubt haben.

Bezirksparteiobmann, Mitglied des Landesparteivorstandes, und das alles auf meine alten Tage. Barbara Rosenkranz war Landeschefin und stand zum damaligen Zeitpunkt bei meiner Wahl zum Bezirkschef voll hinter mir. Sie hat mich für den Landesvorstand vorgeschlagen und nichts schien unsere Beziehung zu trüben. Aber noch war nicht aller Tage Abend.

Politisch lag natürlich auch der Bezirk am Boden, er rangierte im Wählerverhalten bei 21 Bezirken an der 12. Stelle und mein Kamerad Rudolf F. tröstete mich: „Schau, Helmut, schlimmer kann es ja nicht mehr werden." Das war ein schöner Trost, aber immerhin.

Sonderparteitag in Linz, bevor ich mich überreden ließ.

Die Spaltung

Das hatte gerade noch gefehlt. Völlig aus dem Nichts gründete Jörg Haider eine neue Partei, das **BZÖ**, es war der absolute Wahnsinn. Mein Gott, was hat den Jörg dazu getrieben? Es war Verrat am Dritten Lager, der freiheitlichen Heimatidee. Er, der dieser Gemeinschaft gegen den erbitterten Widerstand der linken Jagdgesellschaft, angefeindet, verleumdet, zu einem ungeahnten Höhenflug verholfen hat, hatte dadurch seine FPÖ mit einem Schlag an den Rand des Abgrundes gebracht.

Ich kenne die Fakten, er hat mit H. C. Strache, dem kommenden Mann, eine Vereinbarung getroffen, dass er mit ihm gemeinsam die Partei führen wird. Haider als Obmann und Strache als geschäftsführender Obmann. Haider flog nach Kanada und diese Entscheidung, dieses Papier sollte nach seiner Rückkehr der Öffentlichkeit präsentiert werden.

Er kam zurück und hat den schon mit langer Hand vorbereiteten Schlag geführt, trat mit seiner neuen Partei, den Orangen, in die Öffentlichkeit. Der scharfzüngige Stadler und damaliger Intimus von Rosenkranz hat diesen Verein spöttisch „Bienenzüchter Österreichs" genannt. Es dauerte nicht lange und dieses Politchamäleon konnte man im orangen Outfit hinter Haider herschleichen sehen. Der Lohn war ihm sicher, heute sitzt er wieder oder besser gesagt noch immer am Futtertrog der Politik, als Nationalrat kann er sich weiter mästen, „Mahlzeit"!

Mein erster Kommentar zur Abspaltung und Neugründung durch Haider in einem Zeitungsinterview war klar und eindeutig: „Der Wahnsinn hat einen Namen, BZÖ." Man musste kein Hellseher sein, um das zu erkennen. Mit diesem Schritt und anderen Maßnahmen brachte er die Freiheitlichen an den Rand des Abgrundes. In einer sofort einberufenen Bezirksparteiversammlung habe ich ein klares Bekenntnis zur FPÖ verlangt. Lediglich ein Mitglied ist zum BZÖ übergetreten und einem weiteren Mitglied, welches sich Bedenkzeit erbat, habe ich nahegelegt, aus unserer Gesinnungsgemeinschaft auszutreten. Bei dieser Sitzung wurde einstimmig beschlossen, dass bei einem Übertritt zum BZÖ eine Wiederaufnahme ausgeschlossen sei. Wohl aber kann jedes ehemalige BZÖ-Mitglied ohne vorherige FPÖ-Mitgliedschaft jederzeit aufgenommen werden. Ich halte diese Entscheidung explizit fest und komme noch einmal darauf zurück.

Augen zu und durch

Ich habe in meinen Funktionen zwei Landtagswahlen und zwei Nationalratswahlen geschlagen. Es war entsetzlich, was einem von den Menschen auf der Straße zu Recht alles vorgehalten wurde, als die FPÖ in der Regierung war. Versprochen, gebrochen, das war die Wahrheit, die Rechnung wurde bei den folgenden Wahlen präsentiert. Unermüdlich haben wir aber nach vorne geschaut und hart gearbeitet. Wir waren erfolgreich, wir rangierten im Wahlergebnis landesweit an der zweiten Stelle.

Ich habe mich als Bürgeranwalt engagiert und einige spektakuläre Fälle zum guten Abschluss gebracht. Mein größter Erfolg war aber die Causa Ostadal. Ein schon in die Jahre gekommenes Ehepaar hat durch einen Behördenfehler zwei Grundstücke im Wert von 174.000 € verloren. Zwölf Jahre vergeblicher Kampf, um zu ihrem Recht zu kommen. OGH und VGH, Ombudsmann, die Kammer und ein kostspieliger Rechtsanwalt wurden eingeschaltet. Aus Kostengründen stand man vor der Aufgabe. Der jüngere Sohn hat mich mit dieser Angelegenheit konfrontiert, ich war von der Aussichtslosigkeit dieser Sache so überzeugt, was sollte ich da als Nichtjurist noch erreichen? Da ich den Sohn nicht enttäuschen wollte, um unserer Freundschaft willen, habe ich mir den dicken Akt vorgenommen.

Ich war fassungslos, unglaublich, wie hier Recht gebogen wurde. Wie man mit hilflosen Menschen umgeht, brutal, rücksichtslos, wer Recht hat, muss nicht immer Recht bekommen. Ein betagtes Ehepaar, die Frau krank, beide ein arbeitsreiches Leben hinter sich, lebten von einer sicher nicht üppigen Pension, sie standen vor dem Nichts.

Der ältere Sohn erbte die Landwirtschaft und musste nach einigen Jahren Konkurs anmelden. Der Vater hatte zur Absicherung seines Lebensabends zwei Grundstücke in der angeführten Höhe für sich ins Grundbuch eintragen lassen. Das Unglück war, der ältere Sohn hatte den gleichen Vornamen wie der Vater, beide hießen Franz. Das zuständige Bezirksgericht hatte auf Grund dieser Namensgleichheit die sichergestellten Grundstücke in den Konkurs einbezogen. Die Bank lehnte es ab, die irrtümlich in die Konkursmasse einbezogenen Grundstücke wieder freizugeben. Ein Aktenberg lag vor mir.

Meine genetische Veranlagung, gegen das Unrecht anzutreten, aufzubegehren, der kleine Kohlhaas in meiner Seele war es. Ich habe mich der Sache angenommen. Unglaublich, aber wahr, innerhalb von zwei Monaten war diese Angelegenheit zu Gunsten der Betroffenen geregelt.

Manchmal ist es nicht falsch, eine juristische Angelegenheit mit dem normalen Hausverstand anzugehen.

Von neun an mich herangetragenen Fällen habe ich sieben gelöst, wobei die zwei ungelösten nur politisch auf Landesebene geändert hätten werden können.

War es meine erfolgreiche Arbeit im Bezirk, warum die Landesobfrau von einer Leitner-Phobie erfasst wurde? Einen demokratisch gewählten Obmann des Bezirkes instrumentell zu denunzieren, war das das neue „Rosenkranz-Dekret"? Federführend zum „Numerus clausus" der Tüchtigen in der FPÖ Niederösterreich!

Ein erschütterndes Bild, eine Landesobfrau und ihre Handverlesenen im Präsidium und im Landesvorstand verweigerten jede sachlich pragmatische Auseinandersetzung, um eine moralische Rechtfertigung zu verhindern.

Nun begann das Kesseltreiben gegen mich. Stefan N., der Kopf, der seit mehr als einem Jahrzehnt auffällige Hetzer und Querulant, begann seine Agitation. Ein zwanghafter Selbstdarsteller mit dem Korksyndrom (immer oben schwimmen), einfach gestrickt, sah seine Chance, er hat sie mit Hingabe genutzt.

In regelmäßigen Abständen wurden anonyme Briefe an Zeitungsredaktionen verschickt. Inhalte mit unglaublichen Behauptungen. Anzeigen an die Finanz, Steuerfahndung und Polizei, wo man mich als Dieb brandmarken wollte. Behördlich hat man nur den Kopf geschüttelt, aber es hatte Wirkung auf meine Psyche.

Die Spitze des Eisberges war, als am Heiligen Abend ein Schreiben, adressiert an meine Evi, eintraf. Süffisant, niederträchtig wurde ihr mitgeteilt, was für ein Schweinekerl ich sei. Mein Hauptinteresse an der Jugendgruppe bestünde primär an den Mädels. Meine lüsternen Blicke, anzügliche Bemerkungen und einiges mehr an Blödheiten wurde im bekannten Schreibstil des Stefan N. übermittelt. Wie tief kann ein Mensch sinken, wie verkommen muss er sein, damit ihm so etwas einfällt?

Jeder in der Bezirksleitung, jedes Mitglied wusste, wer der Urheber war, nur eine rechtliche Verfolgung mit den zugehörigen Recherchen wäre voll zu meinen Lasten gegangen. Der Anonyme hat es schon so angestellt, dass eine Beweisführung so einfach nicht war. Klartext, ich konnte und wollte es mir einfach nicht leisten.

Heute ist mir klar, wer diese hinterhältigen Aktionen absicherte. Rosenkranz und ihr kleiner Geschäftsführer Huber, klein nicht nur von Figur.

Interventionen meinerseits bei diesen dubiosen Herrschaften und den Präsidiumsmitgliedern wurden mit den Worten abgetan: „Tu dir nichts an, das muss ein Politiker aushalten." Okay, nur die sind ja alle bestens honoriert und werden in dieser Form, wenn überhaupt, vom politischen Gegner niedergemacht, ich aber von den sogenannten Parteifreunden. Meine jahrelangen finanziellen Aufwendungen für diese Partei wurden insofern honoriert, als man mich einfach desavouierte und schlussendlich meuchelte.

Ich klage an und kann es beweisen. Der Landesgeschäftsführer Huber hat einem abseits stehenden seltsamen Mitglied den Auftrag gegeben, alles, was im Bezirk vorgeht, an ihn zu melden (die Kopie des Mails liegt mir vor). Seine Meldungen, Lügen, Halbwahrheiten und Unterstellungen wurden eins zu eins, ohne den Wahrheitsgehalt zu prüfen, übernommen. Mit dem Ziel, mich loszuwerden!

Stasimethoden, wahrlich kein Ruhmesblatt für eine freiheitliche Spitzenpolitikerin. Ein Jahr lang war diese Vorgangsweise der Bezirksleitung nicht bekannt, man wunderte sich sehr wohl, woher immer wieder die falschen Anschuldigungen stammten. Aussprachen mit der Landesobfrau brachten absolut nichts. Ein gewählter Vorstand, mehr als 30 Jahre Mitgliedschaft zählten nicht, sie und ihr Statthalter wollten mich loswerden, um jeden Preis.

Barbara Rosenkranz war in der Haiderära ein unbeschriebenes Blatt, eine Mitläuferin ohne Berufsabschluss, Studienabbrecherin, die ihr Heil in der Politik suchte und gefunden hat.

Bei der vorgezogenen Nationalratswahl 2002, als der „Lange", Hans Jörg Schimanek, als Landeschef das Handtuch warf, drängte sie sich in den Vordergrund. Der damalige Bezirksobmann und Nationalrat Robert W. wurde von ihr ebenfalls auf Grund laufender Intrigen rund um N. kaltgestellt.

In der folgenden Wahl zum Landesobmann hat sich der im Land beliebte H. J. S. leider nicht mehr einer Wiederwahl gestellt. Man hat ihm vorgeworfen, in die Parteikasse gegriffen zu haben. Der Lange hat geklagt und selbstverständlich gewonnen. Beim Parteitag stellte er nun an den Finanzreferenten die Frage, ob es stimmt, dass die Anwaltskosten der Verleumder aus der Parteikasse bezahlt wurden. Als das bejaht wurde, haben W. und die Delegierten des Bezirkes aus Protest gegen diese unglaubliche Vorgangsweise den Parteitag verlassen. Heute weiß man, Rosenkranz Barbara mit diesem unsäglichen Herrn Huber stand hinter dieser Aktion.

Dummerweise habe ich der gewählten neuen Landesobfrau absolute Loyalität entgegengebracht. Das entspricht meinem Demokratieverständnis, ihre Dankbarkeit steht auf einem anderen Blatt. Was war ich doch für ein Idiot!

Bei allem Unrecht, das auch dem Langen widerfahren ist, eines kann ich nicht nachvollziehen, warum ist er zu den Orangen gegangen? Mir wäre das selbst in der finstersten FPÖ-Zeit niemals eingefallen!

Man ist in der Politik vom Pack, von Ignoranten umgeben. Die Anständigen halten sich zwar raus, sie schweigen oder gehen auch den geraden Weg und werden eliminiert! Ein Paradies der Narren? Als Preis winkt der volle „Money-Masttrog", es lohnt sich.

Der Spion war, wie erst später in Erfahrung gebracht wurde, der geschäftsführende Obmann der FPÖ-Stadtpartei Gänserndorf. Das muss man sich einmal vorstellen. Die gesamte Bezirksparteileitung kannte diesen Mann überhaupt nicht, es lagen keine Unterlagen über den letzten Stadtparteitag vor, wer welche Funktion bekleidete. Irrtümlich war man der Meinung, dass G. R. W. Obmann der Stadtpartei ist. Es stellte sich erst im Zuge der Auseinandersetzungen heraus, W. ist Kassier!

Es war allen klar, es musste etwas geschehen, so konnte es nicht weitergehen. Neue Mitglieder wurden von der einzementierten Ortsgruppe ignoriert, ausgegrenzt. Unterlagen über den Ortsparteivorstand waren der Bezirksleitung nie zur Kenntnis gebracht worden, lediglich der zuletzt gewählte Obmann, Dr. Sch., war bekannt. Als ich diesen mehrmals ersuchte, den längst fälligen Ortsparteitag einzuberufen, teilte er mir mit, er habe im Februar 2007 seine Funktion wegen der laufenden Streitereien zurückgelegt. Dieser Schritt war der Bezirksleitung nicht einmal mitgeteilt worden.

Sachlich, vor allem aber um den Statuten zu entsprechen war die Abhaltung des längst schon fälligen Ortsparteitages zwingend notwendig. Ich ahnte nicht, dass damit mein politisches Totenglöcklein geläutet wurde. Der letzte Stadtparteitag, es handelte sich immerhin um die Bezirkshauptstadt, war vor acht Jahren abgehalten worden. Ein unhaltbarer Zustand, welcher von der Landesobfrau gedeckt und gutgeheißen wurde, und ihre kriechenden Günstlinge im Präsidium stimmten ihr selbstverständlich zu.

Die Landesobfrau ließ mir über ihre Mittelsmänner mitteilen, sollte ich auf Abhaltung des Ortsparteitages bestehen, werde ich mit einem Funktionsverbot belegt. Wahrlich ein starkes Stück!

Da auch das Verhalten der Stadtpartei den Statuten absolut Hohn sprach, die Neuaufnahme von Mitgliedern zwar nicht blockiert, aber der Kontakt zu ihnen vermieden wurde, musste der laut Statuten alle zwei Jahre vorgeschriebene Stadtparteitag einberufen werden, es war dringender Handlungsbedarf angesagt.

Glück im Unglück, die Mitglieder des Familienbetriebes unterjubelten der Bezirksleitung auf einmal einen vor einem halben Jahr angeblich abgehaltenen Stadtparteitag.

Eine offensichtliche, nachweisliche Fälschung, da weder der Bezirksobmann, die Kassierin noch der Rechnungsprüfer eingeladen waren. Die bei diesem Parteitag neu gewählten Mitglieder wie der neue Obmannstellvertreter Helmut K. noch der Rechnungsprüfer D. I. H. wussten von ihrem Glück. Dieser Betrug kam mir insofern entgegen, als nun der zwar nie gewählte, aber aufscheinende Ob. Stellvertreter Helmut K. den Stadtparteitag einberufen konnte; somit konnte die bereits eingeleitete Unterschriftenaktion gestoppt werden.

Rosenkranz schäumte und drohte. Sie warf mir vor, den Bezirk an die Wand zu fahren, und das, weil endlich ein Obmann und Vorstand nicht mehr bereit war, diesen unglaublichen Status zu akzeptieren und aufrechtzuerhalten.

Sie kam zum Stadtparteitag direkt von einem Begräbnis, ganz in Schwarz, mit ihren Vasallen Huber und Ruf. Sie ergriff sofort die Initiative, schüchterte vor allem die jungen neuen Mitglieder permanent ein, um die von ihr gewünschten Personen in die Stadtparteileitung zu bekommen.

Wenn ich nur den Versuch machte, mit einem Mitglied zu reden, ermahnte sie mich sofort: „Beeinflusse die Mitglieder nicht." Genau das aber tat sie, und zwar auf das Deutlichste. Rückblickend muss ich zugeben, es war ein schwerer Fehler, aus Loyalitätsgründen meinerseits so defensiv gehandelt zu haben.

Den vormals angeblichen geschäftsführenden Obmann setzte sie mit weniger als 50 % der Stimmen zum Kassierstellvertreter durch. Einfach unglaublich, aber sie hat damals schon klar erkennbar begonnen, Statuten wie bisher gehandhabt zu ignorieren, sich darüber hinwegzusetzen. Der Mann mit dem Silberblick war der vom Landesgeschäftsführer eingesetzte, nach Stasimanier arbeitende Walter K.

Der Hinweis, dass das Protokoll bezüglich des angeblich stattgefundenen Stadtparteitages eine Fälschung war, dass die Kassierin nichts von einer Prüfung wusste, wurde einfach weggewischt.

Na dann, FPÖ Niederösterreich Marke Rosenkranz, so kann man es auch machen.

Sehr zum Ärgernis von Rosenkranz und Huber war die Zweidrittelmehrheit meiner Anhänger im Stadtparteivorstand gesichert. Die neuen Mitglieder, mehr als dreißig an der Zahl, waren erleichtert und erfreut, endlich integriert zu sein. Jeder normal denkende Mensch kann diese Geschichte sicher nur schwer nachvollziehen.

Warum nur hatte ich den bekannten Miesmachern nach meiner Wahl zum Bezirksobmann beide Hände gereicht? Ich habe sie in die Bezirksparteileitung gegen so manche warnende Stimme eingebaut, es ging auch zwei Jahre ganz gut. Eben so lange, als man diese Minderheit ihren Familienbetrieb nach ihren Anschauungen, aber gegen jede Statutenordnung führen ließ. Unbeirrt setzte ich den eingeschlagenen Weg fort, vertrauend auf die demokratischen Kräfte, wie sollte ich mich täuschen.

Nun wurden die Ortsgruppen der Querulanten, die als Familienbetrieb fungierten, durchforstet. Die Minenleger machten sich auf den Weg, mit der Rückendeckung durch die blaue Handpuppenfrau und ihrer treuen Vasallen im Präsidium. Eine Schande für eine Gesinnungsgemeinschaft, die sich „freiheitlich" nennt.

Im Zuge der Mitgliederüberprüfung wurde festgestellt, dass einige, die schon lange gestorben waren, noch immer als Aktive aufschienen. Andere wieder waren verzogen oder hatten laut ihren Aussagen nie bei der FPÖ unterschrieben. Ein unglaublicher Saustall und das oberste Landesgremium stand voll dahinter.

Ich denke, von diesem Zeitpunkt an war ich endgültig mit dem Bannstrahl belegt und sie verfolgte mich mit ihrem Statthalter, diesem unscheinbaren, seltsamen Gnom, der auch bei tief stehender Sonne keinen langen Schatten wirft, bis zur endgültigen Liquidation. Ich Narr versuchte aus Loyalität und Parteidisziplin auf Linie zu bleiben.

Ich vergatterte zum Landesparteitag alle Delegierten, Rosenkranz zu wählen. Wie ich später erfahren habe, haben sich alle bis auf einen an meinen dringenden Vorschlag gehalten.

Ihr damaliger Busenfreund Ewald Stadler wurde bei der Nationalratswahl 2006 an die wählbare zweite Stelle gereiht. Ich habe dagegen argumentiert und auch gestimmt. Meine Kameraden im Vorstand haben mir zum größten Teil recht gegeben, nur bei der Abstimmung haben sie sich nicht getraut, der Chefin eine Absage zu erteilen. Es ging ja um die Reihung für die kommende Nationalratswahl, und wer wollte sich der Gefahr aussetzen, so wie ich zurückgereiht zu werden.

Stadler zog als Abgeordneter in den Nationalrat ein. Er, der einer der wortgewaltigsten Stimmungsmacher gegen das BZÖ war, mit seiner beißenden Ironie jede Gelegenheit nutzte, das BZÖ lächerlich zu machen. Er konvertierte, ohne mit der Wimper zu zucken, zu diesem Verein. Das ist das Holz, aus dem Rosenkranz-Günstlinge geschnitzt sind. Ein Wendehals, Chamäleon, ein gesinnungslos handelnder Opportunist!

Ich gehe jede Wette ein, dass auch sie bei einer entsprechenden Entwicklung sofort genau in diese Richtung die Front wechseln würde. Wenn es sein muss, mit dem Gestank der Feigheit und Heuchelei.

Man hat mich auf der Wahlliste von 21 Bezirken auf den 19 Rang zurückgereiht. Der an zweiter Stelle rangierende Bezirk bzw. dessen Obmann wurde so abgemahnt. Das war aber erst der Anfang, noch wurde ich gebraucht, da die Nationalrats- und Landtagswahl zu bestreiten waren.

Mein Abstieg war für Rosenkranz und ihre ausgesuchten blauen Handpuppen beschlossene Sache.

Ich durfte für die Landtagswahl 2008 als Bezirksspitzenkandidat die Kastanien aus dem Feuer holen, betrieb auch einen intensiven Wahlkampf. Die Jugendgruppe stand mir aufopfernd zur Seite und der Bezirk fuhr wieder das zweitbeste Ergebnis in Niederösterreich ein. Zählt nichts, die wählbaren Abgeordneten kamen aus den mageren Bezirken, aber es waren eben ihre Einschmeichler.

Ein von mir im Beisein des Bezirkssekretärs aufgenommenes Neumitglied Hannes B., welches vorher für das BZÖ in Wien kandidiert hatte, wurde zum Anlass genommen, mir den Garaus zu machen.

Die Aufnahme wurde seitens der Landesobfrau und ihres Geschäftsführers aus diesem Grund rückgängig gemacht. Auf Anraten und Beschluss des Bezirksparteivorstandes hat der Betroffene gegen diesen Bescheid berufen. Die Verhandlung dauerte mehr als drei Stunden. Das Parteigericht sagte eine rasche Urteilsverkündung zu und teilte mit, dass damit Anfang Jänner zu rechnen ist. Nichts geschah.

Im folgenden Landesparteitag wurde zur Überraschung aller das bisherige Parteigericht nicht mehr nominiert. Normal werden die Mitglieder des Gerichts vor jeder Neuwahl gefragt, ob sie wieder kandidieren wollen, nichts dergleichen. Es gab ein völlig neues Parteigericht und nach mehrmaliger Urgenz auch ein Urteil, der Ausschluss des ehemaligen BZÖ-Mitgliedes wurde bestätigt.

Das damalige Landesparteigericht mit Dr. W. und seinen beiden Beisitzern war wirklich unabhängig und weisungsfrei. Das nachfolgende Landesparteigericht war von der Landesobfrau installiert und von den Delegierten (sie wissen nicht, was sie tun) abgesegnet. Was nun folgte, war ein abgekartetes Spiel. Ein Parteigericht, das der Bezeichnung weisungsfrei und unabhängig Hohn sprach.

Der Bescheid über Hannes B. war Anfang Jänner mit einem Unfang von mehr als 20 Seiten fertig und zu Gunsten des Ausgeschlossenen ausgefallen. Die Landesobfrau ersuchte das Landesparteigericht, mit dem Bescheid bis zum Landesparteitag zu warten. Das war der Trick, die Mitglieder des noch amtierenden Gerichts wurden bei der neuen Wahl einfach übergangen. Ein neues Gremium wurde bestellt, ein Parteigericht made „Handpuppen Rosenkranz".

Das neue, von Rosenkranz installierte Landesparteigericht hat den Bescheid des entlassenen Parteigerichtes auf eine Dreiviertelseite reduziert, ohne Verhandlung, mit umgekehrtem Ergebnis, Ausschluss! Desillusionierend die Eloquenz, mit der hier brutal Statuten und eine Entscheidung des Landesparteigerichtes ad absurdum geführt wurde.

Warum ich das weiß? Mir wurde telefonisch mitgeteilt:
„Helmut, ich kann nicht mehr ruhig schlafen …"

Der wahre Sachverhalt wäre sehr leicht zu erbringen gewesen, und zwar durch das letztinstanzliche Bundesparteigericht. Denn nur dieses hätte die Mitglieder des geschassten Landesparteigerichtes ihrer Verschwiegenheitspflicht entbinden können. Dadurch wäre der wahre Sachverhalt erkennbar gewesen. War man zu feige? War man nicht willens, diese parteischädigenden Bazillen namens „Rosenkranz-Huber" und ihre Vasallen erkennbar zu machen, bevor sie endgültig metasieren?

Ich wurde brutal unter Druck gesetzt, den Informanten zu nennen. Vor allem hat sich der Rechtsanwalt Dr. Walter Rosenkranz besonders unrühmlich hervorgetan. Er, der bei der Gemeinderatswahl in Krems, obwohl es bereits mit der FPÖ steil bergauf ging, als Spitzenkandidat eine schwere Niederlage erlitten hatte, hat vor dem Landesparteivorstand, dem ich damals noch angehörte, mit massiven Drohungen versucht, meinen Informanten zu enttarnen. Heute ist er (mit Barbara Rosenkranz nicht verwandt) Abgeordneter zum Nationalrat und in dieser Eigenschaft hat er im Beisein von Zeugen mir gegenüber verkündet: „Was heißt, wir sind mit euch brutal umgegangen? Geköpft hättet ihr alle gehört!" Diese Aussage und die unglaubliche statutenwidrige Vorgangsweise mit flankierender Spitzelaktivität ist ein grausames Sittenbild der Rosenkranz-FPÖ.

Zur Erinnerung:
Frau Rosenkranz hat das Bundesparteigericht ersucht, mit dem Bescheid bis zum Landesparteitag zu warten. Am Landesparteitag aber gab es das Parteigericht um Dr. W., den Vorsitzenden, nicht mehr. So hat man verhindert, dass gegen das Diktat und das Wunschurteil der Landeschefin entschieden wurde.

Das neue Parteigericht fertigte einen Bescheid mit einer knappen halben Seite aus, der Ausschluss wurde bestätigt. Man redet sich darauf aus, ich hätte mit diesem Hannes B. quasi einen BZÖ-Spion in den Bezirk einschleusen wollen. Lächerlicher konnte man wohl kaum noch argumentieren, aber die Bundespartei war entgegen mancher Zusicherung mir gegenüber nicht wirklich daran interessiert, diese unglaubliche Vorgangsweise statutenkonform zu unterbinden.

So kam es, wie es kommen musste, auch das Bundesparteigericht hat sich mit mehr als fragwürdigen Begründungen diesem Urteil angeschlossen. Ein Urteil, welches eins zu eins von den Landesschergen übernommen wurde, ohne mich und die von mir benannten Zeugen anzuhören. Es stellt sich dabei schon die Frage, wie das?

Na also, das Bauernopfer war erledigt, jetzt konnte man sich um meine Causa kümmern. Wenn beide Parteigerichte derart fahrlässige und undemokratische Urteile verfassten, de facto den statutenwidrigen Ausschließungsgründen des absolut devoten und hörigen Präsidiums folgten, konnte meine Eliminierung getrost in die Wege geleitet werden.

Der Bezirksvorstand und die große Mehrheit der Mitglieder standen hinter mir. Man beschloss einstimmig einen Antrag auf Ausschluss der Berufsquerulanten Stefan N., Margarete L. und Johann G. zu stellen. Sie hatten nachweislich interne Vorgänge in der Bezirksleitung öffentlich gemacht und genau diese Leute waren es, die vor Monaten einen Antrag auf meinen Ausschluss gestellt haben mit unglaublichen Begründungen wie: der Bezirksobmann. also meine Wenigkeit, nimmt neue Mitglieder auf, Wahlkampfspesen getürkt und falsch verrechnet etc. Der Ausschluss dieser bekannten Saboteure wäre mehr als gerechtfertigt gewesen. Sie wurden lediglich verwarnt, ich und sechs weitere Mitglieder des gewählten Vorstandes ausgeschlossen. Noch war es nicht so weit.

Anlässlich einer Vernissage im Parlament hat mich der Bundesobmann H. C. Strache wegen der Vorgänge im Bezirk angesprochen. Er war offensichtlich entsetzt und beauftragte seine rechte Hand, Karin Sch., einen Termin mit Harald Vimislitzky zu vereinbaren. Er wird dann dazukommen und wir werden diese Causa besprechen. Ich fuhr nach Wien ins Büro von V. Der war einigermaßen erstaunt, als ich ihn fragte, wann Strache kommen wird. Offensichtlich war er nicht informiert.

V. saß mit geröteten Augen wie ein Pavian, der gerade vom Baum gesprungen ist, vor mir. Natürlich merkte ich sehr schnell, hier ist einiges nicht so gelaufen wie zugesagt und begann zurückzurudern. Es war klar, leere Kilometer, alles nur leere Versprechungen. Ich ersuchte V. meine Aussprache vertraulich zu behandeln und keine Meldung an Rosenkranz weiterzuleiten. Er sicherte mir das zu. Denkste, drei Tage später rief mich Huber an und regte sich unglaublich darüber auf, dass ich die Bundespartei in meiner Causa informierte.

Der Bundesparteiobmann sicherte mir in einem langen Telefonat zu, er wird daran arbeiten. Ich soll den Ball flach halten. Insidern ist es bekannt, dass zwischen Rosenkranz und Strache ein gespanntes Verhältnis besteht. Er hat mir in allen Belangen seine Unterstützung zugesagt. Ich soll dem Spruch des Bundesparteigerichtes vertrauen.

Das Ergebnis, er und das Bundesparteigericht sind vor diesem Schandfleck und ihren Minenlegern in die Knie gegangen und abgetaucht. Freiheitliches Treubekenntnis.

Mir reicht es für den Rest meines Lebens, mit diesen Leuten will ich nichts mehr zu tun haben.

Am 22. 04. 2008 wurde über mich in einem jeder Militärjunta zur Ehre gereichenden Verfahren ein Funktionsverbot verhängt. Bei der Vorgangsweise der Präsidiumsmitglieder rund um Frau Rosenkranz ist es mir kalt über den Rücken gelaufen. Hat mich das Anschreien, die Beinahe-Handgreiflichkeit des Polizisten und Nationalrates Leopold Maierhofer, das wechselseitige lautstarke, verlogene Beschuldigen gegen meine Person frappant an das Freislergericht in der Hitlerzeit erinnert.

Meine Zeugen Walter K. und Walter M. wurden nicht einmal angehört. Es war damals schon erkennbar, das werden die nächsten Kandidaten für einen Parteiausschluss. So kam es dann auch.

Als die Mitglieder (es waren 73) mit dieser Entscheidung konfrontiert wurden (Leopoldsdorf GH. List), kam es zu starken Wortmeldungen gegen diese unglaubliche Vorgangsweise. Rosenkranz und ihre Handpuppen blieben unbeeindruckt und so kam es zum Exodus. bis auf mickrige zwölf Leute. Diese zwölf waren das letzte Aufgebot der Minenleger, mit einigen Karteileichen, die sie noch in ihrer Ortsgruppe ausgegraben haben.

Im Gasthaus zur Zuckerfabrik in Obersiebenbrunn fand nachfolgend die Protestveranstaltung des Bezirksvorstandes und der Mitglieder statt, ohne Landesspitze und deren Klientel. Es war fast ein Rütlischwur, eine verschworene Gemeinschaft, so schien es.

Als die Rosenkranz sah, wie die Mitglieder des Bezirkes für mich Position bezogen, war es klar, mit einem Funktionsverbot allein würde es nicht getan sein. Also musste meine endgültige Eliminierung durch Ausschluss besiegelt werden und so geschah es dann auch. Mit der wortgleichen Begründung wie bei der Funktionsenthebung wurde mir mein Ausschluss durch Rosenkranz mitgeteilt.

Allein diese Tatsache ist rechtswidrig, da kein Gericht in ein- und derselben Sache zweimal urteilen darf.

Nicht unerwähnt soll bleiben, dass der Vorsitzende des Landesparteigerichtes, Dr. St., meine Ladung verfahrensrichtig verlangte und dieses Ansinnen von beiden Beisitzern abgelehnt wurde. Dr. St. ist dann mit der Begründung „Arbeitsüberlastung" zurückgetreten. Ein Schelm, der schlecht darüber denkt!

Ich wiederhole es noch einmal, es steht explizit in den Statuten: „Die Parteigerichte sind weisungsfrei und unabhängig", da lachen wohl die Hühner. Das traurige Lachen blieb mir nach meiner dann abgeschmetterten Berufung im Hals stecken.

Leider sind einige wenige ihrem Rütlischwur nicht treu geblieben und haben den Judasweg beschritten. Der Lohn dafür, M. wurde von Rosenkranz' Gnaden zum Bezirksobmann bestellt, also nicht gewählt. Ein Fremdkörper, der als völlig Unbekannter mit der Bezirksführung betraut wurde. Ein undurchsichtiger Mann; es liegt das Protokoll einer Detektei vor, dass er wegen Unregelmäßigkeiten aus seiner letzten Firma entlassen wurde. Damit begann die endgültige Demontage der Bezirksstrukturen.

Petra Z. wurde mit der Kandidatur als Bezirksspitzenkandidatin belohnt. Der Sohn von M. (genannt der Stotterer) wurde an zweiter Stelle gereiht. Diese Leute machten die Kehrtwendung, als sie sahen, dass ich wider Erwarten nicht aufgab. Warum auch, der

Bundesobmann hatte mir ja zugesichert: „Halte den Ball flach, ich arbeite daran." Bestärkt durch seine Unterstützung habe ich den Ball flach gehalten und mich der Illusion hingegeben, es wird alles wieder gut. Damals war mir nicht bewusst, dass die kollektive Feigheit bei einem wenn auch kleinen Teil meiner Gesinnungsfreunde Bestandteil ihres Verhaltens war.

Bei Parteiveranstaltungen habe ich mit nicht unbedeutenden Funktionären über meine Situation gesprochen. „Ja, ich hab davon gehört, einfach unglaublich, was sich bei euch in Niederösterreich abspielt, ich kümmere mich darum, ruf mich morgen im Büro an." Ergebnis? Man ließ sich verleugnen und nach zweimaligen Versuchen habe ich einsehen müssen, zwischen Feigheit und Lüge oszilliert das politische Leben.

Einige entschieden sich, mit den Wölfen zu heulen, und kassierten ihre Silberlinge. Ich weiß, es wird langweilig, diesen Schmutz, diese Gemeinheiten noch länger auszubreiten. Aber ich kann nicht ganz darauf verzichten, da ich in meinem nun doch schon langen Leben niemals Menschen von derartiger Niederträchtigkeit hautnah erleben und ertragen musste.

Oberste Repräsentanten einer Partei, die sich „freihetlich" nennt! Feigheit, Lügen und Verrat gehen bei ihnen Hand in Hand.

Zwanzig Jahre psychischer, physischer und monetärer Einsatz werden unter Umgehung und Ignorierung aller demokratischen Grundregeln mit Hinauswurf belohnt. Genau zu einem Zeitpunkt, als es mit der „FPÖ" wieder steil nach oben ging.

Es ist die Neigung zum Mittelmaß, von wenigen Ausnahmen abgesehen, dass offensichtlich in den Parteien genau solche Menschen Macht erlangen. Wie hat doch der ehemalige SPÖ-Bundeskanzler Fred Sinowatz einmal gesagt: „Die Partei ist alles …"

Die Schmeichler, Schleimer und Kriecher und geübten Demagogen marschieren auf und das nennt sich Demokratie. Eigentlich müsste man resignierend verzweifeln, wenn man sieht, wie wertvolle Menschen sich der Politik verweigern oder an ihr gescheitert sind. Auch solche habe ich in der FPÖ kennengelernt.

Es ist wohl der Gipfel der Dummheit und Zumutung, eine Person wie Barbara Rosenkranz dann noch als Kandidatin zur

Bundespräsidentenwahl zu nominieren. Welche Strategie auch immer dahintergesteckt haben mag, diese Frau ist das Zerrbild einer Demokratin.

Mein Abschnitt FPÖ würde ein eigenes Buch füllen, aber ich denke, wen interessiert es wirklich, und ich will keine weitere Langeweile in meine Geschichte bringen.

Man bräuchte sie nicht erschlagen, man könnte sie einfach abwählen. Klingt gut, scheint einfach zu sein, funktioniert aber auch nicht.

Tummelplatz eitler, sich am geldgefüllten Futtertrog mästender Demagogen. Diese Kreaturen bewerten und weisen in die Schranken die Anständigen. Sie haben sich ihre Seilschaften mit Gleichgesinnten gerichtet.

Das auch noch

Die Verräter kamen wieder, und ich?

Die abtrünnigen Kärntner, Scheuch und Kameraden, wurden ohne Wenn und Aber pardoniert. Die Politiker, welche in Haiderland Kärnten brutal die Parteilokale beschlagnahmt hatten, die Parteikasse geplündert und öffentlich via ORF H. C. Strache verunglimpften. Was sagte der nun wieder blaue Landeshauptmann Dörfler, Gründungsmitglied des BZÖ, vor laufender Kamera: „Würde ich in Wien wählen, dann sicher nicht Strache, sondern Häupel!" Na also, wenn das nicht hochgradig parteischädigend war. Man hat die Überläufer erfreut wieder aufgenommen, der Zweck heiligt eben die Mittel!

Auf Grund dieser Tatsache versuchte ich ebenfalls meine Wiederaufnahme zu betreiben. Ich wurde von meinen enttäuschten Freunden immer wieder dazu gedrängt. Warum auch nicht? Mein Vergehen war nicht wirklich eines. Einen ehemaligen BZÖler aufgenommen zu haben, ist nicht Gegenstand der FPÖ-Statuten, die Verursacher der Abspaltung sind wieder da!

Die Antwort auf meinen Wiederaufnahmeantrag hat ein halbes Jahr auf sich warten lassen und wurde nicht einmal schriftlich erteilt.

Man ließ mir mitteilen: „zur Zeit nicht".

Tief gesunkene FPÖ, wo bei Veranstaltungen gesungen wird: „Wenn alle untreu werden, so bleiben wir doch treu …"

Aussagen hochrangiger Parteigrößen

Ich habe mich in meiner Causa auch ausführlich mit dem ehemaligen Justizminister Harald Ofner unterhalten. Ofner, ein bekannter Rechtsanwalt, meinte nach meinem Vortrag: „Ich gebe dir in allen Belangen recht, einfach unglaublich, wie man dich behandelt hat, trotzdem, gib auf, wirf das Handtuch, es geht um die Partei, ich kann dir nicht helfen, außerdem verehre ich die Barbara." Martin Graf, immerhin dritter Nationalratspräsident, wurde auf meine Situation angesprochen. Seine Antwort: „Wenn wir uns immer an Statuten halten würden, wo kämen wir da hin?" Was soll man da noch sagen?

Ich bin nicht desertiert, ich wurde gemeuchelt durch die Rosenkranz-FPÖ. Die Kleinen hängt man, um die Großen buhlt man. Meine Gesinnung können auch die Rosenkranz-Metastasen nicht ändern, ich bleibe, was ich bin, ein „Freiheitlicher", allerdings ein demokratischer! Ein Rechter, der sich kulturell und geschichtlich zum süddeutschen Raum bekennt, die Geschichte nicht einäugig betrachtet, sich auf seine Wurzeln bezieht.

Eine Frage möchte ich noch klären, warum habe ich nichts über die Grünen zu berichten? Ganz einfach.

Eine Partei, die Aussagen auf Flugblättern verteilt – „Heimat im Herzen, Scheiße im Hirn" – und Veranstaltungen einer demokratisch legitimierten Partei mit Farbbeuteln und Eierwürfen heimsucht, braucht nicht Teil meiner näheren Betrachtungen zu sein.

Warum? Weil ich zu den Spezies zähle, die noch Heimweh verspüren nach Heimat, die Heimat nicht als Wort empfinden, sondern als tiefes inneres Gefühl, als Schmerz, wenn ich ferne bin, als Freude, wenn ich wieder daheim bin. Was ist Heimat? Mein Land, mein Umfeld, meine Familie und meine Freunde, Menschen, die mich lieben und die ich liebe oder zumindest gern habe.

Warum nur?

Ich war für jeden Tag dankbar, der mir mit dir geschenkt wurde, die wichtigsten Dinge alle im Lot. Meine Kinder, Enkelkinder, meine kleine Familie, und dann kamst du ins Krankenhaus. Diagnose Brustkrebs, schon sehr fortgeschritten und, wie der Onkologe erklärte, einer von der aggressiven Art.

Du, mein Mittelpunkt, unermüdliche Partnerin und Big Mama, mein Gott, warum jetzt und du? Diese Frage stellt sich wohl jeder, warum trifft es dich, mich, jetzt, warum?

Ich habe dich gestern ins Spital gebracht. Wie allein ich mich fühlte, und erst du!

Meine Nacht war traumlos, kurz und schwer. Es hält mich nichts mehr im Bett, die Nacht ist vorüber, ich stehe am offenen Fenster. Das Sternenfunkeln verliert sich langsam am nachtschwarzen Himmel. Die Sternenherden sind dem Himmel abhandengekommen. Der grauende Morgen schiebt von Osten nach Westen langsam die verlierende Nacht vor sich her. Ich gehe hinunter in den Garten, ein strahlender Frühlingstag kündigt sich an. Eine im nebeligen Tau glänzende Wiese, die Blätter der Rosenstöcke mit Taudiamanten bedeckt.

Die letzten Sternlein verabschieden sich nur zögernd mit immer schwächer werdendem Blinken, nur im Westen sehe ich noch drei, die langsam im täglichen Wunder des Sonnenaufganges verbleichen.

Ein Windhauch säuselt durch die noch jungen, grünen Blätter des mächtigen Nussbaumes, ein leises Flüstern. Auf bleicher, türkisfarbener Himmelsseide baut sich langsam ein von Rosa in Orange übergehender Streifen auf. Der Tau fällt, begleitet von den sanften, kaum hörbaren Harfentönen der fallenden Tropfen.

Die Sonne, ein neuer Tag, immer wieder dieses Wunder, begrüßt vom ersten, verschlafenen, leisen Gezwitscher der Vögel. Es wäre ein Freudentag, wenn nicht, ja, wenn nicht DU, die mir immer so nahe war, einen Kampf kämpfen müsstest, ohne dass ich das Schwert für dich führen kann. Ich würde lieber sterben, als dein Lachen nicht mehr zu sehen und zu hören.

Mein Stern, der jede Nacht so schön macht, meine Sonne, die jeden Tag aufgeht. Wie sich alles verändern kann. Der milde Schein der silbernen Scheibe des Mondes war heute Nacht nicht mehr silbern, sondern käsig bleich. Nein, nicht mal das, totenblass scheint er auf einmal zu sein.

Wegen dir will ich jeden Tag aufstehen, aufstehen und leben, mit einem Lied auf den Lippen.

Wie tapfer du bist, aufrecht, stark, hast DU dich entschieden, Chemo, und ich gehe mit dir, obwohl ich glaube, der andere Weg wäre der richtige. Es ist deine Entscheidung und ich begleite dich – ohne Wenn und Aber.

Seltsam, wie deine Kraft auf mich übergesprungen ist, so überzeugt, dass alles wieder gut wird. Ja, wir werden es gemeinsam schaffen, sehen wir es als die Chance, die uns das Schicksal bietet. Ein neuer Horizont tut sich auf, man erlebt sich neu, findet sich wieder auf einer anderen Ebene.

Du sprichst nicht von deiner Krankheit, nicht vom Krankenhaus. Wenn du dort bist, dann bist du in der Beautyfarm und du lächelst dabei.

Schicksal als Chance, das Buch liegt vor mir. Welche Chance soll dieses Schicksal uns wohl geben. Ich suche einen Ausweg, eine Alternative zu der für mich so widersinnigen Chemobehandlung und werde zumindest darauf bestehen, begleitende Maßnahmen eben auf der anderen Ebene zu organisieren.

Montag bis Freitag in der Klinik, dann zwei Wochen zu Hause. Du lässt es dir nicht nehmen, nach drei Tagen in die Arbeit zu gehen. So bist du eben, es gibt so viel zu tun, man kann seine Mitarbeiter nicht im Stich lassen. Ich kann mich fast nicht daran gewöhnen, an deinen kahl gewordenen Kopf. Die Perücke macht dich so normal, das Kopftuch geht gerade noch. Aber in der Nacht, wenn ich aufwache und du liegst neben mir, dein weißer, kahler Kopf erschreckt mich immer wieder. Ich ziehe, so gut es geht, die Decke darüber und schäme mich, ich träume von dir, von deinen schwarzen, langen Haaren.

Ich habe mich eingelesen in die Krebsgeschichten. Der „Krebsbankrott", entsetzlich, welche Wege die Schulmedizin geht. So werden wir zumindest begleitend zur Schulmedizin alles tun, um dich wieder ganz gesund zu machen, nach dem Motto: Wer heilt, hat Recht. Was schließlich geholfen hat, ist schließlich sekundär.

In den Chemopausen sind wir zu einer Heilerin gefahren. Wir haben frei nach John Humbel MMS eingesetzt und Salvestrol. Der behandelnde Onkologe hat einigermaßen verwundert mitgeteilt, da muss eine Verwechslung sein. Die Befunde sind zu gut, so was von okay. War der Weg der richtige?

Es ist der 4. Sept. 2010, heute wurdest du operiert, und ich dachte mir, diese Frau ist ein Wahnsinn. Um 11 Uhr 30 hast du mich bereits angerufen, alles gut verlaufen, und um 16 Uhr war ich bei dir. Mein Mädel, wie unglaublich stark du warst und bist. Mit deinem Willen, deiner Mentalität machst du mich sprachlos.

Wir beide waren nun absolut sicher, es wird wirklich wieder alles gut, und wir werden dieses Jahr 2010 nachholen. Meinen 70er und du deinen 53er. Aber es kam nochmals ein dunkler Schatten.

Nach Weihnachten habe ich dich nochmals in die Klinik gebracht, es war der 26., es ging dir blendend. Deine Haare waren wieder da, dicht und wuschelig, gute zwei Zentimeter waren sie schon gewachsen. Endlich, es sollte die vorletzte Chemo sein. Ich dachte mir schon einiges dabei, warum noch diese und eine folgende? Bei diesem Befund, bei deinem Zustand? Der Arzt hat eben entschieden und du, meine Liebe, hast deinen Segen dazu gegeben.

Am 29. habe ich dich von der Klinik abgeholt, es war Mittag. Wir fuhren nach Hause, du gingst noch einkaufen und am Abend war alles anders.

Diese Wochen, dein Zustand, meine Gefühle und Gedanken will ich nicht beschreiben, weil ich einfach keine Worte finde, ich kann es einfach nicht …

Es ging dir unendlich schlecht und meine Angst, dich zu verlieren, war wieder gegenwärtig. Die zwei Wochen im Krankenhaus will ich nicht weiter kommentieren, es wäre eine brutale

Anklage gegen den behandelnden Onkologen. Du hast es überlebt, es geht dir wieder gut, sehr gut, und wir schauen wieder nach vorne! Alles wird wieder gut.

Nein, wir haben nicht mit den Ackergäulen geweint, nicht allein, nicht gemeinsam. Gestern, heute und auch in Zukunft werden wir es nicht. Wir warten, bis die Schwalben wieder kommen, es wird wieder Frühling, nicht nur in der Natur, nein, auch in unseren Herzen. Wir gehen unseren Weg gemeinsam weiter, uns an den Händen haltend, der Sonne entgegen. Es kann nicht anders sein.

Der lange Weg

Meine Patente

Wunder gibt es, aber sie dauern oft sehr, sehr lange. Ich habe vor mehr als 15 Jahren mit meinen Patenten angefangen. Eine wechselvolle Geschichte. Ein Nagelgerät für Dachdecker, mit 70 Nägeln magaziniert. Die Kraft des Schlagarmes treibt den Dachpappnagel ein und schiebt den nächsten in Position.

Vor 15 Jahren habe ich mit der bahnbrechenden Entwicklung begonnen, Kunststoffnägel einzusetzen, und bin damit gescheitert. Jahre der Entwicklung und Versuche, eine Menge Geld verbraucht und am Ende der Misserfolg. Gescheitert am Unvermögen, der Ungeduld des Geldgebers, nur schnell auf den Markt zu kommen, um Kohle zu machen. Gescheitert auch an den Intrigen der Tochterfirma in Tschechien. Die Direktorin, Alena M., hatte ein Auge auf mich geworfen. „Leitner scheener Mann." Sie ließ es mich bei jedem Besuch im Werk erkennen, sie hatte es auf mich abgesehen. Was tun, sprach Zeus. Abgesehen davon, dass sie nicht mein Typ war, hatte ich auch so kein Interesse, mit irgendeiner Frau etwas anzufangen. Gelegenheiten gab es außer Alena noch genügend, aber ich wollte einfach nicht mehr, ich hatte genug von meinem lockeren Leben.

Völlig unerwartet lud sie mich zur Firmen-Weihnachtsfeier ein. Meine Lust, der Einladung Folge zu leisten, hielt sich in Grenzen. Absagen wäre aber unhöflich gewesen und so machte ich mich auf den Weg.

Die Frau Direktor saß, wie nicht anders zu erwarten neben mir. Ich, ohnehin kein begeisterter Tänzer vor dem Herrn, musste auch noch mit ihr so manche Runde absolvieren. Vor meinen Augen ihre tiefer Ausschnitt, prall wogend, mich anmachend. Es war eine ungemütliche Situation und der Schweiß stand mir nicht nur wegen der Raumtemperatur auf der Stirn.

Da flüsterte mir der Betriebsdirektor süffisant zu: „Alena hat Zimmer neben Sie", also neben mir. Das war es dann auch.

Sie wohnte ja nur einige Kilometer entfernt und nahm sich ein Zimmer. Ein Schelm, der Schlechtes darüber denkt. Mitternacht war vorbei, ich verabschiedete mich heimlich, still und leise und raste nach Hause. Von diesem Zeitpunkt an hatte ich eine Feindin, und wer Frauen kennt, weiß, wie gnadenlos und hinterhältig ein Weib ihre Feindschaft lebt. Frauen sind uns im Lieben, aber auch im Hassen klar überlegen. Sie sabotierte subtil mein Projekt. Es war ihr offensichtlich egal, dass es auch ihrer Firma schadete, oder sie hatte nicht die Übersicht, um das vorauszusehen. Wie auch immer.

Das so interessante Projekt coillierte Kunststoffnägel in einem halbautomatischen Handnagler war eine großartige Sache, musste aber scheitern …

Das Hauptproblem lag primär darin, billiges Polyamid zu nehmen. Polyamid ist hygroskopisch, nimmt bei hoher Luftfeuchtigkeit diese auf. Das heißt, die Schlagzähigkeit wird bedingt durch die Luftfeuchtigkeit aufgeweicht, die Nägel verlieren an Steifigkeit und verbiegen sich beim Einschlagen.

Umgekehrt wird bei der Lagerung der Nagelcoils das Material ausgetrocknet und die Nägel, vor allem aber der Verbindungsdraht wird spröd. In beiden Fällen ist eine Verarbeitung nicht möglich. Voraussetzung für ein Gelingen wäre gewesen, ein Zweifachwerkzeug herzustellen, einmal zum Spritzen der Nägel aus nichthygroskopischer Qualität und zum anderen ein zähes Polyamid für die Verbindungsdrähte (Monofil).

Damit hätte man harte, aber schlagzähe Nägel und eine elastische Verbindung, die auch die Belastung der Schlagbewegungen absorbiert hätten. Das zur Klarstellung, dass ich nicht der Trottel und Schuldhafte am Scheitern war, wie es mir von meinem Geschäftspartner vorgeworfen wurde.

Das war allerdings nicht der alleinige Fehler, warum alles den Bach hinuntergehen musste.

Ich hatte ein detailliertes Protokoll zur Abnahme des Nagelgerätes ausgearbeitet. Fakt aber war, es hat sich niemand darum gekümmert und die Geräte wurden ohne Abnahme auf den Markt gebracht.

Bis auf den Federgummi, der für die Vorschubkraft zuständig war, war alles okay. Vorgeschrieben waren 60 Shore-Härte, die nicht eingehalten wurden. Die Gummifeder war zu weich, zu kraftlos. Resultierend daraus wurde jeder dritte, vierte oder fünfte Nagel nicht vollständig in den Schlagkanal geschoben. Die erste Lieferung von mehr als eintausend Geräten und entsprechenden Kunststoffnägeln wurde reklamiert und zurückgeschickt.

Ausgeträumt, vorbei, meine finanziellen Reserven aufgebraucht, ich war am Boden. Es war neben der Gier (nicht meine), schnell die Investitionen mit Gewinn hereinzubringen, auch die unglaubliche Schlamperei des Nagelherstellers und sicher auch die Intrigen der Direktorin A.

Die Beziehung zu meiner Partnerfirma war stark abgekühlt, da man der Ansicht war, ich habe dieses Desaster allein zu verantworten.

Es dauerte einige Tage, Tage der Niedergeschlagenheit, Resignation, bis ich mich wieder in den Griff bekam. Fange ich wieder dort an, wo die ursprüngliche Idee war? Ein Nagelgerät für Dachpappennägel aus Stahl?

Ich musste es schaffen, etwas herzustellen, was auf der ganzen Welt einmalig ist, eben dieses Nagelgerät, und so machte ich mich daran, auf Stahlnägel umzustellen.

Es durfte keine unendliche Geschichte werden, das Ziel klar vor meinen Augen, startete ich wieder durch. Eine geschäftliche Odyssee von mehr als zehn Jahren lag vor mir.

Ausgehend vom Grundprinzip ein vernünftiger Gedanke. Nur das war die graue Theorie, wie es so ist, der Teufel steckt im Detail. Ich erspare es mir, die seltsamen Vorkommnisse anzuführen, technische Details auszubreiten und alle Nebengeräusche zu beschreiben.

Wir schreiben das Jahr 2011, es ist Oktober. Vor genau einem Jahr wurde die erste Bestellung in China aufgegeben, die Produktionsfreigabe von mir erteilt. Der Liefertermin wurde mit April fixiert. Ein Jahr ist vergangen und von der Bestellung ist noch kein einziges Gerät geliefert worden. Nach letztem Bescheid sollten aber noch in diesem Monat die ersten tausend nebst Nägeln eintreffen, bleibt mir nur noch „Glück auf" zu sagen.

Zukunft

Alles ist gut gegangen. Der Krebs ist besiegt, davon bin ich überzeugt, der Hammer beginnt seinen Siegeszug rund um den Globus, so sieht es aus. Ich habe noch so unglaublich viel vor, was spricht dagegen?

Mein Alter? Ich bin 71, eigentlich schon nahe am Methusalem-Orden. Fit wie ein neuer Turnschuh, gehe ich noch immer fünfmal in der Woche ins Fitnesscenter, trainiere eineinhalb bis zu zwei Stunden täglich, Kraft und Ausdauer. Trotzdem, wer weiß es wirklich, wann die Zeit kommt, wo einem der Löffel aus der Hand genommen wird? Was liegt noch vor mir, vor uns?

Die Welt ist im Umbruch, die Freiheit der menschlichen Individuen wird zubetoniert. Eine maßlose EU treibt unsere kleine, durch den Fleiß der autochthonen Bevölkerung zu einem Wohlstandsstaat aufgeblühte Heimat in den Abgrund. Milliarden-Zahlungen an Länder, die ohnehin schon über mehr als ein Jahrzehnt von den Nettozahlern gesponsert wurden. Sie stehen vor dem Staatsbankrott und wieder zahlen die Fleißigen. Selbst hoch verschuldet, sind wir dabei.

Man verbietet das Rauchen, kassiert aber hunderte Millionen an Tabaksteuer. Ich habe mir vor 33 Jahren das Rauchen abgewöhnt, weil ich kein Genussraucher, sondern ein Kettenraucher war. Ich habe mich entschieden aufzuhören, so kann es nicht weitergehen. Dazu brauchte ich keine gesetzliche Bevormundung. Jetzt kommt es zu einer militanten Verteufelung des Tabaks (kassieren und verbieten).

Ich gestehe, ja, ich schnuppere durchaus gerne den Rauch von Buchenholz, rieche auch mal gerne den Rauch von anderen Rauchern, besonders einer guten Zigarette oder eines guten Pfeifentabaks, wenn die Air Condition ausreichend ist. Ich kann aber diese Neigung ohne Probleme unter Kontrolle halten. Es ist unbestritten, dass Rauch in vernünftigen Dosen durchaus anregend ist. Wie es halt im Leben ist, es kommt es immer auf die

Dosierung an, ob eine Substanz gut oder böse ist. Gefährlich ist das Extrem, der Exzess.

Jeder Genuss im Exzess ist eine Gefahr. Nur wenige Gramm Salz sind zum Beispiel lebensnotwendig, ein Kilo davon ist tödlich. Einige Gramm Zucker sind gesund, ein Kilogramm höchst ungesund und selbst die alten Griechen anerkannten geringe Mengen Alkohohl als Medizin.

Es ist nun mal die Eigenart der Gifte, dass sie in geringen Mengen nützlich oder sogar gesund sind, das Übermaß aber gefährlich.

Ja, auch das nehme ich für mich in Anspruch, ich bin gegen Rauchen in schlecht gelüfteten Räumen, kann aber die Hysterie, mit der man jetzt über die Raucher herfällt und sie diskriminiert, nicht nachvollziehen.

Ich war und bin, jetzt erst recht, gegen die friedliche Nutzung der Atomenergie. Alle Gründe, die mich dazu bewogen haben, will ich nicht aufzählen, aber Fukushima ist jetzt!

Der Homo sapiens hat es geschafft, sich nicht nur die gesamte Erde untertan zu machen, er hat es auch geschafft, weit hinaus zu den entferntesten Galaxien des Universums zu schauen.

Man muss sich das einmal vorstellen. Technik- und wissenschaftsgläubig sitzt die Menschheit da und hört sich in aller Ruhe die täglichen Horrormeldungen über Fukushima an. Vertraut auf den St. Florian und baut auf sein Verhüterli.

Ich frage mich, ist ein Weltuntergang nur in vorgeformten Szenarien durch Kometen, Meteoriten, Tsunamis, Ozonloch und Klimakollaps vorstellbar? Man akzeptiert die fantastischsten Apokalypsen, nur die, die man richtig sehen kann, vor unserer Haustür, wenn man nur wollte, die sieht man nicht! Apokalypse now!

Man sieht über die Gefahr hinweg, als sei man blind, taub oder völlig verblödet, und man plant weitere Atomkraftwerke, die Technik hat sich ja so verbessert.

Die Gefahr wird verdrängt, als sei sie nicht vorhanden, ist das noch wissenschaftsgläubige Blindheit oder nicht doch schon idiotische Dekadenz? Die zivilisierte Menschheit ist offensichtlich nicht mehr Herr über ihr Schicksal, sondern Opfer der von ihr selbst entfesselten Energien und Mächte. Der Mensch hat seine Umwelt gebändigt, die Natur in hohem Maße unterworfen. Umso größer aber ist die Gefahr der Bedrohung durch den Menschen selbst, durch die von ihm geschaffene Technik.

Ist es eine Ahnung, dass unsere Epoche schicksalhaften endzeitlichen Charakter hat, dass der Strom, der uns jetzt trägt, in einer Katastrophe unvorstellbaren Ausmaßes mündet?

Wie lange wird es noch dauern, bis unser blauer Planet zu einem bösen Traum wird?

Epilog

Zwei Jahre habe ich geschrieben. Mal viel, dann wieder lange nichts, erlebt, durchlebt, gelacht, gehofft, gezweifelt, gebetet und viel unnützes Zeug geredet, auch geschrieben?

Aufgewachsen in eine idyllischen Stadt in der Steiermark, dort wo die beiden Flüsse Mur und Mürz hochzeiten um dann vereint der Drau entgegen zu eilen.

Meine frühe Kindheit umgab eine glückliche Mischung aus ländlicher Idylle in der kleinen Keusche am Südhang des Urgentales. Ich wuchs auf in dem Bewusstsein, dass man für sein Verhalten und seine Handlungen verantwortlich war, weil niemand für einen einsprang und die eigene Verantwortung übernahm.

Als ich fünf war zog ich mit wehem Herzen in die Stadt zu meiner Mutter.die für mich fremd war. 0ft stand ich an der Tür und klagte, „i wü wida hoam" (ich will wieder nach hause) zur Großmutter die meine heimelige Kindheit umsorgt hatte.

Ich habe erlebt „Wahrheit und Lüge". Laut und aggressiv die Lüge, schüchtern und zu leise, oft blieb sie auch stumm „die Wahrheit".

Seit nachsichtig, ihr die mich auf meinem Weg begleitet habt. wenn ihr einiges in meiner Geschichte anders seht. Wer aber gibt Sicherheit nicht selbst in Irrtümern verfangen zu sein.

Ja meine Geschichte ist unvollständig, aber kann man mir das vorwerfen?

Mein Lebensweg ist lange, 73 Jahre mal ein schmaler Steg, mal eine gewundene Straße manchmal auch eine Autobahn.

Die Geschichte meines Lebens erschöpft sich nicht in diesem Buch. Jeder, der mit ihr in Berührung gekommen ist oder darüber nachgedacht hat, wird einiges hinzufügen können, möglicherweise sehr Wichtiges, Wertvolles. Habe ich in meinen Urteilen geirrt, manchmal auch unglücklich und ungenau, manches wiederholt oder zu leichtfertig geschrieben? Ich habe gegeben, was ich zu geben im Stande war, ich konnte nicht anders …

Lachen, Weinen, Träumen und manchmal auch ein stilles Beten waren in den zwei Jahren meines Schreibens meine Begleiter.

Wenn ich es mir wünschen könnte, dann möchte ich frei nach Reinhard Mey „im Stehen sterben".

So ende ich und strapaziere nochmals Martin Luther: Wenn ich wüsste, dass morgen die Welt untergeht, würde ich heute noch einen Apfelbaum pflanzen. Ich werde ihn pflanzen, auch wenn es keine Maikäfer mehr gibt.

Leopoldsdorf, im Herbst 2011

novum VERLAG FÜR NEUAUTOREN

Bewerten Sie dieses Buch auf unserer Homepage!

www.novumverlag.com

Der Autor

Helmut Leitner wurde 1940 geboren. Nach der Schuler und dem Besuch einer weiterführenden Werkschule machte er einen Abschluss als Facharbeiter Schmelzschweißer. Danach besuchte er die Abendschule und wurde Werkmeister für Maschinenbau, es folgten Stationen als Schweißwerkmeister, weiterführend HTL Maschinenbau, Schweißfaching. und Produktmanager für Schweißzusatzwerkstoffe in Süddeutschland.
Ab 1973 Überstellung als bevollmächtigter Vertreter bei der österreichischen Firma, wo er bereits seine Lehre absolviert hatte, von 1988 bis 2000 war er als geschäftsführender Gesellschafter der Lecon GmbH tätig. Der Autor ist der Erfinder von „Nailer Champ" mit weltweiten Patenten. Nun ist er Pensionist im Unruhestand und widmet sich dem Schreiben von Büchern.

novum VERLAG FÜR NEUAUTOREN

Der Verlag

*Wer aufhört
besser zu werden,
hat aufgehört
gut zu sein!*

Basierend auf diesem Motto ist es dem novum Verlag ein Anliegen neue Manuskripte aufzuspüren, zu veröffentlichen und deren Autoren langfristig zu fördern. Mittlerweile gilt der 1997 gegründete und mehrfach prämierte Verlag als Spezialist für Neuautoren in Deutschland, Österreich und der Schweiz.

Für jedes neue Manuskript wird innerhalb weniger Wochen eine kostenfreie, unverbindliche Lektorats-Prüfung erstellt.

Weitere Informationen zum Verlag und seinen Büchern finden Sie im Internet unter:

www.novumverlag.com